미국인 이야기

1 개척자들

차 례

제 1 장   들어가는 글   / 10
제 2 장   19세기 전반의 미국인 / 12
제 3 장   1812 전쟁 / 46
제 4 장   면 / 96
제 5 장   민주주의 / 134
제 6 장   시민사회 / 172
제 7 장   문화 / 196
제 8 장   태평양 / 222
제 9 장   멕시코 전쟁 / 256
제 10 장 위기와 분열 / 292

연혁

제임스 먼로 대통령

1820 – 매사추세츠 주가 메인과 매사추세츠로 나뉘어짐

1820 – 제임스 먼로 대통령 재선 성공 / 부통령 다니엘 톰킨스

1821 – 미조리 주 연방 편입

1821 – 플로리다의 미국 영토 편입 / 1819 아담스-오티스 조약 발효

1823 – 먼로 독트린 천명

1824 – 대통령 선거 결과 미정 / 칼훈 부통령으로 당선

1825 – 연방하원에서 존 퀸시 아담스를 대통령으로 선출

존 퀸시 아담스 대통령

1825 – 존 퀸시 아담스가 미국의 제6대 대통령으로 당선 / 칼훈 부통령

1825 – 이리 운하 완공

1826 – 토마스 제퍼슨과 존 아담스가 7월4일 독립기념일 제50주년 같은 날 사망

1828 – 앤드루 잭슨이 미국의 제 7대 대통령으로 당선 / 칼훈 부통령으로 재당선

1828년 12월 22일 – 레이철 잭슨 사망

앤드루 잭슨 대통령

1829 – 앤드루 잭슨이 미국의 제7대 대통령으로 취임

1830년대 – 제2 영적각성운동

1830년대 – 오리건 트레일 개척으로 태평양 북서쪽 연안으로 이동

1830 – 인디언 이주법

1831 – 네드 터너의 반란

1831 – The Liberator 창간

1832 – 블랙호크 전쟁

1832 – 1832년 관세법

1832 – 사우스캐롤라이나 주 무효법 통과

1832 – 인디언 업무국 설립

1832 – 1832 앤드루 잭슨 재선 / 마틴 밴 뷰런 부통령 당선

1832 – 잭슨 대통령 제2차 미국중앙은행 연장 거부권 행사

1832 – 칼훈 부통령 사임

1833 – 잭슨 대통령 2차 임기 시작 / 마틴 밴 뷰런 부통령

1835 – 산타 아나 멕시코 대통령 1824년 헌법 무효화 / 멕시코 내전으로 텍사스 독립 전쟁 돌입

1835 – 알렉스 토크빌의 "미국의 민주주의" 출판

1835 – 플로리다에서 제2차 세미놀 전쟁 개시

1836 – 멕시코의 산타 아나의 군대가 알라모 전투에서 텍사스에 승리

1836 – 텍사스 독립

1836 – 1836년 크리크 전쟁

1836 – 연방하원 노예제도 폐지 청원에 대해 "개그룰" 실행

1836 – 알칸소스 주 연방 가입

1836 – 마틴 밴 뷰렌 대통령 당선 / 부통령 당선 없음

1837 – 연방 상원에서 리처드 존슨 부통령 당선

마틴 밴 뷰런 대통령

1837 - 마틴 밴 뷰런이 미국의 제8대 대통령에 취임

1837 - 미국이 텍사스 공화국 인정

1837 - 미시간 주 연방 편입

1837 - 1837년 경제 공황

1838 - "눈물의 행군"

1839 - 아미스타드 사건

1840 - 윌리엄 해리슨 대통령 당선 / 존 타일러 부통령 당선

1841 - 존 퀸시 아담스 아미스타드 사건 대법원 변론

윌리엄 헨리 해리슨 대통령

1841 3월 4일 - 윌리엄 헨리 해리슨이 미국의 제 9대 대통령으로 당선

1841 3월 6일 - 아미스타드 사건 관련자 석방

1841 4월 4일 - 해리슨 대통령이 취임 1개월 만에 사망

1841 4월 6일 - 존 타일러 부통령이 미국의 제10대 대통령으로 취임

1841 9월 11일 - 웹스터 국무장관 이외의 해리슨 지명 모든 장관 사임

1842 - 웹스터-애슈버턴 조약

1843 - 타일러 대통령 탄핵 시도 실패

1844 - 오리건 연설

1844 - 제임스 포크가 미국의 제 11대 대통령으로 당선 / 조지 달러스 부통령 당선

1845 - 텍사스 주 병합

제임스 포크 대통령

1845 - 민주당의 제임스 포크 미국의 제11대 대통령으로 선출

1845 - 플로리다 주와 텍사스 주 연방 편입

1846 - 멕시코와 미국 전쟁 시작

1846 - 캘리포니아에서 Bear Flag revolt이 일어나 일시적으로 독립

1846 - 아이오와 주 연방 편입

1846 - 윌못 조건

1847 - 아브라함 링컨, 연방하원에 의결안 제출.

1848 - 재커리 테일러 대통령 당선 / 밀러드 필모어 부통령 당선

1848 - 위스콘신 주 연방 편입

1848 - 미국과 멕시코 과달루페 이달고 조약 체결 및 멕시코 미국 전쟁 종결

1848 - 드레드 스콧 소송 제기

제 1 장
들어가는 말

들어가는 말

1775년 4월 19일, 보스턴 인근의 렉싱턴-콩코드에서 총성이 울려 퍼지면서 미국의 독립전쟁이 시작되었다. 보스턴에서 이어지는 반 영국 시위를 진압하기 위해 보스턴에 진을 친 영국 군인들이 미국 식민지 사람들이 숨겨 놓은 화약을 압수하기 위해 렉싱턴-콩코드로 향했는데, 이들의 움직임을 포착한 식민지 민병대원들이 영국군을 상대로 첫 전투를 벌인 것이다. 자유를 지켜야 했기 때문이다.

독립전쟁이 시작되었을 당시만 해도 북미에 자리 잡은 13개

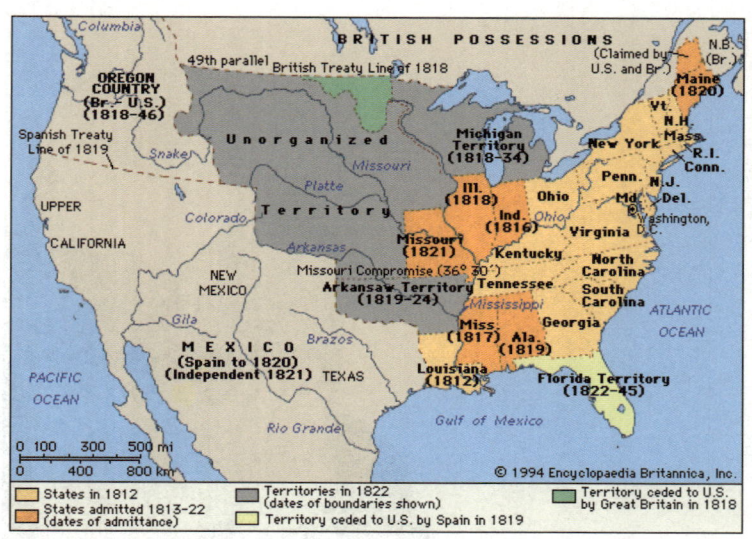

1812년 미국 지도

의 영국 식민지는 어떤 미래를 향해 나아갈지 의견이 분분했다. 이어지는 영국의 간섭과 강압에 더 이상 물러서면 그 동안 북미 식민지에서 누렸던 자유를 빼앗길 것이라는 것만은 분명했다. 일부에서는 여전히 영국과의 관계를 유지하며 개혁을 요구하자고 했지만 영국이 독일 용병까지 동원하여 식민지의 반란을 진압하려 하자 독립 이외에는 다른 선택의 여지가 없다고 결단했다. 토마스 제퍼슨은 33살의 나이로 독립선언문을 쓴다.

8년 간의 독립전쟁은 미국의 승리로 끝났지만, 독립 전쟁에서 승리한 미국은 여전히 13개의 독립된 주의 연합체였을 뿐이었다. 영국의 강압정책과 독립전쟁에 대응하기 위해 13개의 식민지는 연방규약(Articles of Confederation)을 만들었으나, 연방규약은 오늘날 유엔과 비슷하여 각 주가 한 표를 행사하고 주요 결정을 위해서는 만장일치가 필요하여 영국으로부터 독립한 북미 대륙에 13개의 다른 국가가 존재한 것이나 마찬가지였다.

이런 정치적 상황에서 전쟁이 끝나자 그간 협력했던 북미의 식민지는 각 지역의 이익을 챙기기에 바빴으며 영토와 무역 분쟁 등 주 사이에 갈등이 커졌고 전쟁 중 발생한 채무 변제도 제대로 이루어지지 않았다. 영국과 유럽은 미국이 곧 혼란에 빠질 것이라며 느긋하게 지켜보았고 미국의 미래는 시작과 함께 어둠에 둘러싸였다.

자칫 남미와 마찬가지로 독립과 함께 수많은 국가로 분리될 수 있었던 상황에서 미국의 국부들은 미국과 후손의 미래를 위해 연방국가의 건국이 필요하다는데 인식을 같이하고 연방규약 개정에 나섰다. 1787년 5월. 미국 12개 주(로드아일랜드는 빠짐)의 대표단은 필라델피아에 모였다. 원래 모임의 목적은 기존의 연방규약을 개정하는 것이었지만, 모임에 참석한 대부분의 대표단들은 강력한 연방 국가를 건설하는 것만이 미국이 살길이라는데 대부분 인식을 같이 했다. 대표단 중 많은 인사들이 독립 전쟁에서 전쟁에 참여했거나 지원한 경험을 공유했기 때문에 이런 인식의 공유가 가능했을 것이다. 연방규약 개정을 위한 모임은 미연방국 헌법제정회의로 바뀌었다.

이들은 3개월 만에 연방헌법을 만들었고 이 안은 각 주에 보내져 승인 절차를 거쳐 미연방헌법으로 채택되었다. 이렇게 미연방국(United States of America)이 탄생했다. 미국은 삼권분립과 대통령제 중심의 공화정을 채택하여 역사적으로 유례없는 거대한 공화국을 건국했다. 연방헌법 조항은 짧막한 전문과 7개의 조문으로 이루어졌다. 제1조는 입법부, 제2조는 행정부, 제3조는 사법부, 제4조는 주 정부와의 관계, 제5조는 헌법 개정 절차, 제6조는 기타 조항, 제7조는 헌법 추인에 대한 내용을 담았다. 제1조 입법부가 10항으로 가장 길고 기타 조항은 겨우 3, 4항 정도밖에 되지 않았다.

미국은 건국에 성공했지만 생존 여부는 불투명했다. 대외적으로 영국은 물론 북미에는 프랑스, 스페인, 러시아 등 유럽의 열강이 대륙 곳곳에 영향력을 미치며 신생 국가인 미국을 괴롭혔다. 미국은 농경중심 국가로 상업과 산업이 발달되지 않아 경제적으로 후진국이었고 열강으로부터 국가를 지켜줄 강력한 군사력도 갖추지 못했다. 이제 갓 태어난 공화국은 유럽 열강의 갈등으로부터 자유롭지도 못했다. 식민지 시절 때부터 그랬듯이 유럽 열강의 전쟁은 북미 지역의 전쟁으로 이어졌다.

대외적 환경뿐만 아니라 대내적으로도 미국이 극복해야 할 과제는 산적했다. 다양한 인종과 주의 연합으로 구성된 미국은 미국인이라는 국민의식보다는 오랜 세월 자신들의 정체성을 지배해 온 지역사회에 대한 연대감이 훨씬 강했다. 각 주의 정치 지도자들은 연방정부가 단순히 헌법에 명시된 권한만 가질 뿐 대부분의 권한은 여전히 주정부에 있다고 생각했다. 북미의 식민지 사람들은 영국 식민지로 유사한 문화적, 역사적 공통점을 지녔지만, 미 대륙의 원주민과 아프리카로부터 온 흑인노예 문제는 미국인이란 누구인가? 라는 큰 숙제를 남겼다. 미국의 미래는 이렇듯 불투명했다.

이 책이 다루는 미국 역사는 1812년부터 1848년에 이르는 시기이다. 한반도에서는 조선의 정조 시대가 끝나고 조선왕조 말기인 순조와 헌종 시대와 겹치는 기간이다. 36년이라는 한 세대의 짧은 시간이었지만 북미 대륙 동부 지역에서 출발한 미국은 이 기간 동안 엄청난 성장을 이룬다. 특히, 1848년 미국이 멕시코와의 전쟁에서 승리하면서 미국의 대륙은 대서양에서 태평양까지 이른다. 이 기간 동안 미국은 제퍼슨 대통령 때 프랑스로부터 매입한 루이지애나 지역을 개척하고 스페인과 멕시코가 지배하던 플로리다, 텍사스, 뉴멕시코, 캘리포니아 등을 병합하며 영국과의 협상으로 미국 북서부 지역의 오리건 유역을 통합해서 지금의 북미 지도를 완성한다.

이 기간 동안 미국의 인구는 무려 3배나 늘어 1848년에는 2천만 명을 넘어섰다. 또한, 아일랜드, 독일, 영국 등 유럽의 다양한 국가로부터 이민자들이 미국으로 이주해 와 1840년대 말에는 매년 200,000명의 유럽인이 미국에 입국했다. 이 당시만 해도 미국의 이민 제도는 거의 전무하여 수많은 유럽인들은 미국 정부의 공식적인 허가 없이도 미국에 입국했다.

영토와 인구가 늘어나면서 미국의 경제도 바뀌었다. 이 시기에도 미국은 여전히 농업 중심의 국가였지만 빠른 도시화와 산업화가 이어졌다. 산업화와 도시화의 배경에는 철도, 텔레그래프, 증기선, 면직 기계 등 다양한 과학 기술의 발전이 있었다. 산업화와 도시화는 광대한 미국을 거대한 생산 기지와 시장으로 통합해 갔고 이 과정에서 미국은 엄청난 경제 성장을 이루었다. 미국이 짧은 시간 안에 거대한 국가로 성장하면서 존 오설러번(John L. O'Sullivan)이 처음 사용한 "명백한 운명(Manifest Destiny)"이라는 믿음을 갖게 되었다. 미국의 번영에 대한 신화는 이런 역사적 기반으로 만들어졌다.

경제적 성장뿐만 아니라 민주주의도 확산되었다. 경제적 성장을 이룬 백인 남성들은 이제 정치적 권리와 참여도 원했다. 한때, 소유 재산의 규모 등 다양한 제약으로 참정권과 투표권을 행사할 수 없었던 백인 남성들은 정치 참여를 요구했고 이들을 기반으로 한 정치 세력은 기득권에 도전하면서 주정부 권력을 장악하고 투표권 제한을 철폐했다. 정치 참여자들이 늘면서 정치에 대한 미국인의 관심은 더욱 커졌고 이런 욕구에 미국의 정치는 새로운 국면을 맞이한다.

이 시대를 상징하는 가장 중요한 인물은 앤드루 잭슨이다. 미국의 제7대 대통령이었던 잭슨은 1812년 전쟁의 영웅으로 미국의 대중 민주주의 시대를 열었고 잭슨의 지지자들은 지금도 미국에 존재하는 민주당을 만들었다. 그는 페더럴리스트(연방주의자)와 민주공화당 시대에 이어 미국의 두 번째 정당 시대인 민주당과 휘그당 시대를 열었다. 잭슨과 민주당은 제퍼슨의 전통을 이어 작은 정부와 공화주의를 이어갔지만, 잭슨은 "앤드루 왕(King Andrew)"이라고 불릴만큼 대통령의 권력을 강화하기도 했다. 그에 대한 이야기는 이 책뿐만 아니라 필자가 쓴 미국의 대통령 이야기 1권에서도 자세히 다루었다.

미국은 어떻게 짧은 기간 동안 전쟁과 외교를 통해 미국의 영토를 이렇게 확장하는데 성공할 수 있었을까? 그 배경에는 미국의 뛰어난 정치 지도자들이 있었지만, 이런 정치 지도자를 견인한 것은 미국인 자신이었다. 유럽의 농노들과는 달리 정치적, 경제적 자유를 누렸던 미국의 백인 남성들에게 미국은 자신의 국가였으며 미국의 미래는 자신과 자신의 자손들의 미래와 밀접한 관계를 가졌다. 유럽이 왕, 귀족과 지도층을 중심으로 국민을 이끌고 갔다면 미국은 시민들의 자발적 행동이 미국 발전의 동력이 되었다. 미국이 이 기간 동안 이어갔던 서부로의 전진은 미국인 스스로가 자신들의 꿈을 위해 달려간 길이었다.

그러나 미국의 번영이 북미에 살았던 모든 사람들에게 축복은 아니었다. 여성은 삶의 질은 좋아졌지만 정치에는 참여할 수 없었고 법적 권리도 남성에게 귀속되었다. 대서양에서 태평양으로 이어지는 미국의 건설은 인디언에게는 재앙이었다. 북미의 원주민은 오랜 세월 이어왔던 삶을 포기해야 했고 미국인들의 서부 개척에 맞서 여러 차례 저항을 했지만 미국과 힘을 겨루기에는 정치, 문화, 군사적으로 상대가 되지 않았다. 백인들은 땅을 소유하고 경작하여 이윤을 남기는 것이 목적이었는데, 땅의 사유 개념이 없이 채집과 사냥 중심의 삶을 살았던 인디언은 백인과 공존하기 어려웠다. 무엇보다 백인들의 이주로 퍼진 전염병으로 인디언 인구는 급격하게 줄어들어 몰려오는 백인들에 대항할 수 없었다.

인디언뿐만 아니라 미국 식민지 시대에 중요한 역할은 한 흑인 노예의 삶은 여전히 달라진 바가 없었다. 미국은 자유를 명분으로 태어났지만 노예제도는 폐지되지 않았다. 미국의 국부들은 노예제도의 폐단과 도덕적 문제를 알고 있었지만 남부주의 버팀목이었던 노예제도를 폐지할 수 없었다. 노예제도의 폐지는 미국의 분단으로 이어질 수밖에 없었기 때문이다. 미국의 남부주는 담배에 이어 '면'이라는 새로운 수출 농산품을 발견하면서 미국의 건국 전후로 주춤했던 노예 농장이 다시 곳곳에 생겨났다. 남부주는 노예제도의 유지를 위해 연방정부를 견제했고 미국 영토의 확장으로 새 영토에도 노예제도를 허용할 것인가를 놓고 미국의 갈등은 점점 깊어갔다. "모든 인간이 평등하게 창조되었다"는 독립선언문의 명제는 미국 전체를 시험한다. 자유와 평등의 갈등은 미국을 갈등과 혼란으로 몰고 간다. 그리고 새로운 자유와 평등의 균형을 찾아가기 위한 수많은 시민들의 투쟁이 이어진다.

독립과 경제 성장보다 어려운 일이 국가 건설이다. 자유민주주의 국가에서의 국가 건설은 시민의 몫이다.

제 2 장
19세기 전반의 미국인

가. 백인

나. 영국인

다. 스페인과 남미

라. 러시아

마. 인디언

바. 흑인

사. 서부

19세기 전반의 미국인

19세기 초, 갓 태어난 미연방국가는 백인들에게 기회의 땅이었다. 당시 미국은 지금의 제3국가 수준이었지만 백인들은 유럽의 친척이나 지인들과 달리 스스로 부를 쌓고 지역사회와 정치에 참여하며 자신의 지위를 높일 수 있었고 미국에는 유럽과 같은 계급이 없었다. 일찍이 북미로 건너온 백인들은 이미 자리를 잡고 풍요의 땅인 미국의 혜택을 누리고 있었으며 최근에 온 백인들은 척박한 개척지를 개간해야 했지만 유럽의 농노들보다는 훨씬 나은 삶을 살았다. 그리고 이들 앞에는 아직 개척되지 않은 광활한 서부의 영토도 있었으며 미국의 신세대와 유럽에서 이주해 온 사람들은 서부로, 서부로 향했다.

하지만, 미국의 미래는 결코 밝지 않았다. 영국은 여전히 미국

1848년 미국 지도

에 대한 미련을 버리지 못했고 유럽의 갈등은 북미 대륙에 영향을 미쳤다. 한동안 잠잠했던 영국과 프랑스의 전쟁이 나폴레옹의 등장과 함께 전면전으로 번지면서 미국은 다시 열강의 갈등에 빨려 들어갔다. 미국은 영국과 프랑스 사이에서 중립을 지키려했지만 해상에서 절대 우위에 있었던 영국은 미국과 프랑스의 무역을 방해했고 모자란 해군을 징집하기 위해 미국의 선박을 서슴없이 나포했다. 영국뿐만 아니라 미국의 남부에는 스페인이 미국의 확장을 견제했으며 스페인은 열강의 지위에서 많이 밀려났지만, 미국이 쉽게 상대할 수 있는 국가는 아니었다.

미국은 대외적인 문제뿐만 아니라 대내적으로 극복해야 할 문제가 많았다. 백인들의 이주로 인디언은 계속 수세에 몰렸지만 그렇다고 인디언들이 아무 저항 없이 미국에 무릎 꿇지 않았다. 인디언 중에는 미국과 마찬가지로 인디언 연합체를 만들어 저항하자는 움직임도 있었고 미국이 유럽 열강의 갈등으로 전쟁에 휘말리면 인디언은 미국과 유럽의 갈등을 이용하여 미국에 대항하기도 했다. 특히, 미국의 신개척지에서는 백인들이 인디언보다 더 열세에 놓였고 백인들은 연방정부가 인디언을 자신들이 차지한 땅에서 몰아내주기를 바랐다.

점차 사라질 것으로 생각했던 노예는 면 산업의 등장과 함께 오히려 급격하게 늘어났다. 면 산업은 미국 경제 성장의 엔진이 되었지만 흑인의 삶은 더욱 비참해졌다. 그런데, 전 세계적으로 노예제도는 점차 사라지고 있었으며 흑인 노예들이 가장 혹사당했던 서인도제도에서는 흑인 반란이 일어났고 미국 내에서도 유혈 반란이 일어났다. 남부주는 노예제도가 가장 안정된 제도라며 스스로 자위했지만, 언제 터질지 모르는 흑인의 반란에 노심초사했다. 현실을 부인하는 자기정당화의 괴리는 아집과 광기로 이어졌으며 흑인에 대한 남부주의 억압은 더욱 심해졌고 억압이 심해질수록 양심의 가책을 받은 북부주 사람들의 노예제도 폐지 운동은 더욱 격해진다. 이렇게 노예 문제는 미국의 국론분열로 이어졌다.

백인 남성과 여성, 인디언, 흑인, 유럽 열강이 뒤섞인 미국인은 협력과 갈등의 불로 미국을 제련한다.

가. 백인

1820년대 미국의 GDP는 2002년 에콰도르와 요르단 수준이었다. 대부분의 사람들은 맨발로 다녔고 1년에 목욕 한번 제대로 하지 못했으며 그나마 목욕을 할 때도 집에서 직접 만든 비누를 아끼기 위해 몸에 겨우 물 칠만 했다. 화장실이 따로 있는 집도 드물어서 들판이 화장실이었으며 집에는 화로가 하나 밖에 없어 식사와 난방 겸용으로 사용했다. 취침방도 따로 없어 겨울이면 사람들은 화로 옆에 모여 같이 자는 등 사생활은 사치품이었다.

1812년 미국인의 삶

그래도 미국 사람들은 불만이 없었는데 이들의 비교 대상이 당시 유럽의 농노들이었기 때문이다. 미국의 백인은 대부분 자신의 땅을 소유하고 있었다. 미국인들은 유럽 농노들에 비해 일찍 결혼하여 가정을 이루고 자신의 삶을 살 수 있었고 농촌 생활이 중심이다 보니 아이도 많이 낳았는데 농업을 위해서는 손이 많이 필요했기 때문이다. 1815년 미국의 인구는 8백5십만으로 늘었고 이후에도 매 20년마다 두 배로 늘었다.

풍부한 땅과 자연으로 미국인들은 잘 먹었는데 북쪽에서는 주로 밀과 소고기를 먹었고 남부에서는 옥수수와 돼지고기를 먹었다. 과일은 계절별로 먹을 수 있었고 유제품도 풍부하여 버터, 우유, 치즈와 같은 음식을 쉽게 만들어 먹었다. 풍부한 음식으로 미국 남자의 평균 신장은 172cm에 이르러 유럽 남자들보다 무려 10cm나 더 컸다. 이 키는 미국이 세계 2차 대전 참전 시 남자들의 평균 키와 같을 정도로 미국은 100여년 전에 이미 먹는게 전혀 부족하지 않았다.

자신의 땅과 풍부한 음식으로 미국의 생활수준은 당시 유럽이나 다른 지역에 비해 벌써 풍족했지만 개척지의 삶이 쉽지는 않았다. 미국의 중간 평균 나이는 16살밖에 되지 않았고 8명 중 1명만이 43세 이상이었고 여성들은 아이를 낳는 위험 때문에 오늘날과 달리 남성보다 평균 수명이 짧았다. 백인 아이의 1/3과 흑인 아이의 반 이상이 어른이 되기 전에 사망했지만 높은 사망률에 비해 출산율이 워낙 높아 인구가 증가할 수 있었다.

자영농업 중심의 사회는 미국인의 정치의식에도 영향을 미쳤다. 미국의 백인들 사이에는 평등의식이 강했고 자신을 미국의 시민으로 인식하며 권리를 주장하고 지키는 것을 주저하지 않았다. 유럽과는 달리 땅 주인에게 지대를 내거나 카톨릭 교회에 세금을 내지 않았으며 미국 사회에는 유럽과 같은 귀족이 존재하지 않았다. 그래서 사회적, 경제적 지위가 달라도 상대방을 대하는 태도가 똑같았다.

당시 유럽에서 미국을 방문한 사람들이 가장 놀란 일은 만연한 자유와 미국인들의 평등 의식이었으며 이런 시민의식으로 권력을 의심했고 세금에 저항했다. 미국의 공화주의는 어떤 특권이나 권력의 남용에 부정적이었다. 자영농의 발달로 미국은 당시 일반적인 농경 사회와는 달리 혁신을 꺼려하지 않았고 미국은 일찍이 자립과 혁신을 자신의 삶을 향상시키는 방법으로 인식했다.

미국인들은 경제적으로 독립했지만, 그렇다고 공동체의 삶이 없었던 것은 아니었다. 이들은 같은 지역 사람들이나 이민자들과 함께 교회를 중심으로 지역 사회와 문화를 만들었다. 미국의 북부 지역은 청교도 전통으로 회중교회가 중심이 되었고 중부는 독일, 스웨

덴, 네덜란드 사람들 등 다양한 국가 출신들이 이주해왔다. 이들은 주로 같은 국가 출신들과 마을을 이루고 모국의 교회 전통을 이어갔으며 미국인들은 미국이라는 새로운 땅에서 삶을 살아갔지만, 자신들의 전통을 이어갔다. 미국 사람들은 지역 사회를 중심으로 개인적으로 독립한 삶을 살았다.

미국인의 시민의식은 이렇게 자연발생적으로 성장했다.

나. 영국인

독립전쟁을 마무리 짓기 위해 미국과 영국은 1783년 평화조약을 체결했으며 영국은 미국의 독립을 인정했고 미국 영토에서 영국 군대를 철수하기로 했다. 미국의 국경은 서쪽으로는 미시시피 강, 남쪽으로는 플로리다, 북쪽으로는 캐나다로 정해졌다. 영국

체사피크 호 공격

은 미국의 독립을 인정할 수밖에 없었지만 북미 대륙에 대한 야심을 포기하지 않았다. 평화협정에도 불구하고 영국은 미시시피 강 서쪽에 건설한 요새를 철거하지 않았고 독립전쟁 중 포획한 노예를 포함한 식민지의 재산을 미국으로 돌려보내거나 반환하지 않았다. 이어지는 영국의 횡포에 미국의 정치 세력도 그래도 선진국인 영국과 잘 지내고 그들의 지원을 받아야한다는 친영파와 영국과 다시 한번 전쟁을 해서라도 본때를 보여주어야 한다는 반영파로 나뉘었다. 식민지에서 탄생한 국가의 외교문제는 정파적 갈등의 첫 단추가 된다.

영국 문제는 미국 북부의 캐나다 문제와도 연관되어 있었다. 미국은 독립전쟁 당시 캐나다가 미국과 함께 영국에 대항해줄 것을 기대했는데 캐나다는 오히려 영국 편을 들었다. 미국은 독립전쟁을 시작하면서 캐나다를 공격했지만 퀘벡시에서 격퇴를 당했고 주로 카톨릭교도들이 살았던 퀘벡시는 영국보다 개신교 중심의 미국인을 더 싫어했다. 독립전쟁이 미국의 승리로 끝나자 북미 식민지에서 영국을 지지했던 왕당파는 캐나다로 도주했다. 이런 배경으로 1812년 전쟁이 시작되면서 미국은 다시 캐나다 정복에 나선다

독립 전쟁 이후 영미 갈등은 영국과 프랑스의 전쟁으로 더욱 악화되었다. 프랑스 혁명 이후 프랑스를 장악한 나폴레옹은 발 빠르게 유럽 정복에 나섰고 영국은 나폴레옹의 야심을 꺾기 위해 해군으로 대륙봉쇄에 나섰다. 영국은 해상 전략을 유지하기 위해 해군이 필요했고 영국 해군은 언제, 어디서든 영국 시민을 해군에 강제 입대시킬 수 있다며 강제 징용에 나섰다.

영국 시민만 강제징용의 대상이었지만, 누가 영국 시민인가의

문제는 간단치가 않았다. 다급한 영국 입장에서는 미국 시민도 이전에 영국 시민이었기 때문에 "한번 영국 시민은 영원히 영국 시민이다"라고 우기며 미국인들을 강제 징용했다. 1803년부터 1812년 사이에 적게는 5,000명에서 많게는 9,000명의 미국인이 강제 징용을 당했다.

아무리 강대국이라도 해적도 아닌 엄연히 국기가 달린 선박을 나포하는 것은 명백한 국제법 위반이었다. 이렇게 영국에 대한 여론이 점점 나빠지던 시기에 체사피크 호 사태가 터졌다. 1807년 1월, 미국의 군함이었던 체사피크 호는 지중해에서 미국의 어선을 보호하던 콘스티튜션 호를 대신하기 위해 항구를 떠나 지중해로 향하고 있었다. 미국의 항구를 떠난 지 얼마 안 되어 체사피크 호를 멀리서 지켜보던 영국의 레오포드 호가 체사피크 호에 접근했다.

이때 레오포드 호에서 메신저가 다가와 체사피크 호를 수색하겠다는 통지를 보여주었다. 체사피크호의 찰스 골든 함장은 당연히 이를 거절했고 영국 군함의 공격에 대비하여 전투 준비를 지시했다. 곧 레오포드 호에서 포가 날아 왔고 레오포드 호는 체사피크 호에 근접하여 배를 밀어냈다. 한 차례 교전이 끝나면서 체사피크 호에 있었던 미국인 3명이 숨지고 수십 명이 부상당했다.

흡사 연평해전을 연상케 하는 이 사건은 영국이 미국을 얼마나 무시했는가를 보여 주는 단적인 사건이었으며 체사피크 호 사건으로 미국의 반 영국 여론은 극에 달했다. 하지만, 미국의 정치 지도자들은 미국의 해군력으로는 영국과 당장 전쟁을 할 수 없다는 현실을 잘 알고 있었다. 미국의 국무장관이었던 제임스 매디슨은 영국의 강제징용에 항의했지만 영국은 "메디슨 씨가 미국이 미국 국기로 항해하는 선박에 있는 모든 사람을 보호할 수 있다는 것은 큰 착각이다"라며 냉철한 국제 정치의 현실을 보여주었다. 이 사건으로 미국과 영국은 전쟁 직전까지 이르렀으나 영국 측의 공식 사과로 급한 위기를 넘겼다.

국제 사회에서 통용되는 화폐는 힘뿐이다.

다. 스페인과 남미

북남미 대륙에서 가장 오랜 기간 식민지를 개척해 온 스페인은 미국의 남쪽과 서쪽에 자리를 잡았으며 태평양 연안으로 이어지는 북미 대륙은 아직 국경이 정해지지 않은 분쟁 지역이었다. 멕시코시티를 중심으로 한 스페인의 식민지였던 뉴스페인의 북서쪽으로는 알타 캘리포니아가 있었는데 스페인은 이 지역이 현재 시애틀 바로 북쪽의 후안 데 푸카 해협까지 이른다고 주장했다.

하지만, 이 지역에 대해서는 스페인뿐만 아니라 러시아, 영국과 미국까지 영토권을 주장했고 러시아는 1812년에 샌프란시스코 바로 북쪽의 보데가 만에 로스 요새를 건설하기도 했다. 러시아가 북미 대륙의 서쪽 해안을 넘보자 스페인은 이곳에 프레시디오스(presidios)와 미션을 세워 영토 방어에 나섰으며 샌디에고부터 시작된 미션은 하루거리를 두고 세워져 샌 라파엘까지 이어졌다.

뉴스페인과 북미 대륙 간의 인접 지역 중 가장 발달한 곳은 뉴멕시코 지역이었으며 이 지역에서 산타페와 타오스가 중요한 상업 도시 역할을 했다. 이곳에는 스페인이 유럽으로부터 수입한 말과 롱혼 소(긴뿔소)가 있었고 뉴스페인의 식민지 사람들은 말을 사용하여 롱혼 소를 키워 판매를 했다. 이곳에서 발달한 카우보이 문화는 미국 전체에 영향을 미쳤다.

1800년 스페인의 남미 식민지

뉴멕시코의 북동쪽에는 텍사스(Tejas)가 있었는데 이곳은 뉴멕시코의 국경 지대였지만 스페인, 프랑스, 영국과 미국의 상인, 군인과 이주민들이 어울러 사는 지역이었다. 이곳에는 키오와, 코만치, 위치타, 주마노 등 다양한 인디언들도 살았고 인디언들은 여러 유럽 열강이 공존했던 이곳에서 열강들의 대립을 이용하며 자신들의 입지를 넓혔다. 특히, 이 지역에 말이 소개되면서 지역의 균형이 바뀌었으며 인디언들은 스페인에서 들여온 말을 길들여 사냥에 나섰고 유목에 의존하던 인디언들의 세력이 강해졌다.

미시시피 강 동부 지역에서는 플로리다와 루이지애나가 분쟁 지역이었으며 플로리다는 여전히 스페인 지역이었고 루이지애나는 미국 영토였지만, 이곳에서는 프랑스와 스페인 출신 사람들이 더 많이 살고 있었다. 1810년과 1813년 사이에 미국이 플로리다 서부 지역을 점령했지만, 동부 플로리다는 1812년 전쟁이 시작되기 전까지 플로리다 지역에 속했다.

프랑스 혁명으로 촉발된 유럽 전쟁은 유럽 열강의 식민지에도 큰 영향을 미쳤다. 프랑스 혁명이 나폴레옹의 유럽 지배의 야망으로 이어지면서 스페인은 헌정 위기를 맞았다. 1807년 나폴레옹은 스페인의 왕의 승인도 없이 스페인 영토를 지나 영국군을 지원한 포르투갈을 응징했고 나폴레옹은 포르투갈 원정에 나서면서 스페인의 주요 도시마저 점령해 버렸다. 반면, 스페인 왕국은 왕가의 분열로 1808년 3월 찰스 4세가 왕위에서 물러났고 그의 아들 페르난도 7세가 왕위를 계승했다. 나폴레옹은 스페인 왕가의 혼란을 이용하여 페르난도 7세와 그의 아버지를 프랑스로 유인한 후 스페인의 왕위를 그의 형제인 조세프에게 강제로 넘겼다. 이렇게 하루아침에 스페인은 나폴레옹 제국에 편입되었다.

스페인 왕권이 프랑스로 넘어가면서 스페인 식민지에도 혼란에 빠졌다. 스페인 식민지의 독립은 북쪽의 이웃과는 달리 독립 선언문을 작성하고 모국과의 전쟁으로 쟁취한 것이 아니라 모국의 혼란으로 독립의 기회가 찾아왔다. 특히, 남미의 스페인 식민지에는 미국보다도 더 다양한 인종들이 공존했기 때문에 스페인의 혼란은 식민지의 복잡한 인종 관계를 더욱 악화시켰다. 페루에는 약 1,115,000명의 인구가 살았는데, 이중 백인은 불과 140,000 정도 밖에 되지 않았으며 남은 인구 중에 670,000명이 인디언이었고 244,000명이 메스티조, 81,000명이 흑인이었다.

1812년 새로 구성된 스페인 의회는 신헌법을 채택했지만, 본국 사람들과 식민지 사람들의 스페인 정부에 대한 기대는 달랐다. 본국 사람들은 신헌법을 기초로 영국이나 미국과 같은, 국민을 기반으로 한 튼튼한 근대 국가를 건설하고 싶어했지만 남미의 식민지 사람들은 그간 보르봉 왕조가 단행했던 식민지 억압 정책으로부터 벗어나고 싶어 했다. 이런 기대의 차이뿐만 아니라 실제 투표권 부여 문제에서부터 혼란이 이어졌다. 신헌법은 노예를 제외한 모든 인종들에게 투표권을 부여했지만, 조상이 노예였던 사람들은 스페인 국민이었음에도 시민권은 부여되지 않았다. 이들이 시민권을 받기 위해서는 의회에 시민권을 신청해야 했다.

헌정 위기와 함께 찾아온 스페인 본국과 식민지 간의 갈등은 더욱 격화되었으며 히달고(Hidalgo)의 반란이 실패한 후 또 다른 신부였던 호세 마리아 모렐로스는 히달고의 부대를 이끌고 멕시코 심장부를 향한 게릴라전을 이어갔다. 이어지는 식민지의 반란으로, 스페인의 의회도 제 기능을 하지 못했다. 의회가 자리를 잡기도 전에 1814년 5월, 나폴레옹이 물러난 스페인에서 페르난도 7세가 다시 왕위에 복귀했으며 새 정부는 의회의 모든 행위를 취소하고 1812년 헌법도 폐기했다.

본국의 갑작스러운 변화로 식민지의 혼란은 이어졌지만, 왕에 대한 충성심이 강했던 남미 식민지 사람들은 페르난도 7세의 복귀를 환영했다. 그리고 헌정의 혼란을 겪은 후였기 때문에 페르난도 7세가 현실적인 식민지 통치안을 제시할 것을 기대했으나 페르난도의 의중은 달랐다. 그는 스페인을 1808년 이전의 위치로 되돌리기 위해 식민지의 재원이 필요했다. 여기에 모렐라스의 반란은 물론,

칠레, 페루 등지의 반란이 진압되면서 식민지가 안정될 것을 기대지만, 부에노스아리아스와 뉴 그라나다에서 반군 활동이 이어졌고 베네수엘라에서도 내전이 벌여졌다. 페르난도 7세의 복귀에도 불구하고 혼란이 이어지자 남미 식민지 사람들은 본격적인 독립 운동에 나섰으나 남미의 독립은 북미와 달리 각자도생의 길을 걷는다.

라. 러시아

명품에 대한 욕구는 어제 오늘의 일이 아니다. 오늘날에도 루이비통 사장은 중국의 명품 열기로 웃고 있지만 중국의 명품 사랑은 그 뿌리가 깊다. 1775년 6월 1일 사말가 섬(알라스카 최서부의 작은 섬)의 알류트족이 7,000장의 여우와 해달 가죽을 가지고 시베리아로 돌아가는 러시아 슬루프 배였던 세인트폴 호를 타고 오츠크로 향했다. 오츠크 항구는 캄차카와 북미로 향하는 러시아 배의 항구 역할을 했으며 매년 수천 장의 날가죽이 알류트 섬과 시베리아로부터 이르쿠츠크로 이동했고 이중 최고의 날가죽은 유럽에 인접한 러시아 동부로 보내져 서유럽으로 수출되었다.

1727년 중국과 러시아 조약으로 이 둘 국가 간의 무역은 모두 카흐타와 추로하이투를 지나야 했다. 중국 대황(약), 면, 비단, 차와 가죽 교환, 매년 2백만에서 4백만의 시베리아 다람쥐 가죽이 카흐타로 이동했고 알류트 섬으로부터 여우와 해달 가죽이 들어왔다.

모피 사냥

해달 가죽은 모든 포유류 중 가장 빽빽한 털로 되어 있어 중국 귀족들이 사용했다. 해달 가죽은 시베리아에서 10~15 루블, 이르쿠츠크에서 30~40 루블, 카흐타에서 100~140 루블까지 올라 이윤률이 무려 1000%나 되었다. 1770년대 날가죽 사업은 러시아 정부에도 중요한 정부 재원으로 러시아 관세의 8%가 날가죽 무역으로부터 비롯되었다.

그런데, 러시아가 카흐타에 공급하는 날가죽 양이 충분치 않아 러시아는, 중앙 캐나다에서 비버와 강 수달을 잡는 크리 사냥꾼이 잡은 날가죽을 구입한 허드슨 베이 회사로부터 수입했다. 이 날가죽들은 허드슨 만에서 런던으로 이동하여 상트페테르부르크로 이동한 후 백해의 아르칸젤스크까지 이르렀다. 4만에서 5만의 가죽이 이 경로로 이동되었으며 이 중 수천 장은 우랄산맥 바로 동쪽의 토볼스크로 이동되어 카흐트로 향해 알류트 섬으로부터 온 가죽과 같이 보관되었다. 동쪽으로 14,000킬로를, 서쪽으로 7,500킬로를 이동하여 이렇게 만났으며 이 긴 여행은 1년에서 3년까지 걸렸고 카흐타에 온 날가죽 중 최상품은 북경으로 보내졌다. 1770년대만에도 러시아 선박 16척이 날가죽 구매를 위해 알루샨 섬 일대를 항해했다.

러시아의 날가죽 사업의 확대는 미국의 서진과 유사했다. 러시아의 전문 가죽 사냥꾼(promyshlenniki)은 러시아의 군인들과 함께 시베리아로 이동해 들어갔으며 이들은 러시아 정부에 날가죽을 공납하고 이를 위해 지역민들을 납치하여 활용했다. 처음에는 흑담비 가죽을 잡다가 흑담비가 줄자 17세기 말에 캄차카 반도에 이르렀다.

이어 페트로 대제의 후원으로 베어링 해협 탐험을 시작했고 1750년대부터 본격적으로 알류트 섬 지역에서 날가죽 사냥을 시작했다. 이 과정에서 알류트 부족과의 갈등이 발생하여 알류트인 수천 명이 사망하기도 했는데 이후 러시아와 알류트 부족 간의 적대적 공생을 한다. 러시아가 베어링 해협을 건너 북미의 태평양 연안에 이르자 이 지역의 영토권을 주장했던 스페인은 본격적인 태평양 연안 개발에 나선다.

태평양 연안에는 이미 수많은 유럽 열강의 발자취가 있었다.

마. 인디언

미국 역사 속에서 인디언은 흔히 미국 백인이 북미 대륙을 장악하면서 힘없이 미 대륙에서 쫓겨난 존재로 생각하는데 인디언이 일방적으로 백인에게 굴복한 것은 아니었다. 오히려 북미 식민지 건설 초기에는 여러 식민지 마을이 인디언과 공생하며 겨우 연명하거

인디언의 버팔로 사냥

나 인디언의 공격을 받아 몰살을 당하기도 했다. 인디언에게 가장 무서운 적은 백인들과 함께 온 전염병이었는데 유럽의 백인들은 천연두, 홍역이나 독감 등을 지니고 와 면역이 없는 인디언이 몰살을 당했다. 막상 백인들이 인디언 거주지를 발견하면 전염병으로 사람이 사라진 거주지를 종종 발견하곤 했다.

백인들과 접하게 된 인디언들은 백인의 문명과 문화를 적극 활용했다. 특히, 스페인으로부터 들여온 말은 중앙아시아의 유목민과 마찬가지로 인디언의 삶을 바꾸어 놓았으며 주로 유목민 삶을 살았던 인디언은 말을 활용하여 더 많은 사냥을 할 수 있게 되었고 들소와 같은 큰 동물을 사냥하게 되면서 인디언들 사이에서도 새로운 강자로 부상했다. 인디언은 사냥으로 얻은 가죽을 백인들에게 팔았고 백인들이 들여온 새로운 농사 기법도 활용하여 생산성을 높이기도 했다. 반면 백인들은 인디언이 재배했던 감자, 옥수수, 토마토 등을 재배하여 식민지에서 필요한 음식을 조달했다.

유럽의 열강과 북부 식민지 사람들은 전쟁 시에 인디언과 협력했는데 인디언들도 이 두 세력을 활용하여 자신들의 입지를 넓히기도 했다. 미국의 독립전쟁 당시에도 북부 지역의 절대 강자였던 이로쿼이 연배이나 체로키 등 대부분의 인디언들은 영국을 지지한 반면, 오네이다스, 투스카로라, 아베나키스와 카토와 부족은 미국을 지지했다.

미국은 인디언 문제에 좀 더 조직적으로 대응하기 위해 조지 워싱턴이 독립군 사령관이 된 이후 북부, 중부와 남부 지역의 인디언 문제를 다룰 부서와 책임자를 임명했다. 미국은 북쪽의 이로콰이 부족에게 메시지를 전했지만, 이 메시지는 전체 이로콰이 연맹에 전달되지는 못했다. 델라웨어 부족에게는 자녀들의 교육 지원과 같은 여러 지원 정책을 제시했으나 미국의 각 주는 자신들의 지역 이해관계에 따라 자신들에게 불리한 인디언 지원 정책과 조약을 반대했다.

1779년 이어지는 이로쿼이 부족의 공격에 대항하기 위해 독립군의 존 설리번 장군은 이로쿼이 부족에 공격을 단행했고 이로쿼이 부족의 저항의지를 꺾기 위해 이로쿼이 부족의 집을 모두 태워버리고 옥수수, 콩, 멜론 등 양식을 모두 약탈해갔다. 이로쿼이는 더 이상 저항을 하지 못하고 영국 요새로 후퇴했다. 설리번 장군의 작전으로 이로쿼이 부족의 저항의지는 무너졌지만 다른 인디언 부족의 전의는 더욱 거세졌다.

영국은 테네시 계곡으로 몰려오는 북미 식민지 사람들에게 반감이 컸던 크리크와 체로키 부족에 무기를 전달했으나 이들의 어설픈 공격은 오히려 미국의 반격으로 이어져 1777년에 패배한 체로키 부족은 상당한 땅을 미국에게 양도하기도 했다. 크리크 부족의 일부는 남부의 플로리다 지역으로 이주하여 농장을 탈출하여 함께 모여 살던 흑인 노예들과 함께 살았는데 이들을 세미놀이라고 불렸으며 영국은 크리크 부족의 지도자였던 알렉산더 맥길리브레이 (Alexander McGillivray)에게 총과 무기를 지급했다.

영국은 크리크 부족뿐만 아니라 남부의 촉토 부족이 스페인의 영향을 받는 것을 막아야 했으며 오하이오 북서부 지역에서만 실제 지원이 필요했지만 다른 지역에서는 이들이 미국 측으로 넘어가지 못하도록 지원을 해야 했다. 오하이오 강 북부 지역의 쇼니 부족과 델라웨어 부족은 중립을 지키려 했으나 1778년 피트 요새 조약 이후 델라웨어 부족의 배신과 미국 민병대에 의한 오하이오 카운티 지역의 기독교 인디언의 몰살로 델라웨어 부족은 영국을 지원하기도 했다.

그런데, 독립전쟁이 끝나면서 인디언은 아무 소득도 얻지 못했다. 인디언에게 독립국을 세워주겠다며 약속한 영국은 미국과의 평화협정에서 인디언을 위한 어떠한 보호 조항도 넣지 않았고 미시시피 유역의 인디언들이 싸웠던 오하이오 지역의 모든 영토권을 미국에게 넘겨주었다. 영국이 북미에서 물러나면서 미국은 인디언에게 "이 영토는 점령의 원칙으로 미국의 영토로 한다. 당신들의 여성과 아이들의 불행과 행복은 지금 당신들의 어떤 결정에 달려있다"며 영국을 지원한 인디언을 압박했다.

언제 어디서든 약소 민족의 운명은 비극적이다.

바. 흑인

위도 32도 37도 사이에서 자라는 면은 일찍이 인류의 옷으로 큰 역할을 해왔다. 면은 인도, 남미와 아시아 등 다른 지역에서 서로의 교류 없이도 독자적으로 발전했을 만큼 다양한 사람들이 그 용도를 발견하고 사용했다. 전 세계적으로 재배되었지만 유럽에서는 오히려 뒤늦게 발전했다. 유럽에서 본격적으로 면으로 옷을 만들기 시작한 것은 지금도 패션의 본고장인 르네상스 이탈리아에서였다.

이렇게 시작된 유럽의 면 산업은 유럽의 대륙 발견과 함께 본

면을 재배하는 흑인

격적인 글로벌 경제로 확장된다. 유럽의 상인들은 세계 도처에서 이루어지는 면 재배를 알게 되었고 인도, 남미 등지에 면 생산 기지를 만들기 시작했다. 여기에 유럽의 기술 발명으로 면에서 실을 추출하고 옷을 만드는 일이 더 쉬워지자 본격적인 글로벌 경제가 탄생했고 면에 대한 수요는 급격하게 늘었다.

북미 식민지에서는 일찍이 흑인 노예를 노동력으로 활용했고 북미 식민지 초창기에는 백인들이 계약노동자의 형태로 노동을 공급했다. 이들은 7년간 일을 하면 땅과 자유가 주어졌으나 이들만으로는 북미의 거대한 땅을 경작하기에 역부족이었다. 노동력의 필요는 버지니아 주 등 남부 지역에서 담배 재배에 성공하면서 그 필요성이 더욱 커졌다. 노예 노동은 이미 미대륙 전역에서 활용된 노동 방식으로 북미 지역에는 1619년에 제임스타운에서 19명의 흑인 노예를 처음으로 수입했으며 이어 노예 노동은 빠르게 북미 지역에서 확산되었다.

1807년 미국 정부가 노예무역을 금지하기 전까지 대부분의 노예들은 아프리카로부터 수입되었다. 유럽과 북미로 끌려간 노예들은 흑인들이 아프리카 대륙에서 잡은 노예들이었으며 백인들은 풍토병과 험한 자연으로 아프리카 해안에 머물며 이들이 잡아온 노예를 선박으로 유럽과 북미로 날랐다. 노예 선박에 실린 흑인들은 병으로 죽거나 노예무역을 감시하는 감시선을 만나면 노예들은 물 한방울 마시지 못하고 죽기도 했다. 선원들은 노예의 저항을 막기 위해 이들을 가혹하게 다루었으며 "중간 여정(middle passage)"이라고 불리운 이 여정은 노예들에게 죽음의 여정이었다.

그러나 어느 사업이나 마찬가지로 노예무역을 통해 최대한의 이익을 남기기 위해서는 많은 노예가 대서양 항해에서 살아남아야 했다. 노예 선박은 잡혀온 노예를 모두 깔끔하게 털을 깎고 노예를 양도받을 상인의 이니셜을 낙인했다. 이들은 발가벗긴 체로 작은 배에 실려 연안에 정박한 큰 배로 옮겨졌는데 남자는 화물칸, 여자는 객실, 아이들은 갑판으로 보내졌다. 식사 시간에는 쌀, 고구마나 콩 등이 각 부족에 따라 커다란 통에 배급되었고 흑인 노예들의 상품 가치를 훼손하지 않기 위해 쇠고랑은 거의 쓰지 않았다. 이렇게 한 번의 여정으로 선박 주인은 $41,439을 벌었다.

노예 노동은 미국의 경제 발전에 지대한 영향을 미쳤지만, 노예제도 문제는 미국의 건국 초기부터 미국인들에게 모순이었다. 미국은 "모든 사람들이 동등하게 창조되었다"는 명제로 태어났지만 이 명제에서 흑인은 예외였다. 이런 미국인의 모습에 유럽인들은 "자유"를 가장 열심히 외치는 사람들이 노예제도로 가장 덕을 많이 보았다며 조롱을 일삼았고 미국의 국부들도 이 문제로 고민했다. 미국연방헌법 제정회의에도 흑인 노예 문제에 대한 논의가 여러 차례 있었지만 남부주의 완강한 반대로 노예제도의 폐지는 실현되지 못했다. 대신, 미국 오하이오 지역을 다룬 1787년 북서법에서 이 지역에서의 노예제도를 금지시켰으며 또한, 1807년부터는 노예 수입이 금지되었다.

미연방 국가 건국 초기만해도 미국의 노예 문제는 자연히 사라질 것으로 생각되었는데, 전 세계 면 산업이 확산되면서 이 기대는 사라졌다. 담배의 수요가 사라지자 남부주의 지주들은 새로운 수출 농산품을 찾았고 면이 그 해답이 되었다. 1780년대에 이미 남부주에서 면 재배가 이루어졌고 북미 지역에서도 면재배가 가능하다는 사실을 알게 된 유럽인들은 아시아, 남미에 이어 북미에서도 본격적인 면 생산 공장을 만들기 시작했다.

북미에서 면 생산이 본격화되면서 한동안 정체되었던 흑인 노예는 다시 급격하게 늘어났고 1790년대에만 조지아 주의 흑인 노예가 2배나 늘어 6만 명에 이르렀다. 사우스캐롤라이나 주에서 면을 재배하는 노예는 1790년에는 21,000명이었던 것이 20년 후에는 70,000명으로 늘어났다. 흑인 노예가 급격하게 늘어나면서 남부주의 흑인 비율은 1790년대에 20%안팎에서 1820년대에는 거의 40%에 육박했다. 담배 재배를 통해 익숙했던 대농장 운영의 경험, 거대한 땅과 흑인 노예 노동력으로 미국의 남부주는 대서양 면 산업의 생산 기지로 거듭났고 이로 인해 흑인 노예는 남부주 생존과 정체성의 핵심에 자리 잡게 되었다.

사. 서부

토마스 제퍼슨은 미국을 "자유의 제국"이라고 불렀다. 미국은 왕정이 대부분이었던 시절에 공화정을 채택한 나라였고 미국의 건국이념은 자유(liberty)라 할 수 있다. 그런데, 미국 국부들의 야심은 단순히 자유로운 국가를 세우는데 그치지 않았으며 이들은 미국을 지키기 위해 제국을 건설해야 한다고 생각했다. 거대하고 강력한 국

서부 이주

가를 건설해야만 유럽 열강으로부터 국가를 보호할 수 있었기 때문이다. 그리고 제국을 건설하기 위해서는 숲이 울창한 서부로 향해야 했다.

　　흔히 역사는 위대한 인물이나 중대한 사건으로 기록되지만, 실제 역사를 만드는 주체는 평범한 사람들이다. 평범한 사람들 다수의 행동이 거대한 역사의 흐름을 만들어내고 역사에 기록된 인물들은 거대한 역사의 물결 가운데에서도 물결을 처음 일으켰거나 유독 거센 물결을 일으킨 인물들이다. 미국의 19세기 역사는 미국 서부로의 이주와 이동의 역사였다. 어느새 미국 동부 연안은 미국에서 부와 성공을 꿈꾸는 사람들에게 충분하지 않았기에 백인들은 말과 소가 끄는 마차에 올라타 서부로 향했다.

　　미국의 역사학자인 존 뷰캐넌은 미국의 서부 이주를 "현대 시기의 가장 큰 평범한 사람들의 이주로 국민이 이끌고 정부는 끌려갔다"라고 미국의 서부 이주를 평가한다. 미국 서부 이주의 배경에는 미국의 폭발적인 인구 증가가 큰 영향을 미쳤다. 미국은 같은 기간 유럽에 비해 높은 출산율로 20년마다 인구가 두 배로 늘어났고 자연 증가에 이민자까지 겹치면서 사람들은 더 많은 공간을 필요로 했다.

수십만 명의 사람들이 땅과 기회를 찾아 서부로 떠났다. 당시 서부에는 법도, 정부도, 지도자도 없었으나 이런 불확실함과 위험이 이들을 멈추지는 못했다. 그곳에는 낯선 환경, 인디언, 스페인, 멕시코 등 전혀 다른 사람들이 있어 때로는 공존하거나 때로는 대결을 해야 했다. 지금도 우주 식민지를 개척하고자 하는 미국인들의 노력은 이런 유전자의 발현이다.

미국인은 제자리에 머물 수 없는 사람들이다.

제 3 장
1812 전쟁

가. 달아오르는 갈등
나. 테쿰세
다. 윌리엄 헨리 해리슨
라. 매디슨의 전쟁
마. 삼두정치
바. 캐나다
사. 잭슨과 크리크
아. 불타는 워싱턴
자. 겐트 협정
차. 뉴올리언스 전투
카. 저무는 시대와 떠오르는 시대
타. 아메리칸 시스템즈

1812 전쟁

　　미국의 모태는 유럽이며 국가가 모국으로부터 독립해도 모태로부터 완전히 자유로울 수는 없다. 독립한 국가가 유럽의 거대한 시장과 맞물려있다면 더욱 그러하다. 워싱턴은 퇴임식에서 "이와 마찬가지로 한 국가에 대한 지나친 우호감은 수많은 악을 낳는다. 실제 공동 이익이 존재하지 않는 국가에 대해 마치 공동 이익이 존재하는 것처럼 우호감을 갖는 것이나 다른 국가에 자신의 악의를 불어넣는 것은 특별한 혜택이나 정당성 없는 다툼과 전쟁으로 이어진다"며 후손들이 국제 문제를 감정적으로 다루지 말 것을 당부했다.

　　이후의 미국 대통령들은 워싱턴의 조언을 미국 외교의 기본 원칙으로 삼았지만, 이것을 지키는 것은 쉽지 않았다. 북미 대륙 곳곳에 유럽 열강의 이해관계가 얽혀 있어 북미 대륙은 유럽 갈등으로부터 자유로울 수밖에 없었다. 미국 독립 이전의 프랑스-인디언 전쟁은 유럽의 7년 전쟁의 일부였고 미국의 독립전쟁도 영국과 프랑스 간의 갈등과 맞물려 전개되었으므로 미국은 태생부터 유럽과 공동 운명이었다.

　　1804년 12월 2일, 나폴레옹이 노트르담 대성당에서 프랑스의 황제로 등극하면서 유럽은 다시 전쟁의 광기에 빨려들어갔다. 나폴레옹은 황제에 오른 뒤 3일 후 자신의 부관들에게 새로운 로마 제국을 건설하기 위한 전쟁 계획을 알렸고 1805년 10월, 나폴레옹은 왕들의 군대를 상대로 오스트리아를 집어삼켰다. 나폴레옹이 대륙을 집어 삼키던 중 영국의 해군이 트라팔가르에서 프랑스 함대를 격파했다는 소식이 전해졌지만, 해전 최고의 영웅이었던 넬슨 제독은 죽었다.

유럽의 대전은 미국을 가만두지 않았고 특히, 영국은 해군력의 우세를 유지하기 위해 미국 선박을 나포하고 미국인을 납치했다. 프랑스도 미국이 중립으로 남아있는 것을 용납하지 않았으며 다시 유럽 열강의 갈등에 휩말린 미국은 진정한 독립을 위한 또 한 번의 전쟁을 겪어야 했다.

가. 달아오르는 갈등

1807년 미국의 체사피크 호와 영국의 레오파드 호 간의 충돌로 미국과 영국은 전쟁의 코앞까지 다가갔지만 두 국가는 이성을 되찾고 더 이상의 무력충돌에 이르지 않았지만 바다에서의 양국 간의 갈등은 이어졌다. 1811년 5월 1일, 영국의 소형구축함 HMS 그에리어(HMS Guerriere)호가 뉴욕 항구에서 운항 중이었던 연안운송선의 미국 선원을 강제 징집했다. 미 해군의 프레지던트 호는 미국인을 납

앤소니 웨인 장군

치한 그에리어 호를 찾기 위해 즉각 출동했다.

밤에 바다를 정찰 중이었던 프레지던트 호는 영국의 작은 범선이었던 HMS 리틀 벨트를 그에리어 호로 착각하고 5월 16일 발포했다. 두 군함은 서로에게 포격을 가했는데 리틀 벨트는 프레지던트 호의 상대가 되지 않아 "산산조각이" 났다. 영국 해군 9명이 사망하고 32명이 부상을 당했으며 이 사건은 5년 전 레오파드 호가 체사피크 호에 발포를 했을 당시와 똑같은 도발이었다. 미 해군은 이 당시의 사건에 대한 복수를 제대로 했고 미국과 영국 간의 분위기는 다시 악화되었지만 당장의 전쟁으로 이어지지는 않았다.

미국은 대외적 갈등뿐만 아니라 대내적 갈등도 심해졌다. 체사피크 호 사태 이후 미국의 서부에서는 전쟁에 대한 열기가 계속 달아올랐으며 이 당시 미국의 서부는 아팔라치아 산맥 넘어의 오하이오 지역이었다. 오하이오 지역은 미국이 독립하면서 영국으로부터 양도받은 지역으로 미연방정부는 1787년 북서부조례에서 최소 3개에서 최대 5개의 새 주를 편입하기로 했다. 그동안 이 지역을 지배했던 영국은 미국과의 평화협정에서 이 지역의 모든 영국 군사 기지를 철수시키겠다고 약속했다.

영국이 오하이오 지역에서 물러나면서 미국과 인디언 간의 갈등은 더욱 심해졌다. 인디언들은 그간 유럽 열강의 갈등을 이용하여 자신들의 삶과 땅을 지켜왔지만, 미국이 독립하면서 그동안 영국의 지원을 받았던 인디언들은 더 이상 미국과의 싸움에서 필요한 무기와 물자를 공급받을 수 없게 되었다.

1794년, 미국 독립전쟁의 장교였던 앤소니 웨인(Anthony Wayne) 장군은 정규군과 민병대를 이끌고 델라웨어, 마이아미, 오타와, 포타와토미, 쇼니 족들의 연합군을 폴른 팀벌스 전투(the Battle of Fallen Timers)에서 물리쳤다. 이 전투에서 패배한 인디언은 1795년 미국에 자신들의 영토 상당부분을 양도하는 그린빌 조약(Greenville Treaty)을 체결했다. 이 조약으로 오하이오와 인디아나 주 동부에 백인들이 이주할 수 있게 되었으며 1803년 오하이오 주가 미연방에 가입했고 다음은 인디아나 주 차례였다. 그러나 이 지역에서 인디언과 백인 간의 갈등은 끊이지 않았고 미국과 영국은 상대방이 인디언을 배후에서 조정하여 계속 영토 분쟁을 일으키고 있다며 서로에게 책임을 추궁했다.

이 지역의 분쟁은 인디언뿐만 아니라 미국과 캐나다 간의 갈등과도 연관되었고 미국은 일찍이 캐나다에 대한 관심이 많았다. 미국의 국부들은 독립전쟁 초기에 캐나다에 미국과 힘을 합쳐 영국에 대항할 것을 제안했는데 캐나다는 이를 거부했다. 캐나다가 미국과의 연대를 거부하자 미국은 독립 전쟁 초기 캐나다를 공격했다. 미국의 베네딕트 아놀드 장교는 몬트리올을 함락하고 퀘벡시 공략에 나섰지만 패배했다. 미국의 독립 이후에도 캐나다는 영국의 영토로 남았지만 미국은 캐나다에 대한 미련을 버리지 못했다.

미국과 영국의 분쟁은 미국과 인디언 및 캐나다의 갈등을 키웠다. 미국의 영토와 인구가 증가하면서 미연방정부에는 갓 편입한 새 주 출신의 정치인들이 대거 진출했다. 1810년 연방의원 선거에서 초선으로 당선된 142명 중 59명이 영국과의 전쟁을 찬성하는 매파였고 이 중 켄터키 주 출신의 헨리 클레이(Henry Clay)는 타고난 정치력으로 35살이라는 젊은 나이에도 불구하고 곧바로 하원의장으로 당선되었다. 당시 연방의회의 한 의원은 "우리에게는 영원한 한 단어의 울림이 있다. - 캐나다! 캐나다! 캐나다!"라며 영국과의 전쟁으로 캐나다를 차지하자고 선동했다.

미국은 점차 전쟁의 열기에 휘말린다.

나. 테쿰세

1807년 9월 19일. 연방정부에 가입한 지 얼마 되지 않은 오하이오 주 인근의 칠리코테 타운에서는 백인과 인디언 간의 중요한 만남이 있었다. 최근에 쇼니(Shawnee)족이 오하이오주에 있는 그린빌에 세운 마을로 북서부에 살던 인디언들이 몰려왔다. 이렇게 인디언들이 이미 미국에 넘긴 영토로 다시 돌아온 이유는

테쿰세

어느 한 인디언 예언자의 설교를 듣기 위해서였다. 이 예언자가 "위대한 영"이라고 불린 와샤 모네투(Waasha Monetoo)의 말을 전한다는 소문이 인디언 사이에 퍼지면서 수많은 인디언들이 쇼니족 예언자의 말을 들으러 왔다.

백인의 등장으로 삶의 터전과 방식을 잃어가던 인디언들에게 예언자의 등장은 새로운 희망의 상징이었지만 인디언들의 집결을 지켜보는 백인 이주민들은 두려움에 떨었다. 마침, 그해 여름 영국 군함과 미국 선박간의 출동 사건이 발생하고 영국과 미국이 일촉즉발의 위기까지 가면서 개척지의 두려움은 더욱 커졌다. 프랑스-인디언 전쟁과 독립전쟁에서 인디언은 백인들에게 대항하기 위해 각

각 프랑스, 영국과 손을 잡았고 이번에도 영국과 전쟁이 벌어진다면 영국은 무기를 제공하고 인디언들은 백인을 공격해 올 것이 틀림없었기 때문이었다.

그린빌의 인디언들이 늘어나자 오하이오 주민들은 코마스 컬커(Thomas Kirker) 주지사에게 인디언 문제를 하루 빨리 해결해 줄 것을 요청했다. 윌리엄 웰스와 프레더릭 피셔와 같이 인디언들과 자주 접촉했던 사람들은 주지사에게 하루 속히 민병대를 구성하고 인디언들을 그린빌에서 쫓아낼 것을 건의했다. 컬커는 이미 1,500명의 민병대를 편성했지만 인디언을 바로 공격하기 전에 자신의 특사를 보내 인디언의 의도를 파악했다.

이어 컬커는 이들을 만나기 위해 칠리코테로 향했고 이 자리에는 인디언어로 '유성'을 뜻하는 테쿰세도 있었다. 또한, 어린 시절 인디언들에게 붙잡혀 이들과 함께 자란 러델 형제(Ruddell boys)도 통역을 위해 참석했다. 주지사가 먼저 인디언들을 환영하는 인사를 했고 이어 인디언의 지도자였던 블루 자켓(Blue Jacket)이 일어나 "우리는 토마호크를 내려놓았으며 다시는 사용할 생각이 없다. 프랑스인이든, 영국인이든, 스페인인이든 다시 준다고 해도 사용하지 않을 것이다"라며 인디언들이 미국과 싸울 의사가 없음을 분명히 했다.

테쿰세가 일어나 말을 이어갔다. 테쿰세는 주지사에게 인디언의 대리자 역할을 했던 윌리엄 웰스를 바꾸어 줄 것을 요구했다. 웰스는 연방정부가 임명한 인디언 대리인이었지만 인디언의 이익보다는 자신의 이익을 앞세워 인디언들로부터 신뢰를 받지 못했다. 테쿰세는 인디언의 권리와 그 동안의 부당한 대우를 항의하며 인디언은 백인과 평화롭게 공존하기를 원하지만, 관계가 개선되지 않는다면 다른 길을 택할 수밖에 없다고 했다. 이 지역의 인디언과 백인의 갈등은 점차 고조되었다.

미국 독립 전후에도 인디언 지도자들 중에는 이미 백인들에게 맞서기 위해서는 인디언의 단결이 필요하다는 생각을 가진 사람들이 있었고 테쿰세 세대에도 이어졌고 이런 시도 중에서도 테쿰세는 가장 열정적으로 인디언 연방 건설을 위해서 노력했다. 무엇보다 그는 인디언들의 연대를 만들어내기 위해 자신의 동생의 예언과 종교의 힘을 이용했다. 예언자(the Prophet)라고 불리운 그의 동생 텐스콰타와(Tenskwatawa)은 백인들이 인디언의 전통적인 삶의 터전과 문화를 오염시키고 있다며 인디언들이 이들을 물리칠 시대가 다가오고 있다고 예언했다.

테쿰세는 인디언 예언자의 형이었다. 테쿰세를 목격한 사람들의 일관된 진술은 그가 아주 잘 생겼다고 기록했으며 테쿰세는 이후 1812년 전쟁으로 비운의 영웅으로 미국사에 남게 되지만 칠리코테 당시만 해도 말끔히 양복을 입고 백인들과의 평화로운 공존을 위해 노력했다. 또한, 인디언의 자립을 위해서는 단결이 중요하다는 것을 알았으며 북미 대륙의 북부 5대호로부터 멕시코 만까지 이르는 인디언 연방 건설을 꿈꾸었다.

1805년 테쿰세와 텐스콰타와는 현재의 오하이오 그린빌에 새로운 인디언 거주지를 마련했다. 1806년 텐스콰타와가 일식을 정확히 예측하자 이곳으로 몰려오는 인디언 인구는 더욱 늘었다. 어느새 이곳은 다양한 인디언 부족들이 모여 테쿰세의 정치적, 군사적 동맹으로 이어졌으나 인디언 사이의 동맹을 만드는 일은 쉽지 않았다. 이들은 외모는 비슷해 보였지만 문화, 성향, 언어가 다양했다. 그러나 테쿰세는 연맹 건설을 포기하지 않았고 북미의 북부, 동부, 서부를 다니며 인디언들의 연맹 참여를 독려했다.

그래도 테쿰세의 상황이 불가능해 보이지만은 않았다. 다양한 인디언 부족이 존재했지만, 이들은 오랜 세월 물자 교역을 하면서 다양한 접촉이 있었고 또한, 인디언들은 광대한 북미 대륙에 대한 공동 소유에 동의했으며 백인들로부터 인디언의 땅을 보호하기 위한 연맹 건설의 필요성에 공감했다. 그리고 인디언 부족에 강력한 권력이 존재하지 않은 것이 오히려 장점으로 작용하기도 했다. 테쿰세는 특정 추장이 테쿰세의 주장에 동조하지 않아도 추장에 반대하는 세력을 모아 추장의 힘을 약화시키거나 부족으로부터 분리시킬 수도 있었다.

테쿰세는 동생의 예언을 듣기 위해 몰려온 인디언들을 실제 조직화하고 미국과의 무력 투쟁을 준비했다. 1808년 백인과 인디언 사이의 갈등이 심해지자 테쿰세와 텐스콰타와는 인디언을 이끌고 와바시와 티페카누 강이 마주치는 지역에 예언자의 마을(Prophetstown)을 건설한다. 어느새 이 마을에는 다양한 부족으로부터 모인 3,000여명의 인디언들이 몰려들었고 테쿰세의 노력으로 그는 서서히 인디언 연맹의 지도자로 부상했다.

이 때 미국과 영국 간의 갈등이 심화되면서 인디언에게는 기회가 오는 듯 했다. 영국은 테쿰세에게 자신들과 손을 잡고 미국과 싸우자고 제안하지만, 과거에 유럽 열강과 어설프게 손을 잡았다가 오히려 수세에 몰렸던 경험을 잘 알았던 테쿰세는 쉽게 손을 잡지 않았다. 이들과 손을 잡던 말든 중요한 것은 인디언 스스로가 기회의 주인공이 되어야 한다는 것이다. 그러기 위해서 테쿰세는 더 많은 인디언들의 힘을 모아야 했고 이제 그는 마지막 남은 남쪽으로의 여행을 준비한다.

테쿰세와 그를 지지하는 인디언은 다시 찾아온 기회를 위해 준비하고 있었지만 미국은 애써 얻은 독립과 미 대륙의 기회를 쉽게 포기할 생각이 없었다.

다. 윌리엄 헨리 해리슨

미국 독립 전쟁 직후 미국과 인디언 간의 전투에 안소니 웨인 장군이 있었다면 19세기 초 미국의 서부는 윌리엄 헨리 해리슨 장군이 지키고 있었다. 윌리엄 해리슨은 1773년 2월 9일 버지니아의 찰스 시티 카운티에서 태어났다. 그는 독립선언문의 서명자이자 버지니아 주의 주지사였던 벤저민 해리슨의 아들이며 대학을 졸업한 후 군대에 입대한 엘리트였다. 그는 조지 워싱턴 대통령으로부터 임관을 받았고 안소니 웨인 장군의 부관으로 근무했으며 웨인 장군의 부관으로 폴른팀버 전투 계획을 수립하기도 했다.

그는 오늘날 신시내티 시에 있었던 워싱턴 요새의 지휘관을 끝으로 1789년 군대에서 제대했다. 이어 존 아담스 정부에서 북서부 지역의 총독으로 임명되었고 1800년에 인디아나 지역이 확정되자 이 지역의 주지사로 임명되었다. 그는 미국의 북서 지역의 책임자가 되면서 백인 이주민들의 이익과 안전을 위해 최선을 다했다. 해리슨은 분열된 인디언의 상황을 이용하여 인디언 추장들에게 적군을 상대로 함께 싸워주겠다는 조건

윌리엄 헨리 해리슨

으로 많은 땅을 매입했으며 해리슨은 이이제이로 미국의 이익을 추구했다.

이 중에서도 가장 중요한 조약이 포트웨인 조약(Treaty of Fort Wayne)이었다. 1809년 해리슨은 인디언 추장들을 요새로 불러 들여 인디아나 중부의 토지 3백 에이커를 매입했다. 미국이 지불한 돈은 에이커 당 1/3 페니 수준밖에 되지 않았고 미국 연방정부는 이 땅을 에이커 당 2불로 백인 이주자들에게 되팔았다. 포트웨인에서 인디언들이 헐값으로 땅을 팔고 있을 때, 테쿰세는 미국의 남부 지역에서 쇼니 족의 오랜 적이었던 크리크 부족과 만나고 있었다. 이후 돌아온 테쿰세는 포트웨인 조약을 체결한 인디언 추장을 비판했고 미국과의 갈등은 더욱 격해졌다.

북서부 지역에서 미국과 인디언 사이의 갈등이 이어지면서 1811년 6월 테쿰세가 우려했던 사건이 터졌다. 테쿰세는 인디언 연합군을 만들어 미국과의 결전을 준비하기는 했지만 힘을 기르기 전까지 미국에 공격의 명분을 줄 수 있는 일은 피해야 한다며 호전적인 인디언에게 앞서가지 말 것을 계속 경고했다. 하지만, 이들을 제어하는 것은 쉽지 않았다. 미시시피 인근의 메노미니 부족이 백인 수명을 공격했고 포타와토미 부족은 한 백인 남성을 죽이고 그의 여동생을 납치했다.

니니안 에드워즈(Ninian-Edwards) 주지사는 인디언들에게 즉시 살인범을 인도할 것을 요구했지만 인디언 추장들은 미국의 요구와 부당함에 화가 난 인디언들 사이에서 어정쩡한 행보를 이어갔다. 한 추장은 "미국이 강 넘어로 오지만 않았다면 이런 일은 없을 것이다"라는 의미 없는 항의만 했고 인디언과의 갈등이 심해지면서 해리슨은 테쿰세가 우려했던 명분을 쥐었다.

해리슨은 자신들의 무기를 수선하기 위해 요새를 찾아온 인디언을 내쫓았고 이들로부터 인디언들이 미국을 공격하기 위해 준비 중이며 테쿰세가 해리슨을 살해하겠다고 협박했다는 이야기를 들었다. 미국과의 설익은 갈등이 깊어지자 테쿰세는 자신의 계획을 완성하기 전에 해리슨의 마음을 안심시키고자 했다. 테쿰세는 남쪽으로 지원군을 모집하러 가기 전에 해리슨이 머물고 있었던 빈센스(Vincennes)에 들려 그를 직접 만나고 가기로 했다.

테쿰세는 수십 명의 인디언들과 함께 적진으로 향했다. 해리슨은 테쿰세를 만나 그가 살인을 저지른 인디언을 넘겨주면 모든 의심은 사라질 것이라고 설득했지만 테쿰세는 이들이 예언자의 마을에 없으니 이들을 넘길 수 없다고 둘러댔다. 테쿰세가 해리슨의 요구를 들어준다면 그의 지도력은 상처를 입을 수밖에 없었다. 그런데, 테쿰세는 해리슨의 의심을 누그러뜨리기 위해 지나치게 많은 정보를 알려주었다. 그는 해리슨에게 자신이 인디언 연합 세력을 만들기 위해 남부로 여행 중이라며 이미 상당히 많은 인디언의 지지를 받고 있다고 말해버렸다.

테쿰세는 경솔하게 자신의 계획을 해리슨에게 알렸다. 해리슨은 테쿰세가 무엇을 하려는지 그의 의도를 정확히 알게 되었고 그가 한동안 예언자의 마을을 비울 것도 알게 되었으며 이제 둘 사이에는 더 이상 건널 수 없는 강을 넘어섰다.

해리슨 장군은 1,000여 명의 군사를 이끌고 예언자 마을로 향했다. 10월 3일, 그는 인디아나 주의 테라호트에 이르러 요새를 짓고 충분한 물자가 공급되기까지 기다렸다. 해리슨은 10월 28일 다시 군사를 이끌고 예언자 마을로 향했다. 해리슨 장군은 예언자 마을에 대한 공세를 시작하기 전에 미국 정부로부터 필요하면 이 마을을 정복할 것을 허락받은 상태였다. 테쿰세가 없었던 이곳을 텐스카타와가 지키고 있었는데 그는 정신적 지도자일지는 몰라도 전투를 지휘할 줄은 몰랐다. 해리슨은 6일 군영을 설치하고 텐스카타와에게 만남을 청했다. 해리슨을 만나고 온 텐스카타와는 자신들이 미군을 충분히 이길 수 있다는 착각에 빠졌다. 인디언이 미국을 반드시 이길 것이라고 예언했던 텐스카타와가 전투를 외치는 인디언 앞에서 머뭇거릴 수는 없었을지도 모른다.

다음 날 인디언은 선제공격을 했다. 이들의 기습 공격에 해리슨의 군사는 일시적으로 밀렸지만 우세한 화력과 전투력으로 기선을 제압할 수 있었다. 전투는 약 2시간 정도 벌어졌으며 해리슨의 군사 중 62명이 사망했고 126명 심각한 부상을 입었지만 인디언은 50여명이 사망했다. 그럼에도 기습에 실패한 인디언들은 예언자 마을로 돌아갔다. 텐스카타와의 예언과는 달리 수많은 인디언들이 죽자, 이들은 두 번째 공격을 하라는 텐스카타와의 명령을 따르지 않고 예언자 마을을 떠났다.

11월 8일, 해리슨은 예언자 마을로 수색대를 보냈는데 이곳의 인디언들은 모두 도망치고 움직일 수 없었던 한 노인만 남았다. 해리슨은 노인을 살려둘 것을 명령하고 모든 건물을 잿더미로 만들었다. 인디언이 이곳에 다시 머물 수 없도록 모든 양식도 없애버렸으며 테쿰세의 꿈은 중대한 시련에 직면한다.

라. 매디슨의 전쟁

1812년 전쟁은 일명 "매디슨 전쟁"이라 하는데 당시 미국의 대통령이었던 제임스 매디슨(James Madison)의 이름에서 유래한다. 미 연방 정부의 초대 대통령이었던 조지 워싱턴부터 제4대 제임스 매디슨에 이어 대통령이 된 제5대 존 먼로 대통령에 이르기까지 단 4년 간 매사추세츠 주 출신이었던 존 아담스가 제2대 대통령으로 4년 간 재임을 한 기간을 빼고는 모두 버지니아 주 출신들이 대통령

1812년 전쟁

이 되었다.

　　미국에서 가장 오래된 제임스타운 식민지가 위치했던 버지니아 주는 미국 독립 당시 가장 크고 부유한 주로 미국의 독립과 건국에 앞장선 워싱턴, 제퍼슨, 매디슨 등 중요한 국부가 태어난 곳이기도 했다. 버지니아 다이너스티라고 불리는 이 시절의 실제 시조는 제퍼슨이었다. 미국 건국 초기에는 오늘날과 같은 정당이 없었고 오히려 공화주의를 중시하여 정당도 결국 정파적 이익을 대변하기 때문에 정당의 존재 자체를 부정적으로 보았다. 하지만, 정치 세력이 있으면 그 반대 세력이 등장하기 마련이다.

　　조지 워싱턴의 독립군 참모로 활약했던 알렉산더 해밀턴은 워싱턴이 대통령이 된 후에 재무장관을 맡아 주정부에 대항하여 연방정부 강화에 앞장섰고 외교적으로는 영국과 가까웠다. 해밀턴을 중심으로 강한 연방정부와 친영 정책을 주장한 정치인을 페더럴리스트(Federalist)라고 불렀다. 반면, 이들과 반대로 연방정부의 권력을 제한하고 프랑스와 가까웠던 세력을 민주공화파(Republican-Democrats)

라고 불렀으며 민주공화파는 제퍼슨을 중심으로 모였다.

워싱턴에 이어 매사추세츠 주의 존 아담스가 대통령으로 당선되면서 페더럴리스트의 명맥이 이어졌지만, 1804년에 제퍼슨이 당선되면서 민주공화당이 백악관을 장악했고 이어 매디슨, 먼로와 존 퀸시 아담스까지 28년 동안이나 백악관을 지켰다. 페더럴리스트는 1804년 해밀턴이 결투에서 사망하면서 가장 중요한 정치인을 잃었고 당시 연방헌법은 남부주에 유리하여 남부주를 기반으로 한 민주공화당의 독주는 길게 이어졌다.

민주공화당의 이념은 공화주의였다. 제퍼슨은 취임 당시 수수한 옷을 입고 워싱턴과 아담스가 사용했던 마차 대신 말에 올라타 취임식에 참석했다. 제퍼슨은 대통령이 되자마자 워싱턴과 아담스 정부가 실행한 연방정부 강화 정책을 하나하나씩 바꾸어 버렸는데 그 대표적인 사례로 워싱턴 정부에서 세워진 미국중앙은행을 없애버린 것이다. 대외적으로는 친프랑스 정책을 선호하여 영국과의 갈등이 끊이지 않았다. 제퍼슨은 이어지는 영국과의 갈등으로 영국에 대한 수출 금지 정책을 실시하기도 했는데 이 정책은 오히려 미국 경제에 엄청난 타격을 주기도 했다.

제퍼슨에 이어 대통령이 된 매디슨은 제퍼슨의 신복으로 독립전쟁과 미연방 건국 당시부터 호흡을 맞추어 왔다. 제퍼슨은 연방헌법제정회의 기간 동안 프랑스 대사로 외국에 파견되어 있어 회의에 참석하지 못했는데 매디슨은 제퍼슨에게 수시로 회의 진행 사실을 알렸고 제퍼슨은 매디슨이 참고할 수 있는 유럽의 책과 자료를 보내기도 했다. 그리고 매디슨은 제퍼슨이 대통령으로 당선된 후 전통적으로 차기 대통령 자리로 여겨진 국무장관직을 맡았다.

매디슨은 미연방헌법제정 과정에서 많은 역할을 했고 주정부 승인 과정에서 해밀턴, 제이와 함께 유명한 페드럴리스트 페이퍼에 글을 쓰기도 했을 만큼 중요한 역할을 하였다. 그래서 미국에서 매디슨을 "미국 헌법의 아버지"라고 부른다. 그는 부지런하고 학구적 이었지만 대통령에게 필요한 카리스마와 지도력이 부족했으며 말수도 적은 편이어서 사람들과 잘 어울리지 못했고 결단력도 부족하여 지도력을 인정받지 못했다. 여기에 1810년 제퍼슨의 유약한 대응에 실망한 미국인들이 대거 매파를 연방의회에 진출시키면서 매디슨의 입지는 더욱 좁아졌다.

이어지는 여론과 정치적 압력에 메디슨도 더 이상 주저할 수 없었다. 하지만, 전쟁을 하더라도 누구와 할지 문제였다. 페더럴리스트는 영국이 적이 아니라 프랑스가 문제라며 프랑스와의 전쟁을 재촉했다. 연방의원들은 영국과 프랑스 모두를 비판했다. 한 의원은 "악마도 영국과 프랑스 중 누가 더 사악한지 구별할 수 없을 것이다"라며 두 국가를 싸잡아 비난했다. 그렇다고 영국과 프랑스 모두와 동시에 전쟁을 할 수는 없었다. 제퍼슨은 냉정을 요구했다. 민주공화당에게 프랑스는 한때 동맹이었고 영국은 적이었기에 결국, 영국과의 전쟁을 선택했다. 메디슨과 그의 국무장관이었던 몬로는 영국으로부터의 마지막 화해의 가능성을 기다렸지만, 영국은 끝내 미국에 화해의 제스쳐를 보내지 않았다.

1812년 6월 1일. 메디슨은 연방의회에 전쟁 서신을 보냈다. 메디슨은 이 서신에서 그 동안의 영국의 무역방해와 강제징집 문제를 거론하며 영국과의 전쟁이 불가피함을 호소했다. 메디슨은 매파 의원들로 연방하원의 외교위원회에 소속되었던 클레이와 칼훈 하원 의원이 메디슨의 전쟁 선포법안을 통과시키도록 뒤에서 후원했다. 이런 노력에도 불구하고 표결과는 하원에서 79 대 49, 상원에서 19 대 13으로 겨우 통과되었다. 이 결과는 미국의 지역 간 갈등을 그대로 보여주었다. 서부는 모두 메디슨을 지원했고 남부도 메디슨의 정적이었던 존 랜돌프의 진영만 빼고 모두 지원했지만, 북부주는 영국의 해상봉쇄로 피해를 보았음에도 메디슨의 전쟁에 반대했다.

전쟁이 시작되었다. 메디슨의 지도력이 시험대에 올랐다.

마. 삼두정치

대한민국에 3김 시대가 있었다면 19세기 전반부에는 칼훈, 웹스터와 클레이로 대표되는 "위대한 삼두 시대(Great Triumvirate)"가 있었다. 미국과 영국의 긴장이 고조되던 1810년 연방의회에는 이후 연방의회의 황금기를 이룬 많은 의원들이 진출했고 연방하원 초선이었던 켄터키 주의 헨리 클레이(Henry Clay)는 34살에 연방하원의회의 하원의장으로 선출되는 전무후무한 기록을 세웠다.

헨리 클레이는 버지니아 주 출신이었다. 그의 어린 시절 기억은 영국 군인이 자신의 집에 있는 모든 물건을 빼앗아가는 장면이었고 이 일이 있었던 같은 해에 침례교 목사이자 농부였던 그의 아

칼훈, 웹스터, 클레이

버지가 돌아가셨다. 그의 어머니가 재혼한 후에는 새 아버지와 함께 버지니아주에 있는 리치몬드로 이사했는데 이곳에서 그는 버지니아주 정치의 대부인 조지 와이드(George Wythe)를 만난다. 클레이의 재능을 눈여겨 본 와이드는 클레이에게 변호사 훈련을 시켜주었으며 변호사가 된 클레이는 이미 경쟁이 심한 버지니아를 떠나 켄터키로 이주했다.

그는 아팔란치아 산맥을 넘어 서부인이 되었다. 클레이는 노예 소유주였지만 켄터키 주정부 성립 당시 노예제도 도입을 반대하기도 했다. 그는 민주공화당으로 정치에 입문했고 그의 뛰어난 연설 능력으로 하원의장에 당선된 이후 영국과 전쟁을 피하려는 메디슨 정부에 맹공을 퍼부었다. 헨리 클레이는 연방 상원에 "캐나다를 정복할 수 있는 절호의 기회가 찾아왔다. 켄터키의 민병대만으로 몬트리올과 캐나다를 정복할 수 있을 것이다"라며 전쟁을 부추겼다.

클레이뿐만 아니라 남부주 출신으로 클레이 못지 않게 호전적인 정치인으로는 사우스 캐롤라이나 주의 존 칼훈이 있었다. 존 칼훈은 미국 독립전쟁을 전후로 이주해 온 아일랜드의 스코틀랜드 출신이었다. 이들 중에는 19세기 전반 미국 정치를 이끈 앤드루 잭슨과 제임스 포크와 같은 대통령의 부모들도 있었다. 맬 깁슨이 주연으로 나온 영화 브레이브 하트는 스코틀랜드 저항정신을 상징하는 윌리엄 월러스가 등장한다. 스코틀랜드 출신 중에서도 영국을 떠나 아일랜드를 개척한 사람들은 그 중에서도 자립심이 큰 사람들이었다.

칼훈의 조상은 18세기에 캐롤라이나 지역의 북부에 자리를 잡았고 그의 아버지는 프랑스-인디언 전쟁과 미국 독립 전쟁에서 싸웠다. 독립 전쟁이 끝난 후에는 주의회 의원으로 선출되었으며 그는 미연방헌법이 캐롤라이나 주의 권한을 제한한다며 반대했다. 칼훈은 5명의 아이 중 넷째로 태어났다. 칼훈은 어려서부터 책을 즐겨 읽었고 그의 어머니는 더 넓은 세상을 경험하게 해주고 싶어 예일 대학으로 보냈다.

칼훈은 예일 대학에서 많은 것을 배울 수 있었지만 북부주의 지성인들의 사상과 문화에 대해서는 거부감을 가졌다. 이 당시 북부주의 지식인들은 민주주의의 확산으로 더 많은 백인들이 정치에 참여하면서 미국이 민주정으로 점점 타락하고 있다고 비판했다. 칼훈은 이런 북부주 지식인들의 우월주의에 반감을 가졌으며 예일 대학의 친구들과는 제대로 어울리지 못했지만 대신 많은 책을 읽었다.

칼훈은 예일 대학을 졸업한 후 미국 최초의 법학 대학인 커네티컷 주의 리치필드 대학에 진학했다. 그는 대학을 1년 다닌 후 사우스캐롤라이나 서부에 있는 애비빌(Abbeville)로 이주했고 체사피크 호 사건으로 미국에 애국 열풍이 일어나자 칼훈은 주민들 앞에서 첫 연설을 했는데 그의 연설에 열광한 주민들은 그를 주의회 의원으로 선출했고 2년 후에는 연방의회에 진출했다.

미국 연방의회 삼두정치시대의 주역에는 서부의 헨리 클레이와 남부의 존 칼훈과 함께 북부의 데니얼 웹스터가 있었다. 웹스터는 두 아내 사이에서 10명의 자녀를 가진 집안의 막내였으며 웹스터의 가정은 당시 농업 중심의 미국에서 대부분의 가족이 그랬듯이 형제가 많았다. 하지만, 그가 50살이 되었을 때 살아 있었던 형제는 데니얼 뿐이었는데 그만큼 미국에서의 삶은 녹록치 않았다. 그는 뉴햄프셔에서 태어났지만 이 지역은 캐나다와의 접경 지역으로 영국 출신의 개척자들에게는 신개척지였다.

뉴햄프셔에서 교육의 기회는 거의 없었지만 몸이 약하고 머리가 뛰어났던 데니얼을 위해 아버지는 다른 길을 선택했다. 그는 1790년 5월 25일, 엑세터에 있는 필립스 아카데미에 입학했다. 그는 웅변을 뺀 모든 과목에서 우수한 성적을 남겼지만 그가 정치인으로써 가장 뛰어난 웅변가로 기록되었다는 사실을 보면 의외이다. 웹스터는 엑세터를 졸업하고 다트머스 대학에 진학했다. 그는 대학에서 웅변에 대한 두려움을 극복하고 점차 뛰어난 웅변가의 모습을 보여주었으며 대학을 졸업한 후 웹스터는 변호사가 되기 위해 크리스토퍼 고어 변호사 사무실에서 일을 하기 시작했다.

1807년 변호사 수련을 마친 웹스터는 포츠머스 시에서 변호사 사무실을 열었다. 그가 변호사를 개업한 시기는 영국 제품에 대한 수출입 금지가 실시되던 시기로 영국과의 무역으로 큰 수익을 올리던 뉴잉글랜드 지역의 항구는 문을 닫았다. 무역이 줄어들면서 파산하는 업체가 늘었고 웹스터의 변호사업도 쉽지 않았다. 웹스터는 변호사로써 어려움을 겪었지만 1812년 전쟁은 클레이와 칼훈과 마찬가지로 웹스터에게도 새로운 기회가 되었다.

그는 록킹햄 카운티에서 열린 7월 4일 독립기념일 행사에 초청되었고 그는 이 행사에서 연설을 하며 뉴잉글랜드 입장을 변호했다. 웹스터는 뉴잉글랜드가 지역 기후와 문화를 배경으로 자연스럽게 발달한 것이 무역이라며 뉴잉글랜드는 대륙이 아닌 바다를 바라본다며 자신의 고향을 설명했다. 이어 그는, 헌법이 정부에 국민을 보호하고 국민의 복지를 향상토록하는 의무를 부여했으며 정부가 과연 이 의무를 제대로 감당하고 있는가의 판단은 국민의 몫이라고 했다. 그런데, 미국 정부가 수출금지를 통해 뉴잉글랜드의 상업을 무너뜨렸다면서 국민의 동의는 철회될 수도 있다고 주장했다.

웹스터는 이후 남부주가 연방을 탈퇴할 때 주장한 연방헌법의 성격을 설명했지만 버지니아 다이너스티의 정책으로 많은 피해를 받았던 뉴잉글랜드는 당시 오히려 연방 탈퇴까지 주장하는 과격한 항의가 있었다. 웹스터는 이런 분위기에 논리정연하고도 당당한 연설을 통해 주민들의 열렬한 지지를 받았다. 웹스터의 지역 주민은 곧바로 웹스터를 연방의회의 의원으로 선출하여 연방의회에서 싸움을 이어가도록 했다. 이렇게 웹스터는 1813년 워싱턴으로 향한다.

워싱턴에 도착한 웹스터는 워싱턴의 첫 인상을 이렇게 기록했다. "어제 대통령에게 인사를 하기 위해 찾아갔다. 나는 그의 정책 못지 않게 그의 외모도 싫었다"며 메디슨 대통령을 혹평했다. 이어 "어제 클레이는 격렬한 연설을 했다"고 기록했고 "칼훈은 긴 연설을 했다"고 기록하며 하원에는 허풍쟁이만 있다고 썼다. 메디슨 정부는 쉽게 전쟁에 이길 수 있을 것이라고 장담하고 전쟁을 시작했지만, 전쟁은 길어졌고 미국은 고전을 면치 못했다.

클레이, 칼훈과 웹스터가 이끄는 삼두정치 시대가 열렸다.

바. 캐나다

매디슨은 독립전쟁 때의 경험을 살려 캐나다가 영국과 연합하여 미국을 공격하는 것을 막기 위해 북부 전선에 전력을 집중했다. 캐나다가 굴복하면 이들이 함께 영국에 대항해 줄 것을 기대했지만 이 전략은 미군을 이끈 윌리엄 헐(William Hull) 장군의 부대가 디트로이트에서 영국과 인디언 연합 군대에 패배함으로써 실패했다. 미국의 캐나다 점령 전략은 디트로이트 패전에 이어 연패로 이어졌다. 미국은 캐나다 북부를 세 곳으로부터 공략했지만 번번이 영국과 인디언 연합군에 패배했는데 무엇보다 캐나다 사람들은 미국인들과

USS Constitution

달리 영국으로부터의 독립을 원하지 않았던 것도 패배의 이유였다.

디트로이트가 캐나다에 넘어가자 메디슨 정부는 미국 북부의 전선을 지원하기 위한 본격적인 군사 작전에 들어갔다. 미군은 디트로이트로부터 출발하여 이리호, 온타리오, 세인트 로렌스와 몬트리올까지 이어지는 긴 전선을 수륙 양쪽으로 공격하기 위한 증원에 나섰다. 메디슨은 존 암스통 전쟁부 장관 및 윌리엄 존스 해군부 장관을 새로 임명하고 윌리엄 헨리 해리슨을 북서부 지역 사령관으로 임명했으나 해리슨의 디트로이트 수복 작전은 패배와 테쿰세의 매복으로 좌절되었다. 해리슨은 이삭 천시(Isaac Chauncey) 제독이 이리 강을 통제하기 위한 해군력을 보강할 때까지 공격 대신 수비에 매진하기로 했다. 미 해군의 보강에 맞서기 위해 영국 해군도 서둘러 보강에 나서려 했지만 프랑스와의 전쟁에 전력하고 있는 모국으로부터 물자의 지원을 받는 것은 쉽지 않았다.

여름이 되어 천시 제독의 군함은 영국 해군과 맞설만큼 전력이 강화되었다. 두 해군은 Put-In-Bay 인근에서 교전을 벌였고 천시 제독은 영국 군함을 격퇴했지만 이후 북부 전선에서의 전투는 쉽지 않았다. 페리 제독의 승리로 해리슨의 부대 4,500명이 디트로이트 바로 남쪽의 메이든 요새로 진격했고 영국 군대는 테쿰세의 반대에도 불구하고 디트로이트를 포기하고 동부로 철수했다. 해리슨은 철수하는 영국 부대를 추격하여 테임즈 강 인근의 전투에서 500명의 포로를 잡았으며 이 전투에서 테쿰세도 사망했다. 그러나 캐나다 정복에 중요한 관문이었던 몬트리올 진격에는 실패했다. 대신 미국 군대는 북 캐나다의 수도였던 요크(지금의 토론토)를 점령하고 이곳의 의사당과 공공 건물을 불태웠다.

미국과 캐나다 간의 전투가 이어지는 중 유럽 전선에 큰 변화가 생겼다. 한동안 거침없이 진격했던 나폴레옹은 프러시아, 오스트리아와 러시아 군대에 연패를 당했으며 그는 결국 황제직을 내려놓고 엘바 섬으로 유배당했다. 유럽 대륙이 안정되면서 영국은 이제 미국 전선에 집중할 수 있게 되었다. 미국도 이어진 전투로 전력이 강화되었고 군 지휘부는 제이콥 브라운, 조지 이자드, 앤드루 잭슨과 윈프리드 스콧과 같은 젊고 유능한 지휘관으로 바뀌었다. 1814년 전투는 이리와 온타리오 호수에 인접한 나이애가라 폭포 인근에서 계이어졌다. 스콧은 부대를 이끌고 칩페와에서 영국군을 격퇴했지만, 런디 전투에서 스콧과 브라운 부대가 일격을 당하면서 이들은 다시 이리 요새로 퇴각했다.

미국은 북부의 서부 전선 뿐만 아니라 아니라 동부 전선에서도 고전했다. 수륙 양동 작전에 능숙해진 영국 군대는 챔플린 호 서쪽으로 남하하여 미군이 모여 있었던 플래츠버그(Plattsburgh)를 공격했다. 다행히 토마스 맥도너(Captain Thomas Macdonough)가 이들을 격퇴하여 영국은 이 지역에서 남하하여 허드슨 강으로 공격하려는 작전을 포기했고 영국 군대는 다시 캐나다로 후퇴했다.

이렇게 육지전에서 연패를 거듭하던 미국에 그나마 바다에서 희소식이 들려왔다. 보스턴 인근에 가면 아직도 USS 컨스티튜션(USS Constitution)이라는 군함을 볼 수 있는데 일명 올드 아이언사이드(Old Ironside)라는 별명을 가진 이 배는 미 해군이 처음 창설되면서 건설된 군함이었다. 컨스티튜션 호는 영국의 군함 5척을 격퇴하거나 나포하였고 특히 영국 군함 게리에 호와의 해전에서는 게리에 호의 충돌에도 불구하고 건재했던 컨스티튜션 호를 올드 아이언사이드라는 별명이 붙여졌다.

뜻밖의 해전 승리로 연패를 거듭하던 미국은 겨우 사기를 유지할 수 있었으나 육지에서의 승리 없이는 미국의 안전을 보장할 수 없었다. 미국이 북부 지역에 집중하고 있는 동안 스페인은 북미에서의 미국의 위기를 이용하여 북미 남부 지역에서의 영향력을 회복하려 했다. 한때 플로리다를 중심으로 북미 남부와 서부에 큰 영토를 소유했던 스페인은 미국의 등장으로 서부는 물론 플로리다 지역까지 위협을 받게 되었다.

1812년 전쟁이 시작되자 스페인은 이 지역의 인디언들을 선동하여 미국에 대항하도록 무기를 공급했는데 이때 마침 테쿰세에게 영향을 받은 일명 레드 스틱스(Red Sticks)라고 불리운 남부 크리크의 지도자 윌리엄(William Weatherford)는 1812년 전쟁을 계기로 그동안 자신들의 영토를 위협해 온 미국과의 본격적인 전투를 시작하였다. 그러나 아이러니하게도 이 싸움은 미국과 우호적인 북부 크리크와 남주 크리크 사이의 내전으로 시작되었고 그 이유에는 테쿰세의 영향이 있었다.

사. 잭슨과 크리크

테쿰세는 남부 인디언들과의 연대를 위해 예언자의 마을을 떠나 오하이오, 켄터키, 테네시 주를 지나는 약 5,000km의 대 여정에 나섰다. 미국의 남동부 지역에는 70,000명이 넘는 인디언들이 살았고 이들 중에는 체로키 부족의 용사 2,000여명과 치카소 용사 1,000여명이 있었다. 여기에 이들보다 더 많은 6,000명의 용사가

호스벤드슈 전투

있는 촉토 부족과 여러 인디언 부족의 연맹으로 이루어진 크리크 부족이 있었다. 크리크 부족은 지금의 알래바마와 조지아 주에 살았고 크리크 부족은 이 지역 북쪽에 거주한 북부 크리크 족과 남쪽에 살았던 남부 크리크 족으로 나뉘었다. 이 중에서도 더 남부로 이주하여 플로리다에 정착한 부족은 세미놀이라고 불리었다.

미국 남동부에 살던 인디언들은 미국과의 대결을 원하지 않았다. 우선, 이들과 싸울 무기가 없었다. 독립 전쟁 당시에는 영국이 무기를 제공했지만, 이제 이들에게 무기를 제공해 줄 유럽의 열강은 없었다. 인디언을 대리하는 미국 정부 인사들은 이들에게 백인들의 문화와 삶을 교육하며 정착하여 농업에 종사하도록 권장하고 지원했는데 이런 동화정책은 미국 관리 뿐만 아니라 인디언들 중에도 백인과 결혼하여 낳은 아이들이 인디언의 지도자가 되면서 동화정책을 지지했다. 혼혈 인디언 중에는 영어에 능통하고 상업으로 성공한 인물들도 있어 이들은 미국과의 우호적인 관계를 유지하고 싶어 했다.

그렇다고 인디언들이 모두 동화정책에 동조한 것은 아니었다. 특히, 미국이 인디언들에게 당근과 채찍을 주며 체결한 협정으로 인디언들의 땅이 헐값으로 미국에 넘어가고 급격한 이주로 백인들이 몰려오는 것을 보며 미래를 걱정하는 인디언들도 있었다. 이들은 자신들이 미국에 의해 착취를 당하고 있으며 미국 공무원이나 혼혈 지도자들이 이들의 앞잡이라고 생각했다. 테쿰세는 이런 반미 정서를 파고 들어가 이곳에서 래드 스틱(Red Stick)이라는 지지자들을 얻었다.

미국과 영국, 북부 크리크와 남부 크리크 사이의 전투가 벌어지면서 미국의 서부는 위험한 곳이 되었다. 이 지역의 수많은 미국인들은 가까운 요새로 몸을 피했는데 이 중 포트 밈이라는 요새가 있었으며 이 요새는 비슬리 소령이 지키고 있었다. 레드 스틱은 방비가 허술했던 이 요새를 목표로 삼아 공격을 단행했다. 크리크의 공격을 경시했던 비슬리(Beasley)는 요새를 제대로 방어하지 못했다. 그 결과 수백 명의 크리크 부족과 요새의 모든 군인과 몸을 피했던 민간인들도 죽음을 당했다. 포트 밈의 비극은 그 동안 미국인들이 인디언들에게 가졌던 두려움과 특히 이들이 미국과 적대 관계에 있는 스페인의 도움을 받고 있다는 사실에 이 지역 사람들을 공포로 몰아넣었다.

포트 밈 사건이 그곳에 머물고 있었던 사람들에게는 비극이었지만, 인디언과 유럽 사람들을 미 대륙에서 몰아내야 한다는 잭슨과 같은 사람에게는 이 둘을 한 번에 물리칠 수 있는 절호의 기회가 되었다. 잭슨은 1813년 겨울, 병사들에게 서둘러 전투 준비를 시켰다. 1814년 1월 잭슨의 부대에 다시 지원병이 도착했고 잭슨은 지원 기간이 3개월 밖에 되지 않은 지원병들을 이끌며 전투를 벌이기 위해 다른 군대와의 합류를 결정했다. 1814년 3월 27일. 잭슨 장군은 2,600명의 미군, 500명의 체로키 병사와 100명의 남 크리크 병사를 이끌고 레드 스틱의 본거지 공격에 나섰다.

그는 자신의 심복이었던 존 커피(John Coffee)를 선발대로 보내 크리크를 공격하도록 했다. 그는 크리크를 공격하다 후퇴하는 척 유인하여 본대가 있는 곳에 이르러서는 다시 공격하는 방법으로 많은 크리크 병사들을 사살했다. 이어 잭슨은 포대에게 공격을 지시하여 크리크 마을에 포격을 가했다.

그러나 래드 스틱은 공격의 끈을 늦추지 않고 바로 반격에 나섰고 그는 발 빠르게 지원병들을 준비시켜 래드 스틱의 본거지가 있는 호스 밴드(Horse Bend)로 향했다. 상대방의 수적 우세를 확인한 래드 스틱은 이번에는 선제공격을 단행했으나 화력과 수적으로 우세한 잭슨의 부대를 이기기는 역부족이었다.

잭슨은 커피와 마찬가지로 크리크 병사들을 유인한 후 역습을 하였다. 이렇게 두 주력 부대가 부딪치면서 전투는 길어졌고 그 결과는 크리크 부대의 궤멸로 이어졌다. 이 전투로 크리크 병사는 거의 900명이 사망한 반면 잭슨의 군사는 단 50명이 사망하고 160명이 부상을 당하는데 그쳤는데 1812년 전투 중 가장 큰 성과를 올린 전투였다.

이것으로 잭슨은 미국의 영웅의 반열에 들어섰다. 호스 벤드 전투에서 래드 스틱은 얼마 남지 않은 군사를 이끌고 피신했지만 이제 더 이상 승산이 없다는 것을 인정하고 자기의 부하들과 함께 잭슨에게 투항을 했다. 그는 잭슨에게 자신의 병사와 부족의 생명을 보장해달라며 필요하다면 자신의 목숨도 내놓겠다고 했는데 잭슨은 그런 래드 스틱의 모습을 존중했다.

이어 잭슨은 크리크 부족의 본거지를 없애기 위해 그곳에 자신의 이름을 딴 포트 잭슨을 짓고 이곳에서 크리크 부족과 포트 잭슨 조약을 맺는다. 이 조약으로 크리크 부족은 자신의 땅의 상당 부분을 미국에 양도하고 더 먼 서부로 강제 이주를 당했다. 인디언과의 전투를 이기고 이들의 땅을 뺏은 후 오지로 이주시키는 것은 잭슨이 대통령이 된 후 더욱 대규모로 이루어졌고 이후 미국의 인디언 정책 기조로 자리 잡았다. 남부 크리크가 괴멸되면서 이들을 통해 북미 대륙의 남동부 지역을 지키고 있었던 영국과 스페인의 입지가 더욱 좁아졌다. 잭슨은 래드 스틱을 물리친 후 미국의 남동부 지역을 장악하기 위해 계속 진군하여 영국의 보호 하에 있었던 펜서콜라를 점령했다. 한동안 지지부진했던 미국이 잭슨 장군의 승리로 오히려 영국과 스페인의 영토였던 남동부를 장악하게 되었다.

아. 불타는 워싱턴

잭슨이 호스 벤드 전투에서 이겼지만 미군은 북부 전선뿐만 아니라 다른 남부 전선에서도 고전했다. 영국의 막강한 해군은 대서양 연안 남북을 오가며 미국의 주요 항구를 봉쇄하고 지상군을 상륙시켜 작은 항구를 불태워 미군 함대가 바다로 나오지 못하게 막아버렸다. 간혹 연안으로부터 멀리 떨어져 있었던 미국 군선들이 영국 군함을 공격하기도 했지만 영국 함대에 타격을 주기에는 너무도 작은 승리들 뿐이었다. 1814년 여름, 영국 함대는 체사피크 만을 진입하여 대대적인 공격을 단행했다. 메디슨과 장군들은 일찍이 영국 함대의 공격 가능성을 알고 있었지만, 제대로 준비하지 못했다.

1814년 8월 중순에 영국 대함대가 패턱센트(Patuxent) 강 어귀에 진입했다는 소식이 전해졌다. 이어 수천 명의 영국 부대가 워싱턴으로 진격한다는 소식이 전해졌지만 적군의 작전을 사전에 충분히 파악하지 못하고 각 민병대 간의 연락도 제대로 이루어지지 않아 미군은 진격하는 영국군에 속수무책으로 당했다. 영국 군대가 워싱턴에서 불과 몇 킬로미터 밖에 떨어지지 않은 블레이든즈버그(Bladensburg)를 공격하자 이곳에 있었던 민병대는 워싱턴으로 후퇴했다. 워싱턴 시의 방어를 지휘했던 메디슨과 먼로 국무장관은 워싱턴을 피해 버지니아의 숲 속으로 도망갔다.

　　메디슨은 그곳에서 아내를 만났는데 그녀는 다급한 가운데도 차분하게 길버트 스튜어트가 그린 워싱턴의 초상화 등 백악관의 중요한 작품과 문건을 모두 회수하여 지켰다. 메디슨이 워싱턴으로 돌아왔을 때, 백악관은 잿더미가 되었지만 다행히 워싱턴에 이어 볼티

불타는 워싱턴

모어로 진격한 영국 군대는 헨리 요새에서 격퇴당했다. 바로 볼티모어 인근의 이 요새에서 영국의 포격에도 불구하고 밤새 넘어지지 않은 성조기를 보며 프란시스 스콧 키가 지은 시가 지금 미국 국가의 가사가 되었다.

자. 겐트 협정

최근의 미국 대통령 중 부자가 대통령이 된 사례로 아버지 부시(George H. Bush)와 아들 부시(George W. Bush)가 있다. 그런데, 부자 대통령의 시조는 미국의 제 2대 대통령인 존 아담스(John Adams)와 제 6대 대통령인 존 퀸시 아담스(John Quincy Adams)이다. 보스턴을 다녀온 사람들이나 맥주를 좋아하는 사람들이라면 사무엘 아담스(Samuel Adams)라는 맥주를 들어 보았을 것이다. 사무엘 아담스는 존 아담스의 친척인데, 부친이 맥주 양조장을 한 것으로 알려져 있다. 그런데 사무엘 아담스는 보스턴 티파티와 같은 사건을 일으킨 미국의 국부이기도 하다. 이렇듯, 아담스 일가는 미국의 독립과 맥주 문화에 큰 기여를 했다.

존 아담스는 워싱턴 및 제퍼슨과 함께 자타가 공인하는 미국의 국부이다. 그는 특히 매사추세츠 출신으로 초기 미국 식민지와

존 퀸시 아담스

영국 간의 갈등 사이에서 미국의 독립을 먼저 주장한 인물이기도 하며 또한, 대륙회의에서 미국의 독립 전쟁을 지원하고 프랑스와 영국의 대사로 벤자민 프랭클린, 제퍼슨 등과 함께 프랑스에서 함께 지내며 프랑스와의 동맹을 이끌어 내 독립 전쟁 승리에 큰 기여를 했다. 이런 그의 경력으로 그는 워싱턴이 대통령에서 물러난 후 미국의 제2대 대통령에 올랐다.

존 퀸시 아담스는 일찍이 아버지와 함께 세계 곳곳을 다니며 지도자 수업을 쌓았다. 아버지를 따라 프랑스에서 머물면서 네덜란드와 러시아까지 다녀왔고 아버지가 미국의 초대 영국 대사로 부임했을 때는 아버지와 함께 영국에 머물기도했다. 그는 프랑스어, 그리스어, 라틴어 등에 능숙했고 미국으로 돌아와서는 하바드 대학을 차석으로 졸업했다.

존 퀸시 아담스는 하버드를 졸업한 후 변호사의 길에 들어섰지만 그의 경력으로 일찍이 미국 정부의 외교관으로 일을 시작하게 되었다. 그는 워싱턴 정부에서 네덜란드 대사로 일했고 메디슨 정부에서는 러시아 대사로 일했으며 먼로 정부에서는 국무장관을 맡아 먼로 독트린 작성에 참여했고 스페인과 아담스-오니스 조약을 체결하여 플로리다를 미국에 병합시켰다. 그리고 먼로 대통령에 이어 제6대 대통령으로 당선되었고 미국 외교의 대표 주자였던 존 퀸시는 1812년 평화협정 협상의 주역이기도 했다.

1814년, 나폴레옹이 궁지에 몰리자 영국은 전력을 미국에 집중할 수 있게 되었다. 그러나 독립 전쟁 당시에 경험한 바와 같이 미국의 수복을 위해서는 상당한 육군이 필요했는데 프랑스와의 전쟁으로 힘이 빠진 영국이 북미 대륙에서 사용할 수 있는 군사적 수단은 별로 많지 않았다. 영국은 북미 대륙에 인디언 국가를 세워 미국과 캐나다 사이의 완충국을 세우려 했고 이를 위해 미국과의 평화협상이 시작되었다. 미국의 평화협상은 존 퀸시 아담스가 단장을 맡았고 하원의장인 헨리 클레이와 해밀턴에 이어 미국연방정부의 재무정책을 주도한 알버트 길러틴(Albert Gallatin)이 참여했다.

나폴레옹이 엘베섬에 감금되고 영국이 바다를 점령하면서 영국의 요구는 강경했다. 영국은 미국이 5대호에 요새를 건설하거나 군함을 띄우는 것을 금지하라고 요구했다. 1812년 전쟁에서 영국과 함께 싸운 인디언의 독립국을 세워 미국을 견제하겠다고 했다. 또한, 메인, 뉴욕 과 슈페리어 호 서부의 영토를 영국에 양도할 것을 요구했다. 미국은 영국의 많은 요구에 놀랐지만 여기에 미국의 북서 지역까지도 양도하라는 말에 황당해 했다.

반면 미국은 전쟁의 원인이 되었던 미국 선박과 선원에 대한 납포와 강제 징집을 멈출 것을 주장했고 영국의 해상봉쇄로 발생한 미국의 피해를 보상해 줄 것을 요구했다. 이렇듯 협상 초기 둘 사이의 간극은 컸다. 무엇보다 영국은 미국에서의 전쟁에서 기선을 잡기를 기다렸지만, 워싱턴을 불태운 후 볼티모어 코앞까지 전진한 영국 군대는 헨리 요새에서 패배하면서 더 이상 전쟁을 이어가기 어려워졌다.

협상의 결과는 협상력보다는 전쟁의 승패에 좌우되었다. 영국은 워싱턴 진격에 성공했지만 샘플레인 호수에서 패배하여 미국 북쪽에서의 공세가 실패했다. 북미에서의 전쟁 상황이 바뀌자 웰링턴 장군의 생각이 바뀌었다. 영국 정부는 웰링턴에게 캐나다 군대를 맡아줄 것을 요청했지만 그는 자신의 상사에게 북미에서 별다른 성과를 내기 어렵다고 말했다.

전황이 바뀌면서 영국과 미국 모두 협상에 임하게 되었으며 미국은 더 이상 미국 선원의 나포 문제를 제기하지 않기로 했다. 프랑스가 패배하면서 미국이 이 문제를 해결해야 하는 절실한 상황이 사라졌기 때문이기도 했다. 영국도 더 이상 영토의 양도를 요구하지 않았고 인디언을 위한 독립국 건설도 영국의 관심으로부터 멀어졌다. 1814년 크리스마스 이전에 모든 문제가 해결되어 미국과 영국은 겐트 평화협정(Treaty of Ghent)을 체결했다.

겐트 협정에는 새로운 내용이 없었다. 전쟁을 끝내기로만 했을 뿐 분쟁 사안은 모두 뒤로 하기로 했다. 1814년 12월 미국과 영국의 전쟁은 문서상 끝났지만 현장은 그렇지 않았으며 자칫, 미국이 아무것도 얻어내지 못하고 끝났을 수도 있었던 "매디슨의 전쟁"은 예상치 못한 전투로 전혀 새로운 역사의 장을 연다.

역사는 위기를 기회로 만드는 자들의 것이다.

차. 뉴올리언스 전투

2005년, 허리케인 카트리나로 도시 대부분이 물에 잠긴 뉴올리언스는 재즈와 파티로 유명한 도시이다. 지금은 관광 도시로 더 유명하지만 뉴올리언스는 20세기 로스앤젤리스에게 자리를 내주기까지 뉴욕에 이어 미국에서 두 번째로 큰 도시였다. 1812년 전쟁 당시 뉴올리언스의 인구는 25,000여명으로 프랑스인, 스페인인, 미국인 등 다양한 민족과 인종이 함께 살았으며 미국 건국 초부터 특유의 코스모폴리탄 문화를 형성했다. 뉴올리언스는 대서양과 미국의 심장인 미시시피, 미조리와 오하이오 지역으로 이어지는 관문 역할을 했고 미국 무역의 요충지였다.

겐트조약은 1814년 12월에 서명되었지만 이 소식이 미국에 전해지기까지는 시간이 걸렸다. 아직 평화협정 체결 소식을 듣지 못한 미국 정부와 전투 현장의 군인들은 계속 싸움을 이어갔고 특히,

뉴올리언스 전투

잭슨이 이끈 부대는 전쟁의 최대 요충지였던 뉴올리언스 방어를 위해 부대를 뉴올리언스 인근으로 진군시켰다. 어린 시절 영국 군인에게 대들다 얼굴에 상처를 입었을 만큼 호전적이었던 잭슨은 이왕 시작된 전쟁에서 미국의 이익을 위해 한 치의 땅이라도 더 차지하기 위해 공격적인 전략을 이어갔다.

1815년 1월. 미국 남부의 전략적 요충지였던 뉴올리언스에는 앤드루 잭슨이 이끈 미군과 영국군이 대치중이었다. 영국군은 영국의 유명한 웰링턴 장군의 처남으로 그의 부관이기도 했던 에드워드 파켄햄(Pakenham) 장군이 이끌었으며 강한 의지의 소유자들이었던 이 두 장군은 한 발의 물러섬도 없이 호시탐탐 공격의 기회를 노렸다.

계속된 대치 국면으로 전략이 약화되었던 두 군대는 서로 증원을 기다리고 있었다. 영국 군대는 본국으로부터의 증원을 기다렸지만 나폴레옹에 승리한 영국은 하루 빨리 전쟁에서 벗어나고 싶어 했다. 잭슨도 켄터키 주 민병대가 빨리 도착하기를 기다렸지만 겨울 중의 이동은 쉽지 않았고 무엇보다 이 두 장군이 모르는 사이 미국과 영국은 이미 평화 협상을 체결하여 전쟁은 종결되었으나 이 시절 소식의 발걸음은 더디기만 했다.

1월 8일. 아직 상부로부터 전투 종료를 듣지 못한 두 장군은 한치의 양보도 할 수 없는 대치 상황을 이어갔고 영국은 우세한 화력으로 미군의 전투의지를 꺾고 방어선을 뚫기 위해 연일 포격을 가했다. 미군도 방어 전략보다는 과감한 공격을 원했다. 영국 부대는 뉴올리언스를 공략하기 위해 인근의 보르네(Borgne) 호수 근처에 상륙을 하는데 성공했으나 연일 본국의 지원을 기다리던 파겐햄은 더 이상 지체할 수 없어 공격을 감행했다. 패큰햄은 아일랜드, 서인도 제도 등에서 모여든 다양한 부대들을 조율하며 공격 명령을 내렸다.

그러나 그의 동시다발적인 선제공격은 각 부대의 엇박자와 야전에서 갈고 닦은 솜씨로 소문난 미국의 민병대의 정확한 사격 앞에 무너졌고 또한 미군이 만들어 놓은 장벽을 넘어서기 위한 사다리가 부족했다. 2시간 남짓한 전투 결과 영국군 2,037명이 죽었으며 미군은 겨우 52명의 사상자만 냈다. 워싱턴이 불타고 미국 본토가 유린당하는 등 전쟁 내내 열세에 몰려 있었던 미국은 드디어 승리를 자축할 수 있는 전승을 얻었고 이 전투를 이끈 앤드루 잭슨은 일약 미국의 새로운 영웅으로 떠올랐며 이미 끝난 전쟁에서 새 영웅이 탄생한 것이다.

잭슨은 여기서 멈추지 않았고 남부 지역에서의 스페인과 영국의 적대적 행위를 빌미 삼아 뉴올리언스를 방어하며 플로리다 주 깊숙히까지 들어가 미국의 영토를 넓혀 갔다. 미국인 이야기 제3권의 첫 편에 나오는 뉴올리언스 전투를 계기로 미국은 남부에서의 스페인과 영국의 영향력을 차단하는데 성공했다. 이 전투로 1814년 여름 영국군대의 기습 공격으로 미국의 수도 워싱턴이 불타오른 사건을 겪은 미국인들에게 다시 용기를 불어넣었다.

미국의 독립과 건국 초기 미국과 프랑스는 서로에게 의도치 않은 많은 영향을 미쳤다. 18세기 중엽까지만해도 북미 식민지의 적이었던 프랑스는 영국에 피해를 줄 수 있는 일이라면 어떤 일이든 마다하지 않았고 그래서 독립 전쟁 중 미국을 지원했다. 워싱턴이 요크타운에서 영국을 물리칠 수 있었던 이유는 프랑스 함대의 지원 때문이었다. 1812년 전쟁에서 미국은 중립국이었으나 나폴레옹의 야망은 미국에 루이지애나 지역을 선물로 안겨주었고 유럽이 전쟁으로 정신 없는 상황에서 북미 대륙에 대한 영국과 스페인의 영향력을 끊어내는데 성공했다. 나폴레옹의 야심의 최대 수혜자는 미국이었다.

1812년 전쟁은 미국이 연패를 거듭하면서도 결국 엄청난 실리를 챙기고 서부 개척과 복속을 위한 발판을 마련해 주었다. 이 전쟁으로 잭슨은 일약 전국적인 영웅으로 거듭났고 이후 백악관에 도전장을 내밀게 했다. 당시만해도 15주가 있어 당시의 별은 지금과 같은 50개가 아닌 15개였다. 무엇보다 1812년 전쟁은 미국이 처음으로 국제무대에 자신의 존재감을 드러낸 전쟁이었다고 할 수 있다. 미국이 전 세계를 호령하는 데는 아직 100년의 시간이 필요했지만, 1812년 전쟁은 미국인들에게 자신의 주를 넘어서 미국인이라는 의식이 자리 잡은 전쟁이었다.

카. 저무는 시대와 떠오르는 시대

1812년 전쟁은 끝났지만 그 여진은 이어졌다. 1812년 전쟁을 일명 "메디슨의 전쟁"이라고 일컬으며 맹비난을 했던 페더럴리스트는 메디슨과 민주공화파에 대한 여론이 악화되면서 위기를 자신들의 정치적 부활을 위한 반전의 기회로 삼으려 했다. 1814년 말, 페더럴리스트의 지도자들은 코네티컷 주의 주도인 하트퍼드(Harford)에 모여 연방정부 개혁을 위한 논의를 가졌으며 이 중 일부는 연방정

하트포드 회의

부가 개혁안을 받아들이지 않으면 연방정부에서 탈퇴하겠다는 강경파도 있었다. 강경파는 목소리를 높였지만 전체 회의는 온건파가 주도하여 연방 탈퇴안은 채택되지 않았고 다른 여러 개혁안을 담았다.

이 개혁안에는 대통령 단임제, 전쟁선포 시 하원의 동의 요구 등 다양한 내용이 포함되었다. 페더럴리스트는 워싱턴이 불탄 사건으로 상징된 메디슨 정부와 민주공화당의 무능이 당연히 이들의 몰락으로 이어질 것으로 판단했으나 1815년 초 이 개혁안을 들고 워싱턴을 찾아간 페더럴리스트의 지도자들은 잭슨의 승전 소식으로 들떠 있는 미국인들을 보며 망연자실했다. 오히려, 페더럴리스트의 강경파 중에 연방 탈퇴를 주장한 사람들이 있었다는 사실이 알려지면서 국민 여론은 메디슨 정부의 실정을 모두 잊고 페더럴리스트를 공격했다. 여기에는 민주공화파 언론들의 여론몰이도 크게 한몫했다.

잭슨의 뉴올리언스 전투는 페더럴리스트의 부활에 쇄기를 박았고 남북전쟁 이전까지의 정치의 주도권은 남부와 서부 지역으로 옮겨졌다. 국부 워싱턴, 존 아담스, 해밀턴 등이 포진했던 페더럴리스트가 이토록 무기력하게 몰락한 것은 오늘날에도 미국 역사가들이 의아하게 생각하는데 여기에는 몇 가지 이유가 있다. 우선, 지나치게 강한 리더들에게만 의존하면서 다음 세대를 준비하지 못했는데 이 문제는 해밀턴이 아론 버와의 결투로 갑자기 죽지 않았다면 어느 정도 해결이 되었을지도 모른다.

더 근본적인 문제는 페더럴리스트가 미국 건국과 함께 분출하기 시작한 백인 중산층의 정치 참여 욕구를 제대로 수용하지 못한 데 있다. 이들은 공화주의를 중시하여 정치에 참여하기 위해서는 경제적 독립과 덕을 중시했다. 그래서 공화주의는 제어되지 않는 민주정으로 인한 다수의 독재를, 소수의 독재 못지않게 경계했으나 경제적 자유를 얻어 번영하기 시작한 사람들은 정치적 차별을 참을 수 없었다. 이들은 주정부를 상대로 투표권과 참정권 확대를 요구하며 차츰 자신들의 정치적 위상을 높여갔다.

페더럴리스트보다 더 비참한 위치에 놓이게 된 것은 인디언들이었다. 미연방정부가 유럽의 입김을 퇴치하면서 인디언들은 더 이상 유럽 세력의 후원을 기대할 수 없게 되었다. 이러한 운명은 1812년 전쟁 당시 미국과 맞선 크리크 부족은 물론 미국 측을 지원한 인디언들에게도 마찬가지였고 잭슨은 미국 편에 싸웠던 체로키 부족에 대해서도 그들의 땅을 매입하고 서부쪽으로 이주시켰다.

이렇게 미국 남부주에 거주했던 인디언들은 모두 서부로 강제 이주당했고 미국의 영토가 넓어질수록 인디언 거주 지역은 줄어들었다. 체로키 부족은 점점 강경해지는 미 정부의 인디언 이주 정책에 대항하여 미국 연방 정부와 같은 정부 구성을 시도하기도 했다. 그러나 한반도의 개혁이 늦어지면서 결국 식민지로 전락했던 바와 같이 오랜 세월 미 대륙을 무대로 살았던 이주민들은 앞선 유럽 문명에 의해 점령당했다.

타. 아메리칸 시스템즈

전쟁은 국민을 하나로 묶는다. 그리고 전쟁을 치룬 국가는 강렬한 애국심을 불러 일으키며 국가주의가 기승을 부린다. 잭슨의 뉴올리언스 전투로 연패의 늪에서 벗어난 미국은 영국과 전쟁 이전의 현상 유지를 기본으로 평화협정을 체결함으로써 사실 상 전쟁에서 얻은 것이 없었지만, 유럽의 멍에를 떨쳐버렸다는 자신감이 가득했다. 독립전쟁 당시 미국의 국부들이 강력한 연방정부의 설립을 위해 힘썼던 것처럼 이들에 반대했던 메디슨 정부조차 국가주의의 물결을 무시할 수 없었다.

미국의 도로망

매디슨은 제14대 국회에 미국의 내륙의 길과 수로를 개발하기 위한 예산 확보를 요청했고 해밀턴이 처음 추진 당시 반대했던 미연방 중앙은행의 재설립을 요청했다. 그리고 자국의 산업 보호를 위한 관세 인상을 제안했다. 제14대 연방의회 또한 이러한 정국에 편승하여 관세 인상, 제2차 연방은행 설립 등 메디슨이 요구한 정책들을 입안했다. 역사상 가장 생산적인 연방하원으로 기록된 제14대 국회는 마지막으로 자신들의 임금을 인상하는 법안을 가결시키면서 국민들의 역풍을 맞아 대부분의 의원들이 낙선하는 결과를 낳기도 했지만 정치 발전을 위해서는 이런 호된 채찍질이 필요하다.

1812년 전쟁 후 연방정부의 중요성이 다시 부각되면서 정치인들의 생각도 타뀐다. 민주공화당으로 정치에 입문한 헨리 클레이는 미국을 보호하고 발전시키기 위해서는 강한 연방정부가 필요하다는 페더럴리스트의 사상을 발전시켰다. 그는 메디슨 정부가 재추진한 미연방 중앙은행의 설립에 찬성하여 "헌법은 바뀌지 않으며 항상 동일하다. 그러나 상황의 힘과 경험의 빛으로 헌법을 실행해야 하는 불완전 인간을 위해 진화가 필요하다"고 자신의 입장을 변호했다. 그는 1812년 전쟁을 치루면서 중앙은행이 없어 화폐와 재정 정책을 제대로 실행할 수 없었던 미국 연방정부의 현실을 인정하지 않을 수 없었다.

그는 연방중앙은행뿐만 아니라 미국의 통합을 위해 연방정부가 공공사업에 적극적으로 투자해야 한다고 주장했다. 그는 연방헌법의 가장 중요한 목적은 "통합(union)"이라며 이를 위해서는 도로망과 우체국을 더 많이 세워 북미 대륙 곳곳에 흩어져 있는 미국인들을 하나로 묶어야 한다고 설명했다. 그는 교통과 통신의 발달로 수천만 명의 사람들이 하나의 통합된 시장에서 거래를 할 수 있다면 미국은 유럽보다 더 발전할 수 있다고 믿었고 교통과 통신망의 확산은 미국의 군인과 군물자의 이동을 도와 안보도 튼튼해 질 수 있다고 설명했다.

클레이는 강한 미국의 정책 수단으로 높은 관세를 주장했다. 미국 연방정부의 주 수입원은 관세로 과거에도 관세율을 높이자는 주장이 있었지만 이는 미국 연방정부의 재정 적자를 메우기 위해서였다. 그러나 클레이는 한발 더 나아가 관세를 통해 미국의 산업을 외국 기업의 경쟁으로부터 보호하여야 한다고 주장했다. 그는 1812년 전쟁으로 미국의 무역이 마비되는 현상을 보면서 미국이 유럽의 갈등에 휘둘리지 않기 위해서는 자립 경제를 달성할 필요가 있다고 생각했다.

그리고 자립 경제를 위해서는 미국의 기업을 키워야 하며 이를 위해서는 관세를 통해 이들을 보호해야 한다고 주장했다. 강한 미국을 위한 클레이의 주장은 "아메리카 시스템즈(America Systems)"라고 명명되고 이후 클레이가 민주공화당을 탈당하고 휘그당을 창당할 때 휘그당의 핵심 정강으로 자리 잡는데 강한 미국을 위한 보호

주의의 뿌리는 이토록 깊다.

1812년 전쟁으로 미국은 영국으로부터 완전히 독립할 수 있었으며 미국을 무시했던 영국에 제대로 한방을 먹인 것이다. 그렇다고 미국이 완승을 한 것은 아니었다. 미연방정부가 우왕좌왕할 때 잭슨 장군은 과감한 작전으로 미국의 남동부 지역을 장악했으며 잭슨 장군은 이 과정에서 미국의 가장 힘든 적이었던 크리크 부족과 영국을 동시에 물리친다. 잭슨 장군의 등장으로 서부의 미국인들도 주인 의식을 갖게 되었고 새로운 국민의 주인의식으로 미국의 독립을 이끌었던 국부 시대가 끝났다. 미국은 전쟁에서 얻은 자신감으로 거침없는 질주를 시작하지만 거목이 사라진 자리에는 수많은 식물들이 새로운 생태계를 형성하기 위한 경쟁에 들어간다.

이제 미국은 자유와 평등의 문제에 직면한다.

제 4 장

면

가. 기술과 발전

나. 대이동

다. 이민자

라. 흑인

마. 먼로

바. 미조리 타협

사. 프란시스 로웰

아. 교통

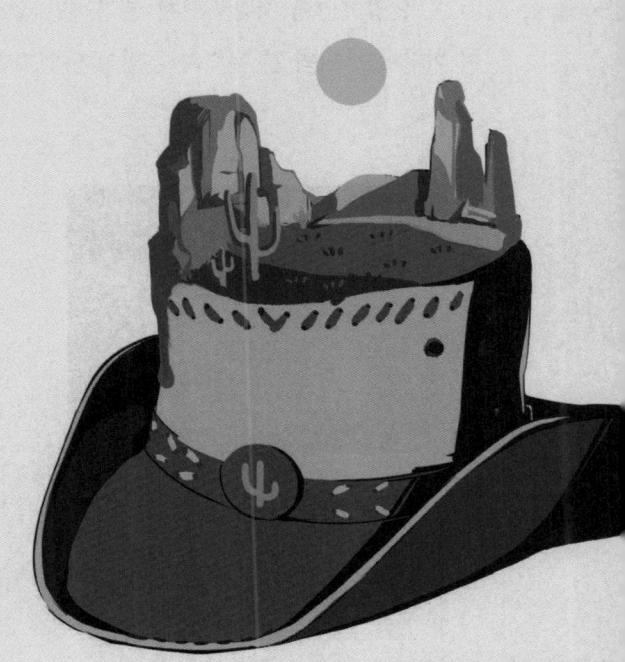

면

　　1812년 전쟁 이후 백인들의 이주는 더욱 빨라졌다. 잭슨의 남부 전투 승리로 이 지역으로 많은 이주민들이 몰려들었고 1817년과 1819년에는 미시시피와 알라바마가 새 주로 미연방에 가입했다. 이주민들은 대부분 인근의 조지아, 테네시 및 캐롤라이나 주 출신들이었으며 이렇게 새 땅으로 이주한 백인들은 산업혁명으로 폭발적인 성장을 거듭하는 유럽의 직물 산업에 필요한 면을 재배하기 시작했다. 특히 알라바마 지역은 면이 잘 자랄 수 있는 옥토가 있어 미국의 서부로 이주한 사람들은 북미 식민지 초기 버지니아 사람들이 담배를 집중적으로 재배했던 것과 같이 면을 재배하기 시작했다.

　　산업혁명이 시작되면서 본격적인 글로벌리즘이 시작되었으며 이전에도 지역 간 무역과 분업이 있었지만 산업혁명을 거치면서

면

그 규모와 방식이 완전히 바뀌었다. 산업혁명과 함께 본격적인 글로벌 상품으로 처음 떠오른 것이 면직이었는데 면직은 이미 오래 전부터 아시아, 아프리카와 남미에서 발견되고 사용되었지만 산업혁명 이전에는 각 지역에서 소비되는 수준이었다. 유럽은 면직 기술의 발달과 함께 발 빠르게 전 세계적으로 거대한 면 공급망과 면직물 판매망을 구축하여 전 세계적인 면직 산업을 만들었다.

면직의 발달로 면의 필요성이 커졌으며 면은 여러 지역에서 자랐지만 노예 노동을 활용한 미국 남부 지역의 생산량이 급증했다. 면직 기술의 발달로 가내수공업 수준에 머물러 있었던 면직 가공은 이제 공장을 중심으로 한 대량 생산으로 바뀌었고 공장의 발달과 함께 농촌 사람들은 일자리를 찾아 도시로 향했다. 면직 산업은 도시화를 가속화 시켰고 1000년부터 1900년까지 거의 1000년 동안 가장 중요한 산업으로 자리매김을 했다. 이제는 다른 산업들이 면직 산업의 규모를 넘어섰지만 면직 산업은 여전히 글로벌 산업으로 건재하고 있다.

면은 백인 이주민들에게 부를 가져다 준 축복의 작물이었지만 흑인 노예들에게는 재앙이 되었다. 미국의 국부들은 북미 지역에서 노예 수입이 금지되면 흑인 노예는 자연히 감소될 것으로 예상했지만 담배 못지않게 노동 집약적인 면 생산을 위해 다시 노예의 수요가 늘어났다. 그러나 노예 수입이 금지되었기 때문에 백인들은 남부 지역에 살던 흑인들을 끌고 가 노동을 시켰고 또한 노예 수요가 늘어나면서 북미 다른 지역에서 노예를 수입하는 수입상들도 늘어났다. 면 산업의 발전은 미국과 유럽의 경제 성장에 큰 기여를 했으나 그 생산 기반은 여전히 전근대적인 노예 노동을 기반으로 했다.

19세기 초반 면직 산업이 본격적인 글로벌 사업으로 발전하면서 미국도 중요한 한 축이 되었으며 면 재배의 기지는 물론, 미국 북부 지역에서는 영국의 면직 기술을 도입하여 자체적인 면직 산업을 키워갔다. 이렇게 면은 노예노동과 북부산업의 발달로 19세기 전반기의 미국 경제 성장에 지대한 역할을 했지만, 미국의 경제 성장에 지대한 공헌을 한 면 산업은 미국을 깊은 수렁으로 빠뜨리기도 했다. 경제 성장의 열매는 반드시 극복해야하는 사회 문제를 낳는데 이런 부작용을 이겨내는 힘이 국력이다.

가. 기술과 발전

진정한 삶의 혁명은 기술의 진보에서 비롯된다. 정치, 전쟁, 모험 등도 역사 발전의 중요한 동력이지만 인간 문명의 발전은 그 물적 기반인 경제와 가장 밀접한 관계를 맺어왔고 경제 발전의 가장 중요한 동력은 역시 기술의 발전이다. 불, 바퀴, 전기, 핵과 같은 기술적 발전이야말로 인간의 삶을 이전 시대와 갈라놓은 가장 중요한 지표들이다.

Boston Manufacturing Company

19세기는 이러한 인간 기술 발전이 가장 비약적으로 이루어진 시기이며 18세기 말부터 시작된 산업혁명은 그 어떠한 인류의 혁명보다 많은 지역과 사람들의 삶에 영향을 미쳤고 이 혁명은 아직도 진행 중이다. 이처럼 중요한 기술의 발전은 미국이라는 제국 발전의 또 하나의 중요한 축이 되었으며 19세기 초부터 미국에는 거센 산업화의 물결이 일어났고 이러한 기술의 진보로 제국으로 도약하기 위한 힘을 축적할 수 있었다.

1807년 로버트 풀턴은 뉴욕에서 출발하여 알바니까지 왕복한 최초의 상업 증기선을 개발했다. 미국의 식민지 시대부터 강은 북미 대륙의 핏줄과도 같았다. 아직 도로가 발전하지 않았던 광대한 대륙에서 강은 자연이 준 길이었지만 급류가 심한 강은 테네시 주의 정착 당시에서도 볼 수 있었듯이 인간이 넘어서야 하는 거대한 장애물이기도 했다. 미국인들은 꾸준한 기술 개발로 이 장벽을 넘어섰다.

거리의 극복은 새로운 동력을 필요로 한다. 먼 옛날 사람들은 말을 길들임으로써 거리의 장애를 극복할 수 있었지만 수로, 특히 통제하기 어려운 수로의 거리를 극복하기 위해서는 기계적 동력이 필요했다. 증기선은 미국이 수로를 통제하며 북미 대륙 구석구석을 개발할 수 있는 획기적인 수단을 제공했으며 이렇게 19세기는 미국이 광활한 영토의 거리를 시간으로 좁혀간 역사이기도 하다.

오늘날도 대부분의 후발 국가들은 선진국가의 기술과 발전 모델을 모방하며 성장하고 대한민국도 선진국의 경제 발전을 벤치마킹하여 쫓아감으로써(catch up) 지금의 경제 성장을 이루었다. 그리고 이러한 쫓아감의 과정에는 산업 스파이가 오히려 애국자 취급을 받는다. 프란시스 캐봇 로엘은 영국에서 오랜 세월 직물 공장을 돌아다니며 당시 영국의 일급비밀이었던 에드먼드 카트라이트의 동력 직기 기술을 훔쳐왔다.

그는 보스턴 인근의 로웰에서 보스턴 제조 회사(Boston Manufacturing Company)를 설립하여 뉴잉글랜드 직물 산업의 전성 시대를 열었다. 이제 미국도 단순히 농산물 생산 국가가 아닌 제조 국가로 탈바꿈하기 시작했고 특히 뉴잉글랜드 지역에서는 남성들의 서부 이주로 잉여 여성 노동이 많아 한국의 산업화 과정에서도 있었던 많은 여공들이 직조 산업에 필요한 인력을 제공했다. 이렇게 시작된 보스턴에서의 제조업은 보스턴 인근의 월섬(Waltham)과 로웰(Lowell)의 제조업 전성기를 이루었고 이런 배경에서 뉴잉글랜드 제조업의 발전을 위해 MIT가 탄생하기도 했다.

　　영토와 기술이 있어도 이를 사용하여 부를 창출하는데는 인간이 필요하며 인간은 땅을 일구던 기술을 활용하며 이를 통해 부를 창출하는 주체이다. 그러므로 한 국가의 발전을 위해서는 인구의 증가가 중요하다. 특히 북미와 같이 국제 정세에 민감했던 지역에서는 누가 먼저 땅을 자신들의 국민으로 점령하느냐가 땅을 확보하는 중요한 방법이었다.

　　앞에서 살펴본 바와 같이 미국의 서진의 역사는 미연방 정부의 정복 욕구보다는 국경이 불분명하고 심지어는 다른 국가령이라도 막는 사람이 없으면 쏟아져 갔던 이주민들의 역사였다. 이미 북미 대륙에 오랜 세월 정착해 온 가족들의 자연 증가는 물론 유럽에서 더 이상 땅을 구할 수 없었던 유럽인들에게 북미는 자신의 꿈을 실현할 수 있는 기회의 땅이었다. 미연방 국가의 인구 증가와 이주는 역사상 유례가 없는 빠른 속도로 진행되어 도화지에 물감이 쏟아지듯 미국인들은 북미 대륙을 자신들의 색으로 색칠했다.

　　사실 미연방의 초기 때만해도 미국의 역사가 다른 국가들보다 남다른 것은 아니었다. 면 생산은 미국뿐만 아니라 멕시코 등의 남미, 이집트와 같은 중동 및 인도는 물론 중국에서도 집중적으로 생산되었고 특히 나폴레옹 전쟁이 끝나고 유럽에 평화가 찾아오자

면 값은 공급 부족으로 그 값이 가파르게 올랐으며 그 결과 세계 곳곳에서 면 생산의 증대가 이루어졌다.

　　미국 남부 지역은 노예제도를 통한 생산의 우위를 가졌던 것은 사실이었지만 북부 지역에서의 산업화의 추진과 그 결과는 다른 국가들이 이룩하지 못한 성장이라는 점에서 그 과정에서의 차이를 이해하는 것이 중요하다. 미국의 경제 성장이 가장 후진적인 노예제도부터 가장 선진적인 공장 제도가 한 국가 내에서 공존하며 성장했다는 것은 매우 독특한 사례라 할 수 있다. 한반도가 21세기의 눈부신 경제 성장을 이룬 대한민국과 가장 낙후된 북한으로 나뉜 것도 어떤 이념과 제도를 따르느냐가 어떻게 미래에 영향을 주는지를 보여주는 또 하나의 사례이다.

나. 대이동

　　인간에게 이주는 중요한 생존 방식이었으며 인류는 끊임없이 새로운 땅과 기회를 찾아 움직였고 이주를 통해 새로운 문명을 건설했다. 북미 대륙에 정착한 유럽인들은 이런 이주의 유전자가 남달리 강한 사람들이었는데 이들은 대서양 너머에 있는 낯선 환경을 두려워하지 않고 거대한 자연 상태로 남아 있는 북미 대륙을 정복하는데 주저하지 않았다. 유달리 강한 이주의 욕구는 자손들에게도 이어졌

서부 이주

다. 미국 식민지는 제임스타운과 같은 작은 마을에서 시작되었지만 세월이 흐르면서 태평양 연안을 장악했고 이제 이들의 눈은 서쪽으로 향했다.

미국이 건국된 이후 수많은 백인이 서부로 이주했고 이들은 이미 기회의 문이 닫히기 시작한 대서양 연안의 동부 지역을 떠나 서부로 향했다. 남부 지역의 자영 농민들은 테네시와 켄터키의 싸고 질 좋은 토지로 이주했고 남부주의 대농장 지주들은 대량 재배로 영양분이 소진된 땅을 떠나 걸프 만 연안으로 이주했다. 사우스캐롤라이나 출신은 살루다 평지를 지나 테네시 주의 동부로 이주했고 조지아 주 사람들은 알래바마와 미시시피 주로 이동했다.

중부주 사람들은 위더니스 길과 컴벌랜드 평지를 따라 오하이오 발리와 인디아나와 일리노이 주에 있는 농지로 이주한 반면, 북부주 뉴잉글랜드 사람들은 뉴욕주 북부와 중부, 펜실베니아, 오하이오 주 북부로 이주하거나 더 서쪽으로 이동하여 미시건과 위스콘신 주에 정착했다. 이들은 새로 정착한 지역이 가족과 친족들을 모아 출신 지역의 문화와 관습을 그대로 유지했다. 미국의 정치 지형이 북부와 남부로 나뉘어진 데는 이런 서부 이동 경로에 따른 각 지역의 삶과 문화의 이동과 밀접한 관계를 가졌다.

대부분의 이주자들은 코네스토가 웨건을 사용하여 이주했는데 이 웨건은 4마리에서 6마리의 말이 끌 수 있었고 커다란 바퀴로 진흙탕 길이나 나뭇가지가 쓰러진 지역을 지날 수 있었다. 말이 끄는 웨건에는 충분한 자리가 있어 식구들이 잠을 자거가 물건을 나르는데 적합했다. 이후 교통수단이 발달하면서 사람들은 철도를 사용하거나 운하로 이동하기도 했다. 이들을 기다리는 서부는 아직 개발 중이었지만 수많은 사람들이 건너간 길은 어느새 이주자들을 위한 서부로의 편한 관문이 되었다.

1812년 전쟁이 끝나면서 유럽에 다시 평화가 찾아오자 유럽은 영국을 중심으로 산업혁명의 동력이 되었던 면산업이 급속하게 발전했다. 면산업의 가장 큰 덕을 본 나라는 미국이었고 특히, 1812년 전쟁으로 미국 남부 지역의 상당 부분이 미국 영토로 편입되면서 면 재배를 위해 이주한 백인들의 수는 급속도로 늘었다.

미시시피 지역의 '검은 벨트(Black Belt)'라고 불리운 나체즈 지역의 미국 인구는 1810년대에 무려 3배나 늘어나 30,000명을 넘어섰다. 이 지역은 사우스캐롤라이나 주의 땅이 에이커 당 연간 300만 파운드의 면을 재배할 수 있는 반면, 이 지역의 땅은 무려 800만 파운드를 재배할 수 있었다. 이와 같은 현상은 루이지애나 지역에서도 일어나 1812년 루이지애나는 주로 미연방에 가입했다.

이어 미시시피 주가 1817년에, 1819년에는 앨라배마 주가 각각 미연방에 가입했다. 나체즈 지역의 미국인들은 1794년부터 1800년 사이 담배 재배에서 면 재배로 바꾸었고 단 6년 만에 연간 35,000 파운드의 수확량을 1백만 2십 파운드로 늘렸다. 면 생산량은 1806년에 연간 8천만 파운드의 수확량을 넘어서 1810년에는 이미 영국이 필요로 하는 면 수입양의 반 이상이 미국의 남부 지역에서 재배되었다.

이어 1812년 전쟁이 끝나면서 미연방 정부는 크리크 부족으로부터 양도 받은 넓은 땅을 백인들에게 헐값에 판매했다. 면을 재배할 수 있는 경작지가 늘어났을 뿐만 아니라 새로운 면씨의 개발로 더 많은 양의 면실을 뽑아낼 수 있는 면을 경작하게 되었다. 미국에서 면 재배가 급격하게 늘어나는 상황에서, 1815년에 국제 면 가격이 2배로 뛰면서 면에 대한 미국인들의 관심은 급증했다.

이제 수십만 명의 미국 사람들이 면을 재배하기 위해 남부로 이동했으며 1810년대 루이지애나, 미시시피와 앨라배마 주의 인구는 370,000명을 넘어섰고 1810년대 미국의 면 재배양은 10배나 증가하여 1820년에는 인도를 앞서 전 세계에서 가장 많은 양의 면을 재배하는 국가가 되었다. 대부분의 이주민들은 인근의 조지아, 테네시와 캐롤라이나 주에서 왔지만 일부는 멀리 유럽에서도 이주해왔다.

갑작스러운 대규모 인구 이동에 미연방 정부는 질서를 유지하려 노력했지만, 매일 벌어지는 현장의 문제를 해결하기에는 역부족이었다. 연방정부는 연방영토를 에이커 당 $2에 판매했지만 부동산 투기꾼들은 내부 정보와 협조로 좋은 땅을 대규모로 구입하여 더 비싼 가격에 되팔았다. 부동산 투기가 이어지자 1817년에 들어선 먼로 정부는 토지의 최소 금액을 올려 연방정부의 수입을 늘리려 했으나 연방의회는 금액 인상을 거부하고 오히려 최소 구매 규모를 160에이커에서 80에이커로 줄여 더 많은 중소 농민들이 땅을 살 수 있도록 했다.

갑작스러운 대규모 인구 이동과 이전부터 이 지역에 걸쳐 있었던 수많은 토지 소유자의 권리들이 충돌하면서 부동산 분쟁은 변호사의 지갑을 두둑히 채워주었다. 부동산 소유 다툼은 법적으로 해결되지는 않았다. 사람들은 오랜 시간과 복잡한 절차를 거쳐야 하는 법원 대신 무력과 사기로 소유권을 확보하기도 했다. 부동산 분쟁으로 이 지역에서 결투와 싸움은 일상화되었고 사람들은 수단과 방법을 가리지 않고 땅을 차지하려 했다. 면 재배는 수많은 백인들에게 대박이었지만 면 재배의 노동 수단으로 동원된 흑인 노예들에게는 또다시 시련이 찾아왔다.

다. 이민자

　　　전쟁과 가뭄에 시달린 수많은 유럽인들은 기회의 땅 미국으로 몰려왔고 이들은 대부분 돈이 없어 여객선이 아닌 화물선에 올라 미국으로 향했다. 수백 명의 이민자들이 갑판 밑에서 지내며 40일이 넘게 걸리는 항해에 나섰다. 이민자들은 자신들이 사용할 침구와 음식을 가져와 배 안에서 음식을 해먹었고 수많은 사람들이 좁은 공간에서 함께 지내면서 전염병이 돌기도 하여 배에 오른 사람들 중 10%는 콜레라, 천연두나 장티푸스 등으로 사망했다. 병을 피해도 담배와 음식을 만들기 위해 피운 불이 옮아 불에 타 죽기도 했는

이민자

데 이런 많은 위험에도 불구하고 이민자들에게는 미국으로 가는 것이 유럽에 남아 있는 것보다 나은 선택이었다.

미국에 이른 이민자를 기다리고 있는 것은 혹독한 현실이었다. 배가 뉴욕에 정박하자마자 수많은 짐꾼들이 배안으로 몰려와 이민자들의 짐을 들어주겠다며 짐을 챙기지만, 이중에는 이민자의 물건을 노리고 오는 사람들도 많아 미국에서 이들의 첫 경험은 물건을 도둑당하는 것이었다. 이민자들 중에서도 가장 가난한 사람들은 아일랜드 출신이었고 이들은 대부분 아일랜드의 가뭄을 피하여 미국으로 이주해온 사람들이었다. 1815년부터 30년 사이 유럽에서 미국으로 온 이주민들 220,000여명중 3/4가 영국과 아일랜드 출신들이었으며 1830년부터 1850년대 사이에 온 2,750,000명 중 거의 반이 아일랜드 출신이었다.

아일랜드에 이어 독일 출신들이 두 번째로 많이 이주해 왔다. 그런데, 독일 이주민들 대부분은 기술자들로 미국으로 이주해 온 후에도 생업을 이어갈 수 있었던 반면, 아일랜드 출신들은 대부분 가난한 농부들로 미국에서 도착한 후 갈 곳이 없어 대부분 뉴욕시에 머물렀다. 이렇게 미국으로 갓 이민 온 사람들은 좀 더 일찍 미국으로 와 돈을 벌고 떠난 사람들이 살았던 지역에서 자리를 잡았는데 이들은 한 가정이 살기 위해 지은 작은 집에서 여러 가정이 머물며 함께 살았다. 기술이 없었던 이들은 건설 현장의 노동자로 일하며 고된 일과를 견디기 위해 대부분 술에 의존하며 살았다.

이민자들을 대상으로 한 범죄와 착취가 심해지자 뉴욕시에서는 이들을 보호하기 위한 별도의 항구를 마련했다. 시 정부 공무원들은 이곳에 첫 발을 딛는 이민자들에게 조언을 해주고 물건을 보관해주기도 하며 주거 시설을 알선해주기도 했다. 이민자들은 서로를 돕고 지켜주기 위해 가까운 이웃을 이루며 살았다. 이들은 이제 막 산업화가 진행 중이었던 미국의 공장에서 노동자로 일하며 계급의식을 키워 자신들의 권리를 향상하기 위해 파업을 단행하기도 했다.

그나마 건설 현장이나 공장에서 일할 수 있는 사람들은 나은 편이었으나 다수의 사람들은 아무 일도 구하지 못해 거지가 되었다. 뉴욕시의 거리에 거지들이 늘어나자 시는 이들을 격리하는 시설을 만들었고 여기에 수용된 이민자들은 먹고 살기 위해 정원, 빵가게나 공장 등에서 일했다. 뉴욕의 자선가들은 이곳에 사는 아이들을 교육하기 위해 자원 봉사를 했다.

미국에서 생활하며 아일랜드 사람들은 뭉쳐야 산다는 것을 직감했고 자신들의 권리를 증진시키기 위해서는 권력이 필요하다는 것도 알았다. 영어가 가능했고 영국의 정치 제도에 익숙했던 이들은 힘을 합해 정치에 입문하기 시작했다. 아일랜드의 정치 참여가 늘어나면서 이들은 뉴욕 민주당의 근거지였던 테미니 홀에 참여했다. 테미니 홀은 잭슨 정부 시절에 이민자 표를 얻기 위해 이들의 복지를 공약으로 내세웠다.

테미니 홀로 몰려오는 아일랜드 사람들 덕분에 테미니 홀의 위상은 높아졌는데 이때 아일랜드 사람들이 조직화에 나서기 시작했다. 아일랜드 출신 마이클 월시는 타고난 조직가였는데 그는 뛰어난 선동 능력으로 아일랜드 출신들을 하나로 뭉치게 했다. 월시의 등장에 테미니 홀의 지도자들은 위협을 느꼈다. 처음에는 월시를 제재할 수 있었지만 월시는 굴복하지 않고 10년 후에는 테미니 홀의 지원을 받아 주 의회에 진출한 후 연방의회까지 진출했다. 테미니 홀은 이렇게 이민자를 중심으로 뉴욕시에서 민주당의 막강한 조직으로 성장했다. 권리는 스스로 지켜야한다.

라. 흑인

미국의 건국 당시만 해도 13개 주 중 10개 주가 자유 흑인의 투표를 허용했다. 그런데, 남북전쟁이 발발하기 직전에는 30개

흑인 노예 가정

주 중 겨우 5개의 주(뉴햄프셔, 버몬트, 매사추세츠, 메인, 로드아일랜드)만 자유 흑인의 투표를 허용했다. 뉴저지나 메릴랜드와 같은 주는 자유 흑인에게 투표권을 부여했다가 1820년에는 철회했으며 노스캐롤라이나 펜실베니아 주는 백인 남성에게만 투표권을 허용했다. 뉴욕 주는 1821년 백인 남성들에게는 일정 자산을 가져야 투표권을 가질 수 있는 법을 철회하면서 흑인에 대해서는 오히려 그 기준을 높여 흑인의 투표 참여를 사실상 막았고 1819년 이후에 미연방에 가입한 주는 모두 흑인의 투표권을 허용하지 않았다.

면 산업으로 흑인 노예의 수요가 급증하면서 흑인의 권리는 더욱 침해당했다. 그나마 흑인의 자유를 걱정했던 백인들은 흑인이 미국에서 자유인으로 사는 것 대신, 다시 아프리카로 돌아가 국가를 건설하는 프로젝트를 추진했다. 1817년 헨리 클레이, 앤드루 잭슨, 존 랜돌프, 윌리엄 크로포드 등의 저명 인사들이 워싱턴에 모여 미국 식민지 협회(American Colonization Society)를 설립하여 흑인들을 아프리카로 되돌려보내기 위한 본격적인 사업 추진에 나섰다. 이 협회는 남부주의 노예제도 지지자들과 북부주의 노예 폐지자들 모두가 함께 한 협회였다. 북부주의 노예제도 폐지를 주장하는 사람들도 남부주의 노예제 지지자들과 마찬가지로 대부분 흑인이 미국에서 백인과 같이 살기는 어렵다고 생각했다.

미국의 연방정부도 흑인 식민지 사업을 지원했으며 먼로 대통령은 1819년에 $100,000을 협회 사업비로 지원했다. 당시 미국에는 2백만 명 정도의 흑인이 살았는데, 이 중 1/10 정도가 자유 흑인이었다. 1820년 식민지 협회는 88명의 흑인과 3명의 백인을 실은 첫 배를 시에라리온으로 보냈고 1821년에는 두 번째 선박이 떠났으며 이후 10년 동안 2천여 명의 흑인들이 라이베리아로 이주했다. 그러나 아프리카로의 역 이주는 쉽지 않았다. 미 대륙에 노예로 팔려 올 때와 마찬가지로 많은 사람들이 항해 중이나 현지 정착 중 사망했고 또한, 이곳에 정착한 흑인은 미국에서와 똑같이 현지의 흑인을 노예 삼아 대농장을 짓거나 노예 무역을 일삼았다.

흑인 지도자들은 이런 식민지 사업에 반대했다. 이들은 자신들은 미국인으로 다시 아프리카로 돌아갈 이유가 없다며 1817년에는 식민지 사업을 반대하는 청원서 서명 운동을 벌였으나 일부 흑인들은 식민지 사업을 새로운 기회로 삼았다. 폴 커피라는 인디언과 흑인 사이에 태어난 사업가는 38명의 흑인과 함께 시에라리온으로 향했다. 커피뿐만 아니라 다른 흑인 지도자들도 식민지 사업을 통해 흑인들이 자유롭게 살 수 있는 국가의 설립이 흑인의 자유를 위해 더 좋은 길이라고 생각하여 이 사업을 지지했지만 식민지 사업을 통해 아프리카로 이주한 흑인은 남북전쟁 이후까지 겨우 13,000명 정도 밖에 되지 않았다.

노예들의 일상은 새벽에 울리는 나팔소리와 함께 시작되었다. 잠에서 깬 노예들은 서둘러 아침을 먹고 자신들이 일해야 하는 곳으로 이동했고 그곳에는 흑인 감독이 일을 지휘하기 위해 기다리고 있었다. 감독은 노예들이 사용할 기구를 나누어주고 각자 해야할 일을 지시했다. 이들은 길을 만들거나, 강둑을 세우거나, 새로운 토지를 경작하거나 면을 재배하는 등 다양한 일을 했으며 농장주들은 노예가 걸어서 한 시간 이내에 작업 장소로 이동할 수 있도록 토지와 거주지를 나누기도 했다.

정오가 되면 노예는 잠시 휴식을 취하며 식사를 했고 밤이 되면 일을 마치고 숙소로 돌아간다. 감독은 노예가 사용한 장비를 수거하면서 고장나거나 분실했는지 확인한다. 숙소는 흙을 다진 통나무 집으로 여러 명이 한꺼번에 자야 했으며 식사로는 쌀, 돼지 고기 등으로 요리가 되지 않은 단순한 음식들이 대부분이었다. 그나마 흑인들은 모여 살 수 있어서 함께 문화를 만들고 여가를 보낼 수 있었다. 1860년에 이르러 20명 이상의 흑인과 함께 거주한 흑인 노예 수는 거의 4백만이 되었고 노예 중 1/4만이 10명 이하의 노예들과 함께 지냈다. 흑인 노예의 수는 많았지만 막강한 화력을 가진 백인들에게 대항할 수는 없었다.

노예 중에서도 그나마 좋은 대우를 받은 노예들은 지주의 집에서 집안일을 돕는 집사와 요리사들이었는데 이들은 밖에서 노동을 하는 노예들에 비해 더 좋은 환경에서 지주의 가족들과 함께 지내며 육체노동의 고통을 피할 수 있었다. 그러나 이들은 백인들에게도 계속 경계의 대상이었고 육체노동에 시달리는 흑인들에게도 배척을 당했다. 그 결과, 이들은 백인 주인들에게 순종하며 이들의 환심을 사거나 밖에서 노동하는 흑인들에게 주인과 가정에 대한 정보를 나누어주며 환심을 사기도했다.

이런 환경으로 노예의 가정은 항상 위험에 처했다. 위생 상태가 좋지 않아 유아 사망률이 높았고 아이들이 장성하여도 흑인 가족은 언제든 이별을 할 수 있었다. 흑인 노예는 주인의 재산으로 주인은 마음대로 처분할 수 있었다. 그래서 장성한 자녀를 다른 사람들에게 판매하거나 여성 흑인 노예들은 자신들이 원하지도 않는 남성 흑인과 결혼시켜 강제로 자녀를 갖도록 하기도 했다. 열악한 환경에서 흑인들은 저항을 포기할 수밖에 없었지만 그렇다고 흑인의 반란이 전혀 없었던 것은 아니었다. 그리고 이 반란으로 백인과 흑인의 관계는 더욱 악화되었다.

마. 먼로

매디슨은 1812년 전쟁에 시달렸지만, 전쟁이 끝나면서 미국은 다시 평화와 번영의 길을 되찾았다. 전쟁 특수로 미국의 산업은 급성장했고 미국의 산업이 성장하면서 돈을 벌려는 자금이 미국으로 몰렸다. 1812년 전쟁의 기억이 사라지면서 버지니아 다이너스티는 계속 이어져 1817년 버지니아 주 출신의 먼로가 대통령에 당선되었고 먼로는 1812년 전쟁 당시 국무장관과 전쟁 장관을 동시에

맡으며 전쟁 후반부에 미국이 영국에 타격을 가하는데 큰 공을 세우면서 또 한 명의 영웅으로 떠올랐다.

먼로 대통령은 우리에게도 먼로 독트린으로 유명하다. 먼로 독트린은 그의 국무장관이자 먼로에 이어 대통령을 한 존 퀸시 아담스가 작성했으며 존 퀸시는 미국의 2대 대통령이었던 존 아담스의 아들이었는데, 어린 시절 아버지가 미국 독립 당시 프랑스와의 동맹을 이끌어내기 위해 파리에 미국의 대표로 파견되었던 시절 그곳에서 함께 머물며 외교를 배웠다. 이런 그의 경력으로 존 퀸시는 워싱턴 정부에서 러시아 공사로도 일했다.

먼로 독트린의 핵심은 크게 두 가지이다. 첫째는 북미 대륙이 더 이상 유럽의 식민지가 될 수 없다고 천명한 것이다. 이는 당시 영국, 프랑스, 스페인 등이 북미의 다른 지역에 영향력을 미치고 있는 상황에서 대담한 천명이었고 나아가 미국은 유럽의 분쟁에 중립을 지키지만 스페인으로부터 독립한 남미 지역에 대한 유럽 국가의 간섭도 허용하지 않을 것임을 밝혔다. 즉, 유럽의 식민지로부터 출발한 북남미가 이제 더 이상 유럽의 식민지나 간섭의 대

제임스 먼로

상이 될 수 없다고 한 것이다.

먼로 독트린은 어느날 갑자기 나온 것이 아니다. 미국의 국부는 일찍이 미국이 유럽의 아류 국가가 아닌 인류사에 남을 국가로 세우겠다는 꿈을 가졌고 특히, 버지니아 서쪽의 거대한 숲을 지켜보며 자란 워싱턴, 제퍼슨, 메디슨 등의 버지니아 출신 대통령들에게 북미의 서부는 당연히 자신들의 차지였다. 북부주의 해밀턴도 페더럴리스트 페이퍼에서 미국이 유럽 열강을 북남미 대륙에서 쫓아내어야 한다고 주장했으며 유럽에 대한 중립도 마찬가지이다.

미국의 국부들은 유럽 열강과의 대립 속에서 성장했고 유럽의 갈등이 어떻게 미 대륙에 영향을 미치는지 체험하며 성장했기 때문에 어설프게 유럽의 어느 국가와 동맹을 맺는 것을 경계했다. 워싱턴은 대통령 퇴임사에서 미국은 중립을 지키며 유럽의 다툼에 말려들어서는 안 된다는 당부를 하고 물러났다. 미국은 21세기에 이르러 세계 대전에 휘말리기까지 이 원칙을 지켰으며 미국의 유럽 전쟁 참전 여부를 논의했을 때, 참전을 반대했던 정치인들은 바로 이런 미국의 오랜 역사를 그 이유로 들기도 했다.

먼로 대통령이 대통령직에 오른 1818년에는 미국이 처음으로 경제공황에 시달렸다. 풍부한 신용과 낮은 선불, 곳곳에 대출을 해주겠다는 은행과 증권 거래소. 이어지는 파산, 사업 부도와 폭증

하는 실업률. 2009년 전 세계를 강타했던 공황을 미국은 1819년에 처음 경험했다. 건국 이후 별다른 논란거리가 아니었던 정부의 규제와 경제 간섭 문제가 처음으로 거론되었고 미국인들은 처음으로 경험한 경제 공황을 제대로 이해할 수 없었다.

1818년이 끝나갈 무렵, 면 가격은 하루아침에 반토막이 났고 필라델피아의 주요 30개 업체의 실업률은 50%에 이르렀으며 신시네티 부동산의 절반이 은행 소유가 되었고 유명한 변호사였던 헨리 클레이는 수많은 채무자에게 소송을 제기하기도 했다.

은행에 대한 원성이 높아지자 다급해진 주정부는 은행 세금을 올려 은행을 쫓아내려 했지만, 존 마샬은 판결을 통해 주정부가, 주간 거래를 하는 은행에 세금을 부과할 수 없다는 판결을 내려 주정부의 권한을 축소시켰다. 부동산 투기꾼, 면 농장주, 노동자들은 갑작스러운 공황에 은행을 저주했고 연방정부가 오히려 상황을 악화시키고 있다고 비난했다.

미국이 세계 경제에 편입되면서 공황은 경기 순환의 일환으로 미국에서 경기 과열 이후 찾아왔다. 그 첫 사례는 1819년이었지만 이어 1837년, 1857년, 1873년 및 1893년 등 19세기에만 여러 차례 공황을 겪었고 19세기 공황은 20세기 공황과 달리 여러 해에 경기 후퇴가 쌓이면서 발생했다. 1817년의 공황도 1815년 동부 산업이 침체되면서 1818년에 은행 연쇄 부도로 이어졌고 1819년 면 가격이 급락하면서 미국 전체를 휩쓴 공황으로 발전했다.

당시 공황도 오늘과 같이 국제 경제와 밀접하게 연관되었으며 그 출발은 나폴레옹 전쟁에서 시작되었다. 제퍼슨은 나폴레옹으로부터 루이지애나 지역을 헐값에 구입했지만 구입 비용을 공채로 조달했다. 그런데, 공채를 금이나 은으로 교환해주어야 하는 시간이 다가왔다. 금, 은이 필요한 시기에 나폴레옹 전쟁으로 스페인 국왕이 바뀌면서 남미로부터 수입되었던 금과 은의 80%의 채굴이 중단되었다.

여기에 영국과 프랑스가 서로 무역 제재에 나서면서 세계 경제는 급속하게 식어버렸고 중립국으로 한동안 영국과 프랑스의 무역망을 차지했던 미국은 두 국가가 적극적인 봉쇄 정책에 나서면서 무역을 이어갈 수 없었다. 제퍼슨은 미국 산업 발전으로 유럽 전쟁에 얽히지 않으면서 미국의 경제 성장을 이어가려 했으나 1812년 미국도 영국과의 전쟁을 피할 수 없었다.

전쟁 초기만 해도 미국은 전쟁 특수를 누렸지만, 전쟁이 끝나자 영국은 고국으로 돌아온 군인들을 경제에 편입시켜야 했고 그 결과 과잉 생산이 일어났다. 영국은 이 과잉 생산품을 미국 시장에 덤핑했고 전쟁 특수를 누렸던 미국의 산업은 영국 생산품에 밀리면서 파산할 수밖에 없었다. 여기에 미국의 영토가 확장되면서 부동산 붐이 일어났는데 미국중앙은행이 폐지되면서 부동산 자금은 제대로 규제가 되지 않았던 주 은행이 제공했다. 또한, 1816년 인도네시아 화산의 폭발로 전 세계적인 가뭄과 이상 기온이 일어나자 미국의 농산물 가격이 폭등했고 여기서 벌린 돈은 부동산 투자에 몰렸다.

1817년 유럽의 농산물 생산이 회복되고 영국이 자국의 농민을 보호하기 위해 농산물 수입을 금지시켰다. 엎친 데 덮친 격으로 호황기에 자금을 펌프질하던 은행이 경제가 휘청거리자 돈줄을 쥐어틀고 채무 상환에 나섰다. 점점 힘들어져 가던 미국 경제에 마지막 타격은 면 산업이었다. 미국의 면 값이 천정부지로 오르자 영국의 면직 산업자들은 면 공급지를 인도로 바꾸었고 인도와의 경쟁으로 미국의 면 값은 하루 아침에 반토막이 났다.

미국 경제가 어려움을 겪었지만, 이때까지만해도 미국인들은 경제 문제를 정부 정책과 연결시키지 않았다. 그 결과 먼로 정부는 공황에도 불구하고 1820년 중간 선거에서 승리했지만, 이는 미국 역사상 경제 공황 중 집권당이 승리한 유이한 사례였다.

글로벌 경제에 편입되는 것은 국민의 생활 향상을 위한 축복이지만 거대한 글로벌 경제에서 성공하기 위해서는 끊임없는 노력이 필요하다. 시장은 탐욕에 가혹하다.

바. 미조리 타협

헨리 클레이는 노예를 소유했지만 노예제도는 반대하여 캔터키 주가 연방에 편입될 때 캔터키 주를 비노예 주로 만들려했으나 실패했다. 그는 "모든 미국인들이 노예제도는 악이라는 것을 인정한다. 노예제도는 노예에게 창조주의 선물을 모두 박탈하고 결국 노예주에게도 해악이다"라며 노예제도가 노예뿐만 아니라 노예 주인에게도 해악이 된다고 주장했다.

미국의 영토가 확장되면서 새로 편입되는 주가 노예주인가 아닌가의 여부는 미국정치의 가장 첨예한 문제가 되었다. 반노예제도를 주장하는 미국인들은 미국 전역에서 노예제도가 폐지되어야 한다며 새로운 노예주의 편입을 반대한 반면, 미국의 개척지에서 대농장을 운영하려는 남부주 출신들은 반노예 운동자들이 자신들의 삶에 간섭하고 남부주 삶의 핵심인 노예제도를 폐지시키려 한다며 견제했다. 연방정부에는 노예주와 비노예주의 균형을 유지하기 위해 새로운 주가 편입될 때마다 노예주 여부로 크게 다투었다.

1787년 북서부조례도 오하이오 강 경계로 이 안에 있는 주는 비노예주로 연방에 편입했다. 그런데, 새로 미연방에 편입될 예정이었던 미조리주는 미시시피강 서부에 위치하여 오하이오 강 밖에 있었다. 북부주 사람들은 일리노이주 바로 옆에 위치한 미조리주가 당연히 비노예주가 되어야 한다고 주장했지만 미조리가 주로 편입하

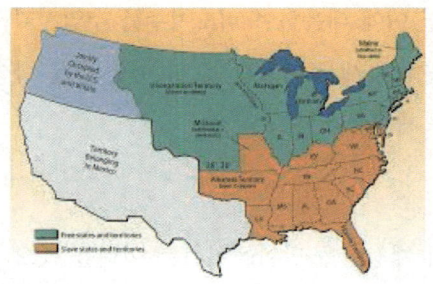

1820년 자유주와 노예주

기 이전에 이곳에서 노예 농장을 운영하던 주민들은 노예제도를 유지해야 한다고 주장했다.

　　미조리주의 연방 편입으로 인한 연방의회의 갈등이 깊어지면서 뉴욕주 하원의원이었던 제임스 탈미지(James Tallmadge)는 미조리주 편입 법안에 더 이상 새로운 노예를 수입할 수 없고 노예의 자녀들이 25살이 되면 자유인이 되도록 하는 개정안을 냈다. 탈미지 개정안은 북부주가 우세했던 하원을 통과했지만 북부주와 남부주가 균형을 이루었던 상원에서는 통과가 되지 못했고 하원과 상원의 갈등으로 1819년에 미조리 주는 연방에 편입되지 못했다.

　　1820년이 되자 연방의회는 미조리 주 문제로 아무 일도 할 수 없었다. 클레이는 "미조리 주 문제 이외에 다른 문제에 대해서는 아무도 관심이 없고 지난 3주 동안 이 문제로만 다투었다"라고 썼다. 이때 헨리 클레이는 특유의 타협 능력을 발휘한다. 그는 미조리

주를 노예주로 인정하는 반면 이에 대응하여 비노예주를 추입시키기 위해 매사추세츠에서 독립하여 새 주가 되기로 한 메인 주를 함께 연방에 편입하는 타협안을 제시했다.

또한, 남부주가 탈미지 개정안을 받아들이기는 어려울 것으로 알고 있었기 때문에 일리노이 주의 제시 토마스(Jesse Thomas)가 제안한 위도 36도30을 오하이오 강 서부로 연장하는 안을 지지하기로 했다. 앞으로 이 지역 북쪽 지역은 비노예주가 되도록 정한 이 개정안에 대해 남부주도 이 지역에서의 노예 농장은 수익성이 없다고 판단하여 타협할 의향이 있었다.

그는 이 중재안을 하원에 보내면서 이 안을 검토할 하원의원을 토마스 개정안을 지지하는 남부주 의원들로 구성하여 하원에서 통과시키는데 성공했으며 이어 상원도 중재안을 받아들여 결국 미조리 주와 메인 주가 동시에 연방에 가입했다. 1820년 대타협이라고 불린 이 안은 이후 노예주와 비노예주의 균형을 유지하는 선례가 되었으며 당시 아무도 이 타협안에 만족하지 못했지만 클레이의 중재 능력으로 남북 간의 갈등은 간신히 봉합되었다.

사. 프란시스 로웰

미국 국력의 뿌리는 기술과 산업에서 비롯한다. 미국은 신기술을 바탕으로 빠르게 신사업을 장악함으로써 막대한 수익을 올리고 이 수익은 미국의 안전과 번영을 위해 사용되며 미국이 전세계 최강국의 자리를 지킬 수 있게 해 주었다. 또한, 이런 산업의 발전은 특정 도시를 중심으로 일어났고 실리콘 밸리가 그 대표적 예이다. 도시를 중심으로 한 특정 산업의 발전은 미국의 전통적인 산업 발전 방식이다. 보스턴에서 북서쪽으로 약 40km 떨어진 곳에 로웰(Lowell)이라는 도시가 있는데 이 도시는 이런 도시 중심의 특화된 산업 발달의 시초였다.

19세기 초, 전 세계적으로 면직 산업이 발전하면서 미국은 면 재배 뿐만 아니라 면직 산업에 뛰어들었으며 특히, 북부주의 상인들은 주로 무역으로 돈을 벌었는데 영국과의 갈등으로 무역이 어려워지면서 자본을 면직 산업에 투자했다. 뉴잉랜드 주의 사업가들은

로웰 공장

남부에서 재배한 면과 인근에서 공급되는 모직을 이용하여 값싼 옷을 만들었다. 1813년 프란시스 캐봇 로웰(Francis Cabot Lowell)은 패트릭 잭슨, 네이손 애플턴과 함께 보스턴 제조 회사 (Boston Manufacturing Company)를 설립했다.

캐봇 로웰은 사업가였던 삼촌을 통해 사업에 뛰어들었고 그는 차츰 실력을 인정받아 삼촌이 운영하는 선박 중에서도 중요한 물품을 선적한 배를 담당했다. 1795년, 영국 군함이 로웰이 탄 배를 수색했을 때, 영국 해군은 아무것도 찾지 못했고 그가 맡았던 물건은 무사히 프랑스까지 도달했다. 로웰과 같은 사업가들은 대리인을 통해 북부주의 농부들이 팔고 싶어 하는 재배물을 모아 유럽에 판매했고 이들은 규모의 경제로 신용이 있어 농부들에게 신용을 제공하기도 했다.

로웰은 무역으로 사업을 배우고 이를 기반으로 다양한 사업 아이템을 찾아 다녔고 북미로 들어오는 영국의 면직물을 보면서 새로운 사업 기회를 모색했다. 특히, 미국 선박에 대한 영국의 경계가 심해지면서 무역을 기반으로 했던 보스턴의 사업가들은 이제 미국에서 직접 생산하고 소비할 수 있는 제품을 찾아나섰다. 로웰은 면의 가능성을 보았고 이를 배우기 위해 영국에서 시간을 보낸 후 미국으로 돌아와 본격적으로 면직 사업에 나서게 된 것이다.

회사의 설립 목적은 면직 의류품을 생산하기 위한 수력 직기를 만들기 위해서였다. 로웰은 2년 간 맨체스터 시에 머물면서 영국의 면직 산업을 공부했고 당시 영국은 면직 산업의 기술을 보호하기 위해 외국인이 면직 기술을 훔치지 못하도록 철저히 감시를 했는데 로웰은 머리 속에 모든 기술과 과정을 외워버렸다.

미국으로 돌아온 로웰은 폴 무디라는 기술자와 함께 보스턴 인근의 월섬이라는 도시에 미국 최초의 수력 직기를 만들었다. 수력 직기를 사용하여 면직 상품 제작에 성공한 보스턴 제조 회사는 1821년에 면직품 제조 도시를 만들었는데 도시이름을 1817년에 죽은 로웰을 기려 로웰이라고 지었다. 로웰시는 낙폭이 큰 강이 위치하여 수력 직기를 만들기 좋은 환경이었다. 수력 직기 공사가 끝난 후 면 제품을 만드는 공장을 분양했으며 이 공장에서 일할 노동력은 인근의 젊은 여성 노동자로 충원했다. 뉴잉글랜드 지역의 남성들은 서부로 이주해 미혼 여성들이 많았는데 이들은 농사를 도우면서 옷을 만드는 일을 해왔기 때문에 면직물을 만드는데도 금방 적응했다.

로웰로 온 여성들은 하숙집에서 살면서 공장에서 일했으며 이들은 긴 시간 동안 일을 했지만 한달에 12달러에서 14달러를 벌 수 있었고 새 도시에는 상가, 교회, 도서관, 학교 등 여성들이 여가 시간을 보낼 수 있는 각종 시설과 프로그램이 있어 농촌보다 훨씬 더 많은 것을 배우고 체험할 수 있었다. 이들은 넉넉한 수익과 여가 시간으로 잡지를 만들기도 하고 다양한 사회활동에 참여했다. 좋은 입지 조건 때문에 로웰로 많은 공장이 몰려들었고 로웰은 남북전쟁 이전까지 미국에서 산업이 가장 많이 집중된 지역으로 발전했다. 로웰에서는 면 생산부터 면직물 가공까지 모든 과정을 수직 통합이 가능했고 이후에는 면직물 유통에도 뛰어들어 보스턴 제조회사는 연평균 24%라는 높은 수익을 남겼다.

면직 기술을 활용한 미국 산업의 발달이 꼭 로웰과 같은 거대 자본과 산업 단지를 필요로 하지는 않았다. 미국의 소자본가들은 수력 직기를 만들 수 있는 지역에 직기를 만들었고 인근의 노동력을 활용하여 집단 생산에 나섰다. 특히, 이 당시에는 영국과 스코틀랜드로부터 이민 온 사람들이 많아 이들은 이미 영국에서 익숙한 면직관련 일을 미국에서 바로 시작할 수 있었다. 이렇게 시작한 소규모의 사업장은 이후 합병이 되어 로웰과 같은 큰 회사로 발전하기도 했으며 1832년에 미국의 106대 기업 중 88개가 면직물 회사였다.

아. 교통

미국의 북동부 지역을 차로 여행하다보면 뉴저지 턴 파이크, 펜실베니아 턴 파이크 등 턴 파이크(turn pike)라는 길을 자주 접하게 되는데 이 길은 여러 톨게이트를 지나야 하는 유료 도로이고 18세기 초, 미국의 산업은 도로와 함께 발전했다. 연방정부가 처음으로

National Road(국도)

직접 투자한 도르로 컴벌랜드 로드(Cumberland Road)라는 길이 있다.

이 도로는 1811년에 착공되었는데 1812년 전쟁으로 건설이 중단되었다가 1815년에 공사가 재기되었다. 워싱턴에서 출발하는 이 도로는 메릴랜드의 컴벌랜드까지 이르렀고 1818년에는 버지니아 주의 휠링시를 지난 일리노이주의 반달리아 시까지 이르렀다. 이 도로는 메인 스트리트 아메리카(Main Street America)라고 불리기도 했는데 스코틀랜드의 엔지니어 존 맥아담이 개발한 쇄석도로 방식으로 도로를 정비하여 장거리 여행도 훨씬 편하게 할 수 있었다.

연방정부는 1835년까지 이 도로를 지원했는데 이후에는 주에서 관리토록 했다. 1825년 이전에는 주정부와 민간 사업자들이 건설한 턴 파이크가 주 도로망이었다. 1816년에 이미 미국 북동부의 주요 도시를 잇는 많은 턴 파이크가 건설되었고 이 중에서도 뉴욕주가 가장 많은 도로를 건설했다.

일부 턴 파이크는 쇄석도로 방식으로 건설되었지만 대부분의 도로는 코르덴이나 통나무로 만든 길로 울퉁불퉁한 도로였으며 10km마다 돈을 받는 톨게이트도 있었다. 1830년대 이전까지만해도 주에서 가장 많이 허가한 사업이 턴 파이크 건설 사업이었지만, 턴 파이크는 건설과 유지 비용이 많이 들고 도로 사용자들이 사용료 징수원이 없는 시간이나 톨 게이트 근처에서 우회하는 수단으로 사용료를 내지 않아 수익을 내기 어려웠다.

육상도로의 문제로 인해 18세기 초에는 육로보다는 운하가 훨씬 더 값싼 수단이었다. 로버트 풀턴과 그의 동업자였던 로버트 리빙스턴이 증기선을 개발하고 사업화하면서 미국의 증기선 시대가 열렸다. 1807년 8월 17일, 풀턴은 뉴욕부터 알바니에 이르는 240km의 거리를 증기선으로 성공적으로 운항했고 이후 증기선 기술이 발달하면서 이동 시간은 급속하게 빨라졌다.

풀턴의 뉴욕-알바니 간 운항 시간이 36시간이나 걸렸는데 1840년에 이르러서는 9시간으로 줄었다. 동부에서 증기선은 주로 여객용으로 사용되었으나 점차 물류 수송에도 많이 쓰이기 시작했고 특히, 미국의 연방대법원이 리빙스턴이 독점했던 뉴욕과 뉴저지 간의 증기선 운항권이 헌법에 위배된다고 판결하면서 증기선 사업에 많은 경쟁자들이 뛰어들었으며 증기선 기술은 더욱 발전했다.

하지만, 증기선의 안전성은 좋지 않았다. 증기선은 보일러가 자주 터지고 잘 고장났다. 동부의 증기선은 10년에서 15년 정도 사용할 수 있었고 서부에서 지은 증기선은 겨우 4년에서 5년 정도밖에 사용할 수 없었으며 1840년대에는 1/3의 증기선이 고장과 사고로 운영을 할 수 없었다. 여기에 더해 증기선에는 도박사들과 도둑들이 많아 증기선에 오른 사람들은 안전을 위해 무기를 소지해야 했다.

증기선의 활용은 미국의 운하 건설과도 이어졌다. 1816년까지만해도 미국에는 겨우 160km 정도의 운하밖에 없었으나 1840년대에 이르러서는 5,000km에 이르는 운하가 건설되었다. 이 중에서도 가장 성공한 운하는 이리 운하(Erie Canal)였다. 허드슨 강과 5대호를 잇는 운하 사업은 수많은 숲과 돌산을 뚫고 가야하는 어려운 건설 사업이었기에 제퍼슨과 이후의 미국 대통령들은 이 사업에 손을 댈 엄두를 못했다.

이 사업은 뉴욕의 주지사였던 드윗 클린턴(DeWitt Clinton)이 추진했다. 클린턴은 삼촌이 제임스 메디슨 대통령 당시 부통령을 지냈고 자신도 4선 뉴욕 주지사와 연방상원의원을 지닌 명문가 출신이었으며 그는 이리 운하의 건설이 뉴욕과 미국 경제 발전에 큰 도움이 될 것으로 생각하여 1817년 7월 4일 착공에 들어갔다.

이렇게 시작된 운하 건설은 우여곡절을 거쳐 1825년 10월 26일에 드디어 개통되었다. 개통식에는 미국의 수많은 저명 인사들이 참석했다. 나다나엘 호우손은 "드윗 클리턴은 마술가처럼 허드슨과 이리 호수까지 마술을 부려 운하를 완공했다"며 믿을 수 없는 운하 건설을 칭송했다. 운하가 열리자 알바니와 버지니아 간의 수송 비용은 급감했고 이 운하를 이용하는 배는 급증했다. 이리 운하는 미국에서 가장 이익을 많이 남기는 교통망이 되었으며 운하를 통해 서부의 밀이 동부로 수송되었고 유럽과 동부의 공산품이 미국 서부로 향했다. 또한, 유럽과 뉴잉글랜드의 이주민들은 이 운하로 서부로 이주했다. 이리 운하덕분에 1820년부터 40년의 20년 동안 일리노이, 인디애나, 미시간과 오하이오 주 인구는 무려 4배나 늘어났다.

무엇보다 이 운하로 뉴욕은 이때부터 미국의 금융 자본의 수도가 되었으며 1820년에 126,000명이었던 뉴욕 인구는 남북전쟁 직전에 무려 800,000명으로 늘었고 미국 수출 물량의 2/3가 뉴욕 항구를 지나갔다. 이리 운하의 성공으로 미국 전역에 많은 운하가 건설되었지만 운하 사업이 늘 성공한 것만은 아니었다. 운하 건설 구간을 잘못 선택하거나 정부의 예산 지원이 제대로 이루어지지 않거나 건설이 잘못된 경우에는 제 기능을 하지 못했다. 이리 운하는 1950년대까지도 활발하게 사용되다 뉴욕주 고속도로와 세인트로렌스 운하가 건설되면서 오늘날에는 무역보다는 관광용도로 사용되고 있다.

제 5 장
민주주의

가. 마틴 밴 뷰런

나. 민주당

다. 대중민주주의

라. 인디언 이주법

마. 저항

바. 연방

사. 니콜라스 비들

아. 여성

민주주의

가. 마틴 밴 뷰런

정치는 권력을 가진 자와 이 권력에 도전하는 자들 간의 싸움이다. 미국은 건국 이후 국부를 중심으로 대통령직이 이어졌다. 이들은 여전히 권위와 질서가 존재했던 사회에서 정치를 시작한 인물들로 건국 과정에서 북미 식민지 사람들에게 그 권위가 확산되었고 공화주의로 정치적 이념을 공고히 했지만, 19세기 초 미국의 인구가 급격히 늘어나고 경제가 성장하면서 정치의 성격도 바뀌어갔다. 미국의 백인들은 더 이상 기존의 정치 지도자들을 인정하지 않았고 정치 세력의 도전자로 나섰다.

미국 독립 전후에 권위와 부를 기반으로 한 기득권과 이에 도전하는 세력 간의 대결은 주정부에서 먼저 일어났다. 미연방 국가의 건국으로 북미에는 새로운 국가가 들어섰지만 미국의 연방제는 여전히 주정부에 상당한 권한을 남겨두었다. 주권의 분할

마틴 밴 뷰런

로 주정부에서도 정치 세력 간의 다툼이 이어졌고 특히, 뉴욕과 같이 다양한 민족이 함께 살고 주로 상업 기반의 주에서는 정치 갈등이 더욱 심했다. 뉴욕 주에서도 한동안 명문가 중심으로 인맥, 지연을 바탕으로 한 정치가 발달했다가 이민자가 폭발적으로 늘어나고 이들이 유권자로 등장하면서 더 이상 인맥과 지연으로만 정치세력을 유지할 수 없게 되었다.

이런 정치적 변화의 과정에서 중요한 역할을 한 인물이 밴 뷰런이었다. 그는 술집을 운영하는 아버지를 두어서 가문의 뒷받침이 전혀 없었으나 어린 시절부터 술집을 찾아오는 수많은 사람들의 이야기를 들으면서 일반인들의 삶과 생각을 익혔다. 여기에 밴 뷰런은 타고난 조직화 능력을 보여주었다. 그는 우선 자신의 계파를 만들고 이들을 중심으로 본격적인 조직화 작업에 나섰다. 이들은 일반 유권자들에게 파고들기 위해 이민자 지원, 구호 시설 확보와 같은 포퓰리즘 정책을 주장했고 유권자들, 특히 이민자들의 조직화에 나섰다. 밴 뷰런은 혁신적인 정치 세력화로 뉴욕 주를 장악하고 이후 잭슨과의 만남으로 자신이 뉴욕에서 성공시킨 새 정치를 연방정치에도 접목시킨다.

1824년 대통령 선거는 미국 정치사의 새로운 장을 여는 계기가 되었다. 국민들의 정치참여 욕구는 점점 강해졌지만 미국의 대통령 선거제도는 여전히 제자리였다. 무엇보다 당의 후보를 정당의 지도자들이 내부 회의를 걸쳐 정하는 코커스(caucus) 제도가 문제였다.

페더럴리스트가 연방정치에서 사실상 정치적 영향력을 상실한 상황에서 민주공화당의 후보로 지명되면 대통령이 되는 것이나 마찬가지였기 때문이었다. 또한 각 주 의회는 자기 주나 인근 주 출신을 대통령 후보로 지명하는 경향이 강했다.

그런데, 1824년 대통령 선거에서 1812년 전쟁의 영웅으로 떠오른 잭슨이 전국적 지지도를 기반으로 지역적 연고가 없던 주의 지지도 받기 시작했다. 우선 펜실베니아 주가 나섰다. 이어 잭슨의 정치적 고향이었던 테네시 주도 잭슨을 지지했지만, 1824년 대통령 선거는 유일한 북부 출신이었던 존 퀸스 아담스가 유리한 고지에 있었다. 이 해의 대통령 선거는 아담스, 크로포드, 클레이와 잭슨의 4파전이었다.

이 당시만 해도 대통령 선거는 같은 날에 실지되지 않았고 각 주에서 정한 날에 진행되었다. 그래서 각 주의 선거는 10월부터 이어졌지만 12월이 되어서야 선거결과를 개봉할 수 있었다. 12월 드디어 개표 결과 잭슨의 대의원 99명, 아담스 84명, 크로포드 41명, 클레이 37명으로 확인되었다. 직접 투표 결과도 잭슨의 승리였다. 그러나 당시 대통령 선거법상 아무도 과반수를 확보하지 못하면 최고 득표를 한 3명의 후보 중 1명을 연방하원에서 선출하도록 했다.

하원에서 선거 결과가 발표되자 워싱턴은 물론 전국이 발칵 뒤집어졌다. 미국인들은 잭슨이 당선될 것을 예상했지만 존 퀸시 아담스가 당선된 것이다. 사람들은 아담스와 클레이 사이의 악마의 거래가 있었다고 비난하며 대통령 선거가 정치 협작꾼에 의해 납치당했다고 맹렬하게 비판했다. 칼훈은 잭슨에게 "이제 권력과 자유의 문제가 확실히 드러난 것 같습니다"라고 전했다.

이런 험악한 분위기에서 먼로 대통령은 새로 당선된 아담스는 물론 워싱턴의 거물 정치인들을 모두 초대하는 마지막 연회를 가졌다. 하원선거 이후 아담스와 잭슨이 처음 만나는 자리여서 사람들의 관심은 온통 이 둘의 공개적 만남이 어떻게 이루어질지에 가 있었으며 잭슨은 아담스를 만난 자리에서 아담스의 당선을 축하하며 먼저 인사를 건넸다. 과거에 걸핏하면 결투로 자신의 결백과 억울함을 증명하려 했던 잭슨에 비하면 이제 그도 노련한 정치가로 성장했다.

겉으로는 여유로운 모습이었지만 잭슨의 속마음은 그렇지 않았다. 개인적으로 사실상 승리한 선거를 빼앗긴 억울함도 컸지만, 국가적으로도 이러한 물밑 거래가 가능한 정치는 미국인들의 권리와 자유를 위해서도 결코 용납될 수 없었다. 이를 지켜본 잭슨의 지지자들은 물론, 아담스나 클레이를 지지했던 사람들에게서조차 이건 지나쳤다는 비난이 이어졌다. 잭슨은 클레이에게 "서부의 유다이며 그의 죽음 또한 같을 것이다"라고 독설을 퍼부었다.

아담스와 클레이의 정치협상보다 미국인들이 더 걱정한 것은 이 둘이 추구하고자하는 연방정부의 정책이었다. 아담스는 과거에

패더럴리스트였고 클레이는 민주공화당 내에서도 강한 중앙정부를 추구했다. 이 논쟁은 워싱턴 대통령때부터 이어져 온 해밀턴과 제퍼슨 사이의 논쟁의 재연이었다. 사람들은 해밀턴이 추구한 강한 연방정부는 개인의 자유를 말살하고 일부 엘리트들이 정부를 장악하려는 음모라고 생각했다. 이런 음모를 분쇄하기 위해서는 다시 민주공화당의 전통 강령인 약한 연방정부와 평범한 사람들의 자유를 지키는 정치 세력이 필요했다. 이 사건으로 미국의 정당정치가 본격화되는 시대가 열린다. 정치는 시대의 흐름을 읽고 올라타야 한다.

나. 민주당

아담스가 대통령으로 선출되자 잭슨은 상원 직에서 사임했다. 어차피 테네시 주의 정치적 상황 때문에 상원에 출마한 잭슨은 더 이상 의원직을 유지할 이유가 없었다. 그렇다고 잭슨이 그냥 물러난 것은 아니었다. 그는 상원에서 헨리 클레이의 국무장관 임명을 요구하는 의결안에 반대표를 던졌다. 테네시로 돌아온 잭슨은 이 당시 관례를 따라 겉으로는 대통령직을 위한 직접적인 선거운동을 하지 않았지만 이제 급격하게 늘어난 방문객을 맞이하고 그를 원하는 행사에 참여하면서 본격적인 선거 운동에 나섰다.

한편 그의 지지자를 중심으로 새로운 정파의 모습이 갖추어

민주당

지기 시작했다. 뉴욕 출신의 루퍼스 킹은 "아담스 정부에 반대하는 새로운 당이 결성되고 있다"고 했다. 아담스 정부의 부통령으로 당선된 칼훈은 아담스는 재선이 어려우며 자신의 정치적 운명은 이제 잭슨과 함께 해야 한다는 정략적 판단하에 잭슨과의 연대를 맺었다. 이렇게 잭슨-칼훈 연대로 남부와 서부 세력의 연대가 이루어졌다.

뉴욕 주의 밴뷰런도 자신이 이끄는 급진파의 대선 주자로 잭슨이 가장 적합하다고 생각하여 잭슨과 연대했다. 이렇게 잭슨의 민주공화당은 남부, 서부, 북부의 다양한 세력과 연대하여 전국적인 정치 세력화에 나섰으며 특히 밴 뷰런의 가세로 정당은 더 이상 정치인들의 연대가 아닌 유권자들을 조직화하고 동원하는 현대적 의미의 정당으로 거듭났다. 그의 조직화 사업으로 민주공화당의 지역 지부들이 만들어졌고 1825년 10월 테네시 주는 일찍이 잭슨을 다음 대선 후보로 추대했다.

정당 조직과 함께 민주당은 정치 이념도 체계화했다. 그 근간은 제퍼슨의 구 공화주의(Old Republicanism)에 뿌리를 두었고 미국의 공화주의자들은 미국의 독립전쟁의 의미를 정부로부터 개인의 자유를 지키는 것이라고 생각했다. 유럽의 휘그정파의 영향과 유럽에서 왕정에 대항하기 위해 만들어진 소유권을 기반으로 한 개인의 자유에 대한 절대적 가치는 이런 자유에 가장 큰 도전이 되는 정부로부터 개인의 자유를 보호하는 것이라고 했다. 그래서 이들은 연방정부의 강화나 주정부를 약화하는 어떠한 정책에도 반대했다.

이들이 강한 정부에 반대한 또다른 이유는 유럽의 사례에서와 같이 연방정부의 강화는 부패와 타락으로 이어지기 때문이라고 했다. 권력의 집중은 부패와 타락으로 이어질 수밖에 없다는 것이어서 연방정부의 권한을 강화하려는 아담스 정부의 시도는 결국 개인의 자유를 파괴하고 부패와 타락으로 이어진다고 맹렬히 비판했다. 개인의 자유가 억업된 현실은 이미 지난 대선을 통해 명확하게 들어났다며 이들은 아담스의 임기 내내 일관적으로 그의 정책을 무력화하는데 힘을 쏟았다. 그러나 이러한 자유에 대한 이들의 열렬한 지지는 노예제도에 대해서만큼은 예외였고 결국 이 괴리는 민주당을 이후 괴물로 만들어 버린다.

반 아담스 진영이 점차 모습을 갖추어 가면서 아담스 진영은 안정된 정부의 운영과 재선을 위해 잭슨을 공격하지 않을 수 없었다. 특히 잭슨 진영이 아담스의 "부정한 거래"를 구호로 정부의 도덕성을 비난했기 때문에 잭슨에 대한 역공은 잭슨 자신의 도덕성을 비난하는 것이었다.

아담스 진영은 먼저 1812년 전쟁의 영웅이었던 잭슨의 군 경력을 문제 삼았다. 이들은 잭슨이 뉴올리언스 전투 당시 상부의 지시 없이 먼저 철수했다가 먼로 대통령의 지시로 다시 뉴올리언스로 돌아왔다고 비난했다. 자신의 명예만큼은 생명보다도 더 중요시했던 잭슨은 이런 공격은 참을 수 없었고 그래서 스스로 격렬한 격문을 작성했으나 참모들은 이런 일에 잭슨이 직접 나서는 것은 격이 맞지 않는다며 잭슨의 참모들이 나섰다. 아담스 진영은 잭슨의 군경력을 어떻게 해서든 깎아 내리려 했지만 그의 군경력을 거론하는 것은 역으로 잭슨의 전공을 더 널리 알리는 것이기도 해서 아담스 진영으로써는 쉽지 않은 공격이었다.

이러한 네거티브 캠페인은 신문의 급격한 증가로 더욱 악화되었다. 당시 미국 신문은 국가의 다양한 보조를 받으며 우편비용을 거의 내지 않았는데 정파들이 선거 운동을 하는 최적의 수단이었다. 각 진영은 자신들의 입장을 대변하는 언론지를 만들어 지원하고 신문을 통해 자신들의 공적을 부풀리면서 상대방의 약점을 공격했다. 잭슨 진영은 아담스 정부의 도덕적 타락을 과대 선전했고 아담스 진영은 잭슨이 술주정뱅이며 도박을 즐기는 전형적인 서부 사람이라고 공격했다.

이러한 네거티브는 상대방을 공격하기 위해서기보다는 자신들의 지지기반이 상대방에 대해 더 강한 반감을 갖게 함으로써 지지층을 결집하고 보다 적극적으로 선거 운동에 참여하도록 하는 효과가 더 컸다. 아담스 정부의 탄생 과정에 대한 반감 때문에 국민들의 정치 참여에 대한 욕구의 증가, 정당의 역할에 대한 새로운 이해, 언론의 증가로 인한 메세지 과잉으로 미국은 국부들이 꿈꾸었던 이상적인 공화국에서 오늘날 우리가 민주국가에서 흔히 목격하게 되는 대중정치의 현실로 바뀌었다.

급변하는 정치적 환경과 함께 정치인들의 삶도 고달파졌다. 오늘날에는 흔히 있지만 이 당시에는 미국 대통령 선거 상 처음으로 가족 문제가 공격의 대상이 되었다. 아담스 진영은 잭슨과 레이첼이, 레이첼이 이혼하기 전에 이미 함께 살았으며 잭슨은 유부녀를 유혹한 나쁜 남자라는 인신공격을 했다. 레이첼에 대한 공격은 잭슨이 참을 수 없는 일이었고 레이첼을 거론한 언론사 편집인이 클레이를 만난 사실을 알고 이 일의 배후에 클레이가 있다고 확신했다. 이 일만큼은 잭슨은 양보할 수 없었기에 클레이에게 해명을 요구하는 공개 서신을 보냈다. 클레이는 자신이 편집장을 만난 일은 있지만 그에게 자료나 정보를 제공한 것은 없다고 반박했다.

하지만 이미 공개된 잭슨과 레이첼의 결혼 과정에 대한 석연치 않은 문제는 국민들의 가십거리가 되었고 잭슨 진영은 당시 레이첼은 남편에게 핍박을 받아 피신해 있다가 남편이 자신을 데리러 오겠다고 협박하자 잭슨이 레이첼을 도와 피신시켰다며 오히려 이 이야기를 약한 여자를 보호하기 위해 나선 남자의 로맨스 이야기로 바꾸었다. 이렇게 공방이 오가면서 잭슨은 레이첼이 이 문제가 얼마나 많은 사람들의 입에 오르내리고 있는가를 알게 될까 전전긍긍했다. 깊은 신앙심과 보수적인 가치관을 지닌 그녀가 사람들에 많은 사람들에게 남편을 버리고 외관 남자와 간통을 했다는 공격의 전모를 안다면 그녀가 받을 충격은 너무도 컸기 때문이다. 이렇게 권력의 냉혹함은 잭슨을 영광의 자리와 지옥의 자리를 오르내리게 했다.

본격적인 정당정치의 시대가 열렸다.

다. 대중민주주의

잭슨 대통령의 당선으로 미국의 새로운 민주주의 시대가 열렸다. 1829년, 잭슨 대통령의 취임 일이 다가오자 수백 명의 미국인들이 취임식을 구경하기 위해 워싱턴으로 몰려들었다. 이들은 잭슨이 미국의 새 시대를 열 것이라는 연설에 감동했으며 취임식을 마친 잭슨이 펜실베니아 도로로 백악관으로 이동하자 이들은 잭슨을 따라 백악관으로 향했다. 오늘날과 달리 당시 백악관은 국민들에게 개방되었고 사람들은 백악관에 들어가 음료수와 아이스크림을 즐겼다. 어떤 이들은 백악관의 가구들 위에서 뛰기도 하고 전임 아담스 대통령이 사용했던 그릇과 컵을 부수기도 했으며 마치 혁명이라도 일어난 듯 미국인들은 잭슨의 승리에 동참했다.

하지만, 워싱턴에서 오랜 세월 정치를 해온 인사들은 잭슨 대통령이 미국을 어떻게 바꿀지 희망보다는 우려가 컸다. 데니얼 웹스터는 보스턴의 친구에게 "나의 생각은 그가 바람을 몰고 올 것이지만 그 바람이 어느 방향으로 불지는 모른다. 나의 우려가 나의 희망보다 더 크다"며 잭슨이 몰고 올 정치적 변화를 걱정했다. 존 랜돌프도 미국은 이제 구제 불능이라며 "이제 혁명의 지도자들은 다 어디 갔는가?"라며 미국의 위대한 독립 정신이 새로운 정치 세력에 의해 훼손될 것을 걱정했다.

아모스 캔달

그러나 변화에 대한 국민들의 요구는 거셌다. 전례없던 풀뿌리 민주주의는 당선과 함께 잭슨에게 명세서를 냈다. 이들은 연방정부의 일자리나 우체국의 일자리를 요구했다. 정치에서 자발적 참여는 찾기 어렵고 특히, 정치가 생업과 연결되면 더욱 그러하다. 이런 요구의 목소리는 잭슨 정부를 압박했으며 뉴욕의 한 정치인은 "잭슨 정부를 지지하지 않은 사람들은 당신들의 친구가 아니며 신뢰할 수 없을 것입니다", "우리를 지지하지 않는 사람은 우리의 적이라는 격언을 잘 아실 겁니다"라며 잭슨 정부의 탄생을 위해 애쓴 사람들을 등용해야 한다고 정부를 압박했다. 잭슨의 지지자들은 기대감에 넘쳤지만, 연방정부의 직원들은 공포에 떨었는데 언제 자신들의 목이 날아갈지 몰라서였다. 잭슨 정부는 지지자들의 요구를 들어주기 위해 물갈이에 나섰지만, 실제 물갈이는 잭슨 정부의 첫 18개월 동안 10% 정도 수준밖에 되지 않았다. 그리고 바뀐 자리도 대부분 대학을 나오지 않은 사람들에게 돌아간 일반 사무직들이었다. 연방 정부 직원 중에는 이미 잭슨을 지지하는 사람들도 있었고 지지는 아니더라도 중립을 지킨 사람들도 있었지만 본격적인 엽관제의 시대가 도래했다.

잭슨은 자신의 물갈이를 코드 인사가 아닌 원칙에 의한 인사라고 강변했다. 그는 "공무원 직은 일종의 공공 자산으로 개인의 이익이 아닌 국민을 위해 존재하는 것이다", "국민을 위해 정부가 존재하는 곳에 어떤 특정인이 다른 사람보다 이 자리에 더 잘 맞는다고 주장할 수 없다"고 설명했다. 하지만, 워싱턴의 관료와 기존의 정치인들은 잭슨의 물갈이 인사를 비난했다.

잭슨은 엽관제뿐만 아니라 기존의 정부 운영과 다르게 치킨 캐비닛(대통령의 최측근으로 이루어진 비공식 조언자 모임)을 활용했다. 원래 미국 정부는 대통령이 행정부처 장관들을 중심으로 국정을 운영했는데, 잭슨은 장관들뿐만 아니라 자신과 호흡이 맞는 인사들을 특보나 조언자로 활용하여 정책 수립과 추진에 활용했다. 잭슨 대통령의 측근

중 가장 막강한 권력을 행사한 사람은 아모스 캔들(Amos Kendall)이었다. 캔들은 다트머스대학을 졸업했고 그로턴에서 가르치다가 켄터키 주로 이주했으며 그곳에서 헨리 클레이의 부인과 가까워지면서 아이들의 과외 교사를 맡았다. 이어 그는 신문을 발행했다. 그는 원래 클레이와 아담스를 지원하다 클레이와 잭슨파 간의 대립 때 잭슨파로 옮겼다.

또 다른 측근은 프란시스 프레스턴 블레이어(Francis Preston Blair)였다. 그는 캔들과 마찬가지로 클레이파에 있다 잭슨파로 넘어갔다. 그도 신문을 발행했는데, 워싱턴에서 민주당의 당지였던 글로브의 편집인이 되었으며 캔달과 블레이어는 외모가 별로였다. 버지니아의 대지주와 북부주의 지식인들이 대부분이었던 이전과는 달리 이런 인물들의 등장은 워싱턴의 주인이 바뀐 것을 상징적으로 보여주었다. 이제 기득권의 물갈이를 위해서는 그럴듯한 외모나 행동보다는 목적의식이 분명하면서도 냉소적인 비판자들이 필요했다.

미국은 이전에 체험하지 못한 국가로 바뀌어 갔다.

라. 인디언 이주법

당시 신개척지였던 테네시에서 성장한 잭슨은 일찍이 인디언과 접촉했다. 그는 인디언을 존경했지만 백인과 인디언의 공존은 불가능하다고 생각했는데 이런 생각에는 인디언에 대한 인종차별적인 선입견도 있었지만 백인과 인디언들이 공존하는 곳에 항상 일어나는 양측의 갈등으로 인디언이 몰살당하거나 아무 보상도 받지 못하고 쫓겨나는 현실을 보며 인디언을 위해서도 백인들이 자리 잡은 지역으로부터 떨어져 사는 것이 더 안전하다고 생각했다.

잭슨은 취임 초 인디언 이주법을 최우선 정책으로 추진했다. 1829년 12월, 잭슨은 연방의회에 보낸 연두교서에서 인디언 문제는 이주 정책 이외에 현실적인 대안이 없다고 설명했으며 인디언이 주장한 주 안에서의 자치정부의 설립도 반대했다. 그는 "미국이 이들의 영토를 주 영토에 편입해도 되는가의 문제는 이미 돌이킬 수

인디언을 돕는 백인들

없는 문제입니다. 연방의회가 주를 해산시킬 수 없습니다"라며 자치정부 수립안을 거부했다.

1830년 3월, 잭슨은 인디언 이주법을 의회에 상정했다. 이 법의 골자는 연방정부가 인디언들이 백인과 함께 거주하는 지역의 인디언 땅을 수용하고 대신 아직 주가 설립되지 않은 미시시피 강 서쪽의 미 연방정부의 땅을 불하해 주는 것이었다. 이주 여부는 인디언들이 자발적으로 결정할 수 있었지만 그럴 경우 인디언은 해당 주의 법을 따라야 한다고 했다. 그런데, 조지아 주와 같이 인디언이 공존한 주에서 인디언에게 불리한 주법이 제정되어 이곳의 인디언들은 잭슨의 이주법을 거부할 수 없었다.

인디언의 현실에 대해 모든 미국인들이 눈을 감은 것은 아니었으며 인디언들에 대한 부당한 대우에 양심 있는 미국인들은 이를 반대했다. 이주법 반대의 선봉에는 기독교 초교파 선교 단체였던 미국해외파송선교회(American Board of Commissioners for Foreign MIssion)의 예리미야 에버츠가 앞장섰다. 이 단체는 많은 인디언 선교사를 지원하는 단체였고 미국의 인디언들이 기독교로 개종하고 미국 문화에 동화시키며 성공하도록 후원한 단체였다. 그런데, 잭슨의 인디언 이주법은 인디언이 미국의 문화와 삶에 적응하여 살면 미국 국민으로 인정받을 수 있다는 믿음을 완전히 짓밟는 법이었다.

기독교인들뿐만 아니라 여성들도 인디언 이주법 반대에 나섰다. 유명한 사회개혁 목사였던 리먼 비처의 딸 캐서린 비처(Catharine Beecher)가 앞장섰으며 이주법을 반대하는 여성들에게 의회에 청원서를 보내도록 독려했다. 그녀는 "여성은 정파적 이해 관계에 눈이 멀지 않았다"며 이주법은 민주당의 이해를 위해 추진되는 법으로 미국 여성은 어느 정당을 지지하는지의 여부를 떠나 인디언에게 부당한 이 법에 항의할 것을 호소했다. 그녀는 여성이 정치에 참여할 수는 없지만, 도덕, 자선사업 및 가족의 가치를 실천하고 전수하는 주체로 "고통받는 사람들을 위해 도움을 줄 수 있다"며 여성들의 도덕적 권위를 주장했다. 이주법 반대로 시작된 여성들의 청원서 운동은 이후 노예제도, 금주 운동, 여성 권리 향상 등과 같은 사회운동의 중요한 선례가 되었다.

인디언 이주법으로 사회참여 운동이 본격적으로 일어나자 정치인들도 당황했다. 잭슨 대통령 만들기에 가장 큰 역할을 했던 벤 뷰런의 조카도 인디언 이주법을 반대하는 청원서를 의회에 제출했고 여론의 압박으로 연방의회에서도 치열한 논쟁이 이어졌다. 해외파 송선교회와 미국성서공회 등을 지지했던 뉴저지의 테오도르 프링리하우젠 상원(Senator Theodore Frelinghuysen)은 연방정부가 인디언과 새 조약을 체결하기 전까지는 인디언을 보호할 의무가 있다고 주장했다.

남부주 의원들은 사회운동가들의 주장을 받아들이지 않고 오히려 인디언이 "문명을 받아들일 가능성은 낮다"며 백인의 안전을 위해 이들을 이주시켜야 한다고 주장했다. 하지만, 인디언 이주법에 찬성했던 일부 의원들은 거세지는 반대 여론에 인디언들이 술과 전염병으로부터 멀리 떨어진 서부 지역으로 이주하여 사는 것이 안전하다며 인디언 이주법이 오히려 인디언에게 도움이 될 것이며 이 법이 인디언을 위한 법이라고 설명했다. 여론이 악화되자 잭슨 정부는 표 단속에 나섰다. 인디언 이주법은 치열한 토론과 논쟁 끝에 민주당이 다수였던 상원에서는 비교적 쉽게 28 대 19로 통과되었지만 하원에서는 102 대 97로 겨우 통과되었다.

마. 저항

인디언 이주법이 통과되자 잭슨은 인디언들과의 협상을 위해 직접 테네시 주에서 인디언 추장들과의 회의를 소집했고 자신의 측근인 이튼과 함께 이 회의에 참석했다. 일부 인디언들은 회의에 참석하는 것 자체가 의미없다며 참석을 거부했으나 다른 추장들은 혹시나 하는 마음에 회의에 참석했다. 이 모임은 회의라기보다는 잭슨이 미국 연방정부의 인디언 이주법을 설명하는 자리였다.

과거에 잭슨과 함께 싸우기도 하고 그에게 대항하기도 했던 이들은 이미 잭슨의 성격을 잘 알고 있었다. 여기서 그를 설득하여

인디언 이주

마음을 돌이킬 수 없다는 것은 너무도 자명했기 때문에 대부분의 추장들을 자신들의 운명을 그대로 받아들이기로 했다. 물론 그렇게 결정하는데는 잭슨과 이튼이 선물이라는 명목으로 준비한 뇌물도 작용했을 것이다.

미시시피 주 일부에 살았던 촉토 부족과 남부주 남쪽에 살았던 치카소 부족은 잭슨 정부와 조약을 체결했다. 촉토 부족은 연방 군대와 싸움을 벌이기도 했지만 1830년 9월에 조약을 체결했다. 이주법 상 자발적 이주였기 때문에 이후 6년간 이주를 한 촉토 부족 인디언은 2/3정도였으나 끝까지 자신들의 영토를 지키려했던 사람들도 이어지는 백인들의 이주와 연방정부의 무관심으로 결국 자신이 살던 땅에서 쫓겨났다. 치카소 부족은 약 5,000여명이었는데, 이들은 1,000여명의 흑인 노예를 소유했을 정도로 미국 문화에 동화되었지만 치카소 부족도 1832년 촉토 부족과 비슷한 조약을 체결하고 10년에 걸쳐 서부로 이주했다.

크리크 인디언은 자신의 영토를 소유하면서 주법을 준수하거나 땅을 팔고 돈을 받아 서부로 이주할 수 있었다. 많은 크리크 인디언들은 자신들의 영토에 머물려고 했지만 백인들은 계속 이들의 땅을 침범했고 이로 인해 갈등과 싸움이 끝나지 않았다. 결국 잭슨 정부의 전쟁부 장관이었던 루이스 카스(Louis Cass)는 윈프리드 스콧을 보내 미시시피 강 서쪽으로 강제 이주를 단행했는데 그 결과 1838년까지 1,500여명의 크리크 인디언이 강제 이주를 당했다. 이들은 담요와 약간의 음식만을 공급 받았을 뿐 긴 여정을 굶주리며 이주해야했다.

그렇다고 인디언이 저항을 포기한 것은 아니었다. 무력 저항은 소용이 없다는 것을 알았지만, 미국의 제도와 정치를 잘 아는 체로키 인디언은 미국인과 마찬가지로 법원을 상대로 구제를 요청했다. 인디언은 당시 미국 최고의 변호사를 고용하여 자신을 대변하게 했으며 조지아 주가 제정한 법이 헌법에 위반된다고 도전한 것이었다.

당시 대법관은 미국 최초이자 최고의 대법관인 존 마샬이었다. 그는 워싱턴, 존 아담스 등과 친한 페더럴리스트로 존 아담스가 퇴임을 하면서 대법원장으로 임명되었는데, 이후 민주공화당이 장악한 연방정부에 대항하여 적극적인 법원 판결을 내리면서 법원이 행정부와 입법부의 견제 세력이 되는데 큰 기여를 했다. 마샬 대법원장은 조지아 주 법이 헌법에 위반되었다며 이 법을 무효화시켜 인디언의 손을 들어주었다.

대법원의 판결이 내려졌지만 현실은 간단치 않았다. 조지아 주는 무효화 된 법을 조금만 수정하여 다시 집행하면 그만이었다. 잭슨 대통령 또한 대통령으로써의 자신의 권한을 위축시키려는 마샬의 판결에 "마샬이 판결을 내렸으니 그가 집행을 해보라고 하지"라며 냉소적이었다. 결국 인디언들은 이전에 미 정부와 맺은 조약에도 불구하고 이주법에 의해 자신의 보금자리를 떠나게 되었다.

가장 격렬한 저항을 한 부족은 세미놀이었다. 이들은 1832년에 이주에 동의하는 조약을 체결했지만 수천 명의 세미놀 인디언이 조약을 받아들이지 않고 플로리다의 습지 지대로 도망가 저항을 이어갔다. 1812년 전쟁 당시 잭슨 장군이 지휘했던 제1차 세미놀 전쟁에 이어 1832년에 두 번째 세미놀 전쟁이 벌어졌다. 세미놀 인디언은 습지에 함께 머물렀던 흑인들과 함께 연대하여 연방정부 군대를 상대로 게릴라전을 벌였다. 이어지는 전투로 연방군인 1,500여 명이 사망했고 인디언과 흑인 사상자는 집계조차 되지 않았다. 결국 세미놀 부족은 패배했고 남은 세미놀 인디언은 뉴올리언스로 보내진 후 서부로 강제 이주를 당했다.

인디언의 "눈물의 이주(Trail of Tears)"를 직접 목격했던 토크빌은 "강제 이주를 당하고 있는 사람들의 상태를 상상한다는 것은 불가능하다. 이들은 이미 피로에 절었고 아무것도 없으며 그들이 향한 땅은 이미 다른 부족들이 살고 있어 이들을 경계의 눈으로 맞이하고 있다"고 기록했다. 인디언 이주법으로 약 45,000명의 인디언이 서부로 강제 이주를 당했고 약 13,000명의 인디언이 항쟁이나 이주과정에서 숨진 것으로 추정한다. 인디언은 수억 에이커의 땅을 백인들에게 팔아야 했고 인디언들에게 불하된 땅은 지금의 오클로마하주가 있는 지역의 약 2천3백만 에이커의 땅이었다.

미국 식민지 시절부터 시작된 인디언의 수난사는 이렇게 계속되었고 이제 그들이 주인인 땅은 미 대륙으로부터 점차 사라졌다.

바. 연방

미연방이 건국되고 반세기가 지났지만 연방정부가 필요한지 여부에 대해서는 여전히 의견이 분분했다. 일부 정치 지도자들 중에는 연방에 계속 머무는 것보다 탈퇴하는 것이 낫다고 생각하는 이들도 있었다. 이런 정서는 특히 칼훈의 고향인 사우스캐롤라이나에서 강했다. 사우스캐롤라이나는 독립전쟁 당시 남부주 중에서 가장 적극적으로 독립전쟁을 지원한 곳이었고 영국이 남부 공략에 나섰을 때 가장 많은 피해를 입은 곳이기도 했다.

존 칼훈

　그러나 이들에게 독립전쟁은 주와 개인의 자유를 지키기 위한 것이었지 연방정부를 구성하려는 것은 아니었다. 연방에 가입한 주 중에는 사우스캐롤라이나와 남부주 경제의 핵심인 노예제도를 비판하는 주들이 있어 사우스캐롤라이나는 연방정부가 결국 노예제도를 강제로 폐지시킬 것이라고 우려했다. 그래서 이들은 연방정부를 견제하기 위해 연방정부가 주의 동의에 근거하여 구성되었기 때문에 각 주는 언제든지 동의를 철회하여 연방으로부터 탈퇴할 수 있다고 주장했다.

　칼훈을 중심으로 연방정부보다 주정부의 권한을 중시한 세력은 1832년 4월 13일에 있을 제퍼슨 탄생을 기념하는 모임에서 자신들의 세를 과시하려 했다. 이러한 움직임을 전해들은 잭슨은 그날 저녁에 있을 기념식에서 할 건배사를 준비했다. 잭슨은 자신의 건배사 차례가 되자 "우리의 연방은 반드시 지켜야 한다"라는 짧지만 단호한 건배사를 했으며 이어 건배사 차례가 된 칼훈은 "우리의 자유 다음으로 중요한 연방"이라며 여기에 토를 달고 "연방은 주의 권한을 존중해야만 존재할 수 있으며 연방의 이익과 짐을 균등하게 배분해야 한다" 며 잭슨의 입장에 반기를 들었다. 이어 밴 뷰런은 "서로 인내하고 타협해야 합니다"라며 둘 간의 긴장을 누그러뜨리려 했다.

잭슨 정부와 남부 주간의 갈등은 관세법으로 더 깊어졌고 1832년에는 은행법과 함께 또 다른 여진이 이어졌다. 잭슨은 관세를 산업보호 정책으로 이용하려는 헨리 클레이 진영과 관세를 완전히 없애기를 원하는 남부주의 극단적인 주장 사이에서 타협점을 찾아야 했으며 이 문제는 루이스 맥레인이 이끌어갔다. 그는 1828년에 약 45% 수준이었던 관세를 27%로 내리는 안을 제시했는데 우여곡절 끝에 이 안은 상원과 하원에서 수정을 거치며 통과되었다.

하지만, 새 관세법에 여전히 불만이 컸던 남부주에서는 계속 안 좋은 소식이 전해졌다. 관세법 문제는 노예문제와 함께 남부주와의 긴장을 고조시켰다. 관세법은 단순히 관세 문제에 머물지 않고 언젠가는 연방정부가 노예제도를 폐지할 수도 있다는 피해의식으로 발전했다. 이러한 피해의식은 1831년 8월 버지니아 주에서 네트 터너(Nat Turner)라는 노예가 반란을 일으키면서 더욱 고조되었으며 노예 반란에 대한 두려움은 백인 대비 흑인 노예가 가장 많았던 사우스 캐롤라이나에서 더욱 과격해졌다.

사우스캐롤라이나의 저지대의 흑인 대 백인 인구 비율을 10

대 1에 이르렀다. 이곳으로부터 연방정부에 대한 선제 공세가 있을 것이라는 소문이 전해졌다. 잭슨은 이미 칼훈과 사우스캐롤라이나 주가 연방법을 거부할 수 있다는 연방실시거부 주에 대해서는 연방에 대한 도전이라며 단호히 대응할 것을 말한 바 있었다. 그러나 여름이 지나며 사우스캐롤라이나의 연방주의자로 잭슨에게 그곳의 상황을 수시로 알려온 존 커피(John Coffee)로부터 분리주의자들이 연방 군인을 선동하여 찰스턴을 접수하려 한다는 소식을 들었다. 잭슨은 사우스캐롤라이나가 연방정부에 도전할만큼 무모하다고는 생각하지 않았지만 만일을 대비하여 전시에 대비했다.

잭슨은 육군과 해군 장관들에게 사우스캐롤라이나의 일부 연방장교와 군인들이 반역에 가담할 것을 대비하여 이 병력을 대체할 수 있는 병력을 준비했다. 특히 분리주의자들이 요새를 점령하면 찰스턴을 봉쇄하기 위해 함선을 공격할 수 있기 때문에 요새를 잘 지킬 것을 당부했다. 그는 윈필드 스콧 장군에게 전체적인 군사 작전을 준비하도록 했고 현지의 해군에 대해서는 유사시에 즉각 대응할 것을 지시했다.

이렇게 남부에서의 긴장은 고조되었지만 잭슨은 장군 출신답게 만반의 준비를 갖추며 사우스캐롤라이나에서 전해오는 소식에 촉각을 세웠다. 특히 1832년 10월 22일에는 사우스캐롤라이나 주의회가 1982년 관세법의 실시를 거부하는 결의안을 채택할 가능성이 높다는 소식이 들려오면서 정국은 연방정부와 사우스캐롤라이나의 물리적 충돌이 불가피한 방향으로 흘러갔다.

잭슨 대통령은 워싱턴에서 연방의 유지를 위한 강한 메시지를 사우스캐롤라이나에 전했지만 사우스캐롤라이나의 반연방 세력은 더욱 과격해졌다. 잭슨은 사우스캐롤라이나의 상황을 계속 보고했던 조엘 포인세트(Joel Poinsett)에게 "나는 시민들에게 미국의 행정부 책임자가 결정하고 강력하게 대응할 것임을 분명히 했다"며 사우스캐롤라이나의 친연방 세력들이 흔들리 않도록 격려했다.

연방의 유지를 위해 잭슨 대통령이 동분서주하는 동안 잭슨 정부의 부통령이었던 칼훈은 사우스캐롤라이나를 위해 더 이상 그 자리에 머물 수 없었다. 그는 부통령 자리에서 사임하고 곧바로 연방 상원의원직에 당선되었다. 사우스캐롤라이나 사람들은 연방정부를 잘 아는 칼훈이 사우스캐롤라이나의 입장을 대변하고 무엇보다 연방 탈퇴를 현실화시키기 위해 주변 남부주의 지지를 이끌어 주기를 바랐다.

칼훈은 오랜 정치 생활을 통해 만든 인맥을 통해 버지니아, 노스캐롤라이나, 조지아, 앨라배마 및 미시시피와 같은 남부주가 사우스캐롤라이나를 지지하고 함께 탈퇴하여 연방정부에 저항해 주기를 원했다. 이러한 칼훈과 사우스캐롤라이나의 전략을 간파하고 있었던 잭슨 대통령은 이들이 쉽게 동조하지 못하도록 보다 단호한 조치를 취할 필요가 생겼다.

　　1833년 1월 16일, 잭슨 대통령은 사우스캐롤라이나 사태가 걷잡을 수 없게 될 때를 대비하여 이를 통제할 수 있는 권한을 요청하는 무력법안을 제출했다. 이 법안은 사우스캐롤라이나에 있는 연방 자산을 인근 연방 군대가 있는 요새에 옮겨 보호하고 잭슨 대통령에게 주정부의 군대와 민병대가 연방정부의 지휘를 받도록 요청하는 법안이었다. 그는 과거의 다른 근거로 이러한 조치를 취할 수 있었지만, 법안 상정을 통해 연방 의회의 지지를 이끌어 내고자 했다.

　　칼훈은 이 법안의 상징적 의미를 간파하고 의회에서 법 제지를 위해 힘을 썼지만, 결국 법안은 통과되었다. 잭슨 대통령은 이렇게 사우스캐롤라이나를 압박해 들어갔지만 한편 사우스캐롤라이나에 퇴로를 열어주기 위한 관세법 개정안도 제출했다. 이렇게 줄다리기 끝에 사우스캐롤라이나는 1832년 관세법을 상징적으로 실시 거부하는 동시에 개정 관세법을 받아들이는 선에서 물러났다. 연방의 위기는 이렇게 가까스로 최악의 상황을 막을 수 있었지만, 당시 사람들은 이 사건이 이후 있을 거대한 대지진의 전조였다는 것을 몰랐다.

사. 니콜라스 비들

옛날이나 지금이나 은행은 지탄의 대상이다. 특히, 미국과 같이 계급투쟁의 역사가 유럽에 비해 덜한 국가에서 기득권의 상징은 항상 은행이었다. 이런 전통은 지금도 월가에 대한 국민의 반감에서 충분히 볼 수 있다. 은행은 시장에서 가장 중요한 유동성을 유지하는데 중요한 역할을 하지만 바로 그런 중요한 역할 때문에 경제가 어려워지거나 공황을 겪게 되면 사람들은 은행이 부도날 것을 두려워하여 우선 은행으로 달려간다.

이토록 중요한 은행이 정부의 통제 하에 놓인다는 것은 권력을 체질적으로 싫어하는 미국인들에게 가장 큰 두려움이었다. 하지만, 안정된 통화량 조절과 경제 위기시의 유동성 확보를 위해서는 은행의 역할이 가장 중요하고 이를 위해서는 정부가 은행과 긴밀하게 협조할 필요가 있다. 그래서 대부분의 국가에는 한국은행과 같은 중앙은행이 있다. 그런데, 미국에는 중앙은행이 없고 대신 연방준비제도가 있다. 연방준비제도는 다른 국가의 중앙은행과 마찬가지로 기준금리를 결정하여 통화량을 조정하는 역할

니콜라스 비들

을 하지만 연방정부는 연방준비은행에 지분이 전혀 없다. 연방준비은행은 상원이 승인하고 대통령이 임명한 7명의 연방준비제도이사가 운영한다.

그렇다고 미국에 중앙은행이 전혀 없었던 것은 아니다. 워싱턴 정부의 재무장관이었던 해밀턴은 영국의 재정 정책을 따라 연방중앙은행을 설립했다. 그런데, 철저한 공화주의자로 작은 정부를 주장했던 제퍼슨은 연방중앙은행의 시효연장을 거부했고 연방중앙은행은 시효가 만기되어 자동 폐지되었다. 하지만, 제퍼슨의 후계자로 대통령이 된 메디슨 대통령은 1812년 전쟁을 겪으면서 연방중앙은행의 필요성을 절실히 느끼고 1816년에 다시 20년 기한의 제2차 연방중앙은행을 설립했다.

정부의 운영자들은 중앙은행의 필요성을 인식했지만 다수의 국민들은 여전히 중앙은행이건 지방은행이건 자신들의 삶을 괴롭히는 것은 은행이라고 생각했고 은행은 보통 사람들이 아닌 돈 많은 가진 자들의 이익을 대변한다고 생각했다. 특히, 미국이 1819년에 처음으로 공황을 맞았을 때 그 원인을 알 수 없었던 미국인들은 은행을 더 무서운 괴물로 여겼다. 월가에 대한 반감은 이런 깊은 역사를 가지고 있다.

잭슨 대통령은 사업을 하다 부도 직전까지 가보았기 때문에 은행에 시달린다는 것이 어떤지 누구보다 잘 알고 있었다. 그래서 연방중앙은행은 그에게 눈의 가시였다. 그러나 1836년까지 운영을 보장받은 연방중앙은행에 적극적으로 대응할 수 없었다. 특히, 연방중앙은행장은 독립성을 보장받았기 때문에 정치적 영향력도 함부로 끼칠 수 없었다. 그러나 그가 1829년 제1차 연두교서에서 연방중앙은행에 대한 자신의 견해를 밝히자 대부분의 사람들은 잭슨이 재임에 성공한다면 연방중앙은행의 운영권을 연장하지 않을 것이라고 생각했다. 1831년 후반기가 되면서 이 문제는 다가오는 대통령 선거로 여러 대권 주자들의 복잡한 정치 셈법과도 맞물려 복잡한 양상을 띠게 되었다. 잭슨과 연방중앙은행의 결투가 코앞에 다가왔다.

  잭슨과 한판을 겨루게 된 연방중앙은행의 은행장은 니콜라스 비들이었다. 당시 연방중앙은행은 필라델피아에 위치했는데 비들은 펜실베니아 명망가 출신으로 명석한 두뇌와 실력을 갖추었다. 한때 정치에 입문하기도 했지만 정치인으로써는 전혀 어울리지 않는다는 것을 깨닫고 대신 미국의 유명한 문예지의 편집장으로 일했다. 그런데, 지인이었던 먼로 대통령이 1821년에 그에게 중앙은행 이사직을 권했고 이어 은행 이사로 탁월한 업무 능력을 발휘한 비들은 은행장으로 승진했다.

  비들은 은행 업무에도 유능했지만 연방중앙은행을 보호하기 위한 정치적 역량도 탁월했다. 그는 잭슨 대통령 이전의 정부와 의회의 실세들이었던 칼훈, 클레이, 존 퀸시 아담스 등과는 물론, 여러 정치인들과도 교제를 나누며 중앙은행의 미래를 지키려 했다. 중앙은행에 충분한 자원이 있었다는 것도 큰 무기였지만, 미국 최고의 권력자와의 싸움을 더 이상 피할 수 없게 되었다.

연방중앙은행을 지키기 위해 노심초사하던 비들에게 운명의 시간이 다가왔다. 은행 허가기간은 아직 여러 해 남았지만 잭슨이 연임을 하면 허가 기간의 연장 여부가 불확실해질 수밖에 없었다. 잭슨이 연임에 성공한다면 그는 재선을 명분으로 중앙은행 영업의 연장을 거부할 것이기 때문이었다. 그나마 새 내각의 재무장관으로 임명된 맥레인이 친은행파라는 사실이 안심이 되었고 비들은 맥레인이 잭슨의 생각을 바꾸어 주기를 기대했다.

맥레인은 잭슨이 목표로 하는 연방정부 재정균형을 달성하는 데 중앙은행의 자산을 활용하는 것을 조건으로 잭슨에게 은행 영업의 재허가를 설득했다. 이러한 멕레인의 설득이 주효했는지 잭슨은 1831년 연두교서에서 중앙은행에 대해 특별한 언급을 하지 않았다. 비들은 잭슨의 소극적인 태도를 보며 은행 문제는 그의 재임 여부를 떠나 잘 마무리 될 수도 있겠다는 기대감을 가졌다. 당시 비들은 "잭슨 장군의 은행에 대한 태도에 모욕감을 느꼈고 잭슨을 반드시 스스로의 함정에 빠뜨리겠다"고 결심했다.

그러나 중앙은행은 잭슨의 도전자들이 가만두기에는 너무 좋은 공격거리였다. 1824년 아담스와의 정치적 거래를 통해 대통령의 자리를 바로 눈앞에 두었던 클레이는 잭슨의 등장으로 자신의 꿈이 좌절된 것을 참을 수 없었다. 그는 연방중앙은행 문제를 1832년 선거의 화두로 만들기 위해 비들에게 연방중앙은행의 연장 법안을 빨리 제출할 것을 종용했다.

그는 "은행의 친구들이 은행의 허가 연장을 위한 신청서를 빨리 제출하기를 기다린다"며 비들을 유혹했다. 그의 조심스러운 성격에 처음에는 그의 제안을 거부했지만 1831년 말 여러 주에서 일찌감치 클레이를 대통령 후보로 지지했고 클레이뿐만 아니라 다니엘 웹스터까지 잭슨의 임기가 끝나기 전에 연장 신청서를 제출하라고 설득하자 결국 클레이의 제안에 동의했다. 비들도 잭슨의 재임 여부가 결정되기 이전에 연방중앙은행의 목숨을 연장시켜 놓을 필요가 있겠다고 판단했다.

비들이 연방중앙은행의 연장을 신청하자 잭슨은 마치 기다리고 있었다는 듯이 연방중앙은행 문제를 선거의 가장 중요한 문제로 삼았다. 중앙은행이 연장 신청서를 제출하자 잭슨의 심복들은 이를 잭슨 대통령에 대한 직접적인 도전임과 동시에 국민들도 무시하는 처사로 여겨 본격적인 투쟁 모드로 돌아섰고 잭슨은 은행과의 본격적인 언론전에 나섰다. 비들은 잭슨과의 싸움에서 이기기 위해서는 여론의 향배가 중요하다는 것을 알고 있었기 때문에 은행의 장점을 알리기 위해 언론을 적극 동원했다.

하지만 잭슨은 이 법안에 거부권을 행사하기로 마음먹고 거부권의 이유를 명확히 하기 위한 문서 작성에 들어갔다. 그는 은행의 경제학적 장단점이 있다는 것을 알았기 때문에 경제적인 이유보다는 연방정부의 권한의 문제로 중앙은행을 공격했다. 그는 연방헌법 상 연방정부가 워싱턴 D.C.밖에 별도의 연방 은행을 세울 수 없다고 했다. 이러한 연방정부의 권한 제한으로부터 시작하여 그는 중앙은행이 일부 민간 자본의 참여로 공익이 아닌 사익을 추구하기 위해 악용될 수 있다고 경고하며 특히 해외 투자자들이 이득을 보는 것에 대해 공격했다.

나아가 그는 최근의 연방헌법 판결을 근거로 중앙은행의 합헌을 주장하는 세력에 대해서는 법안의 합헌 여부에 대한 판단은 사법부와 의회뿐만 아니라 대통령에게도 주어진 의무라며 삼권분립을 통한 헌법 수호의 필요성을 강조했다. 그리고 마지막으로 중앙은행이 상징하는 것은 인간이 가진 "능력, 교육 및 부의 평등을 이룰 기구를 만들 수는 없지만… 법이 이러한 자연스럽고 공정한 차이에 또 다른 인위적인 장벽을 만드는 것에 대해서는 정부의 불공정성에 대해 항의할 권한이 있다"며 자신은 보통 사람들의 기회의 평등을 대변한다고 했다. 결국 잭슨은 이 의제로 재선에 성공하고 중앙은행을 폐지시켰다.

아. 여성

인디언 이주법 입법 당시에도 보았듯이 미국의 여성들은 정치에 참여할 수 없었지만 사회운동을 통해 미국 사회 변화에 다양한 영향을 미쳤으며 정치적인 문제뿐만 아니라 도덕적인 문제에 더 많은 참여를 했다. 1834년, 뉴욕에서는 뉴욕여성도덕개혁협회(New-York Female Moral Reform Societ)가 설립되었다. 이 단체는 "음란의 죄"와 전쟁을 하겠다며 음란이 "사회 곳곳에 뿌리를 내려 사회의 관습을 바꾸고 있고, 공동체 전체에 부패와 죽음의 분위기를 확산시키고 있다"며 경제 발전과 함께 점점 타락해 가는 사회를 우려했다. 이들은 성매매 여성을 위한 보호처를 만들고 사회 곳곳에서 사람들을 유혹하는 음란 문화을 피하는 방법을 알려주었다.

이 단체는 1841년에는 미국여성도덕개혁협회로 개명하여 전국적인 조직으로 확산되었다. 단체의 회원은 40,000명으로 늘어났고 3천만 페이지가 넘는 각종 인쇄물을 제작하여 배포하며 도덕 개

미국여성도덕개혁협회

혁 운동을 이어갔다. 오늘날에도 각종 도덕개혁 운동이 있지만, 점점 개방되는 사회의 도덕적 물결을 바꾸는 것은 쉽지 않다. 이 당시에도 많은 사람들이 도덕개혁 운동에 나섰지만 산업화와 함께 찾아온 대중문화의 확산을 막기는 어려웠다.

그래도 도덕개혁 운동은 미국 전역으로 퍼졌다. 1833년에 미국 칠계명협회(American Seventh Society)는 미국 도덕개혁협회(American Moral Reform Society)로 개명하고 수백만 페이지에 달하는 유인물을 발간했고 각 지역별로도 도덕개혁 모임이 생겼다. 이런 움직임에 반노예운동도 함께 참여했다. 게리슨은 북부 지역에 늘어나는 "음란 문화"로 북부주가 "근친상간, 공해와 부정"이 넘치는 남부주와 유사해지고 있다고 우려했다.

도덕개혁 운동에는 크게 두 개의 목적이 있었다. 한 목적은 성매매 여성을 구하는 것이었고 또 한 목적은 성매매의 원인을 제거하는 것이었다. 특히, 유혹을 금지시키는데 주력했다. 대부분의 도시에는 성매매 여성이 머물며 취업 준비를 할 수 있는 시설이 있었다. 여러 도덕운동단체는 주정부에 유혹을 금지하는 법을 제정하라고 요구했는데 1848년 뉴욕주에서 25세 이하의 여성을 유혹하는 자는 $1,000까지 벌금형이나 5년 이하의 징역이 가능했고 이후 여러 주가 뉴욕주의 선례를 따라 19세기 후반에는 거의 모든 주에 유사한 법이 제정되었다.

사회 전반에 걸친 도덕운동은 감옥수에 대한 인식도 바꾸었다. 범죄자들을 처벌의 대상으로 바라보기보다는 재활을 통해 사회에 적응할 수 있도록 도와주어야 한다는 운동이 전개되었다. 미국 감옥의 개선은 전 세계적으로 알려지면서 토크빌이 미국을 방문한 원래 목적도 미국의 감옥 문화를 공부하기 위해서였다. 미국은 식민지 시절에 체벌도 서슴치 않았고 독립 이후에도 영국의 엄격한 형법을 받아들여 많은 범죄가 사형으로 다스려졌다. 1789년까지 3개 주에서 무려 10개의 다른 범죄에 사형을 구형토록 했다.

계몽주의와 함께 지나친 처벌에 대해 각성하면서 각 주는 사형으로 처벌할 수 있는 범죄를 급격히 줄였으며 1776년에 펜실베니아 주는 한 범죄에만 사형을 구형했다. 제2차 영적각성운동의 결과로 미국인들은 범죄자를 보는 눈이 달라졌다. 침례교와 감리교의 인간관은 장로교와 달리 긍정적이어서 이에 영향을 받은 기독교인들은 범죄자들을 교육, 절제, 금주 등의 방법으로 교화시킬 수 있다고 믿게 되었다. 이로 인해 미국의 감옥은 범죄자들에게 자신을 돌아보며 죄를 회개하고 새로운 삶을 살도록 교육, 명상, 성경공부 등을 실시했다. 그러나 이런 노력에도 불구하고 범죄자들은 여전히 간수의 학대에 시달렸고 이들을 향한 부정적인 시각은 좀처럼 개선되지 않았다.

제 6 장

시민사회

가. 토크빌

나. 미국의 시민사회

다. 노예제도의 폐지

라. 윌리엄 로이드 게이슨

마. 흑인의 저항

바. 백인의 반격

시민사회

가. 토크빌

　잭슨민주주의 시대를 직접 목격하고 기록한 가장 유명한 유럽 인사는 앞에서도 언급하였던 토크빌이다. 토크빌은 1831년 5월 11일부터 1832년 2월 20일까지 약 9개월을 미국에서 머물면서 미국의 거의 전 지역을 다녔다. 그는 판사였는데 그의 미국여행 목적은 미국의 형법을 공부한 것을 프랑스의 형법 개정에 참고하기 위해서였다. 그러나 토크빌은 그 정도 수준의 공부에 만족하지 않았고 보다 더 크고 거창한 문제에 도전했고 그것은 바로 미국의 민주주의에 대한 고찰이었다.

알렉시스 토크빌

미국은 당시에도 이미 정치적으로는 선진국이었다. 유럽의 오래된 왕국들은 이를 인정하려 하지 않았지만 토크빌과 같이 유럽의 개화된 인사에게 미국은 앞으로 유럽 국가들이 접하게 될 민주주의 국가의 모형이었다. 당시 유럽인들에게 미국의 민주주의는 낯설었다. 유럽은 오랜 세월 형성되고 유지된 계급 사회로서 사회의 각 구성원들은 태어날 때부터 자신들의 지위가 정해졌고 이 계급들이 조화롭게 공존하는 것이 정치의 목적이었으며 유럽인에게 미국과 같이 태생적으로 차이가 없는 사람들이 모여 안정된 사회를 이룬다는 것은 경이로운 일이었다.

토크빌 또한 유럽에서 혜택 받은 집안의 자녀였지만 그는 유럽이 궁극적으로는 미국과 같은 민주주의 사회로 이행할 것이라고 생각했다. 그래서 그는 미국의 민주주의가 어떻게 작동하는지 그 가능성과 문제는 무엇인지에 대해 유럽인의 시각으로 관찰하고 기록했다. 토크빌은 프랑스 혁명이 피를 부른 이후에 자랐기 때문에 시민들의 자유와 평등에 대한 욕구가 어떻게 자기 파괴로 내달릴 수 있는지 직접 경험하지는 못했으나 프랑스의 역사를 통해 나폴레옹 이후 프랑스가 다시 보수의 시대로 돌아서면서 민주주의에로의 이행이 어떤 자기 파괴적인 궤적을 그릴 수 있는지 잘 알고 있었다.

토크빌은 미국이 어떻게 민주주의로 이행할 수 있었는지 그 원인을 고찰하고자 했다. 그 원인 중 하나가 미국인들이 유럽인들과 달리 이미 자유에 젖어 있었기 때문에 억압된 사람들이 자유에 처음

접하면서 치달을 수 있는 극단에 이르지 않았다고 설명했고 또한, 미국에서 자유와 평등이 공존할 수 있었던 것은 유럽과는 달리 미국인들은 태어나면서부터 기회의 균등이 있다고 믿기 때문이라고 관찰했다. 미국인 사이에서도 이미 자리를 잡은 자와 처음 이주해 온 사람들 사이의 차이는 있었고 1830년대에는 미국의 상위 10%가 미국 부의 2/3을 소유하고 있었다. 그러나 미국인들은 이들이 자수성가했으며 자신들에게도 성공할 기회가 있을 것이라고 믿었는데 이런 꿈은 유럽에서는 불가능한 것이었다.

기회의 균등뿐만 아니라 부자와 가난한 사람들이 허물없이 어울렸다. 미국에는 계급이 없었을 뿐만 아니라 빈부의 격차나 사회적 성공의 차이로 다른 삶을 살아도 가난한 자들이나 실패한 자들이 가진 자를 비난하지 않았다. 유럽 사회의 평민들은 귀족들에게 문화적으로 훈련된 존경과 순종을 보여준 반면 미국인들, 특히 북부 지역의 뉴잉글랜드 사람들은 지시를 받는 사람들조차 "자신들이 지시하는 사람들보다 열등하다고 생각하지 않았다"라고 관찰했다.

또한, 서부 개척지에 사는 사람들은 자신을 찾아온 유럽의 귀족들을 만나도 전혀 낯설어하거나 비굴함을 느끼지 않았다. 이런 평등의식이 가능했던 이유는 유럽에 비해 가난한 사람들이 적고 넓은 중산층의 존재로 가능했다. 토크빌은 "미국의 가장 큰 장점은 민주주의 혁명 없이 민주주의에 이르렀고 평등하게 태어났기 때문에 평등해 질 필요가 없었다"며 미국의 민주주의를 설명했다.

토크빌이 미국의 민주주의를 무조건 칭찬한 것만은 아니었다. 토크빌은 유럽에서의 경험을 통해 미국 사회에서도 등장할 수 있는 자본의 횡포에 더해서 예견했는데 시장경제에서 등장할 수 있는 경제적 평등에 대한 문제제기를 했다. 미국과 같이 기회의 균등에서 출발하는 경쟁 사회에서는 모든 사람들이 결국은 어떠한 상대적 차이도 극복하고 싶어 하는 욕구가 강해질 수 있고 그러기 위해 스스로를 경제의 노예로 전락시킬 수 있다고 경고했으며 또한, 소유 중심의 개인주의로 공화의 덕을 잃을 수도 있다고 경고했다. 그는 "부를 쌓겠다는 강하고 절대적인 욕구 때문에 개인의 부와 공익 사이에 있는 관계를 잊어버릴 수 있다"며 부의 축척을 통한 평등의 달성이 가져올 사회의 문제점을 경고했다.

토크빌은 물질주의에 대한 경고뿐만 아니라 민주주의로 인한 하향평준화도 우려했다. 그는 미국에서 이미 건국 당시의 국부들과 같은 위대한 지도자들이 사라지고 있다며 미국인들이 이제는 사소하고 물질적인 욕망에만 사로잡혀간다고 지적했다. 그가 목격한 잭슨 시대의 미국 민주주의는 유럽 엘리트에게 가능성과 문제를 모두 내포하고 있는 현실이었다.

미국의 가능성과 문제에 대한 토크빌의 고찰은 그래도 미국에 대한 희망을 말하고 있었고 미국이 개인의 경제적 욕구와 공익적 가치를 함께 유지할 수 있는 이유가 개인과 국가라는 두 극단 사이에 존재하는 무수히 많은 시민사회들 때문이라고 했다. 토크빌은 미국 사람들이 시민사회를 통해 자발적으로 집단을 형성하고 이 집단을 통해 개인의 이익이 아닌 사회와 공동체의 이익을 추구하고 있다며 이러한 자발적인 공동체의 형성과 유지야말로 미국의 민주주의를 건강하게 유지할 수 있는 중요한 요인이라고 주장했는데 거의 200년 전 미국을 방문한 토크빌의 고찰은 우리에게도 매우 시의적절한 충고이다.

나. 미국의 시민사회

미국은 여전히 1차 산업 중심의 사회였지만, 토크빌이 지적했듯이 많은 시민 참여와 운동이 전개되었다. 독립 직후부터 기술자들은 기술자조합을 만들어 더 좋은 환경을 위한 파업과 보이콧을 단행했다. 면 산업이 발달하면서 면직물을 만드는 여성들이 로드아일랜드 주의 포투켓(Pawtucket)에서 임금인상을 위한 여성 조합 최초의 파업을 하기도 했다. 노동조합은 특정 지역에만 머물지 않고 다른 지역의 노동조합과도 연대했으며 1827년 필라델피아에서는 15

프란시스 라이트

개의 노동조합이 모여 연대를 선언하고 다른 도시에도 노동조합을 조직할 것을 권했다.

노동조합의 지도자들은 단순히 시민운동으로만으로는 원하는 변화를 성취할 수 없다는 생각에 정치에도 진출했고 1828년 필라델피아의 노동자들은 노동자 정당을 만들었다. 이어 민중당, 농민당 등 다양한 당이 펜실베니아, 뉴욕, 오하이오, 뉴잉글랜드 등 여러 지역에서 동시다발적으로 창당되었다. 이들은 채무자 감옥형 폐지, 세금으로 지원되는 보편적 교육, 독점폐지, 재산에 대한 동등한 징세 등을 주장했다.

이 당시 노동운동의 특징은 다른 시민운동과 달리 선거직 후보를 직접 선출하고 후원했다. 그러나 정치 참여 문제는 쉽지 않았으며 자신들의 이념이나 정책만을 주장한다면 당선 가능성이 희박했다. 하지만, 외연확대를 위해 다른 후보나 정당과 타협한다면 노동조합이 이용을 당하거나 자신들의 요구를 관철할 수 없을 수도 있었다. 이런 문제로 노동 정당에는 끊임없는 논쟁이 이어졌다. 후보는커녕 당장 노동조합의 회원을 어떻게 제한하느냐부터가 문제였다. 일부 노동자들은 변호사, 은행원이나 고용주의 참여를 반대했지만, 일부에서는 이들의 참여가 정치활동에 도움이 될 것이라면서 이들을 받아들일 것을 주장했다.

미국 노동정당의 한계는 오늘날 모든 제3정당이 겪는 어려움이다. 이들은 대부분 특정 지역이나 이슈를 중심으로 만들어져 이슈를 부각시키는데는 도움이 되지만 외연을 확대하여 전국적인 지지를 얻는데는 한계가 있었다. 이런 이유로 일부 정당은 지나치게 외연을 확대하여 정당 설립의 취지가 무색해지거나 거꾸로 너무 자신들만의 정책을 고집하여 정치적으로 고립되기도 했다. 그래서 노동정당은 전국적인 지명도가 있는 리더들을 모으기도 어려웠다.

제도권 진출을 노리는 노동 운동과 함께 급진적인 노동 운동도 있었는데 주로 뉴욕시를 중심으로 시작된 이 운동은 빈부격차를 부각시키며 시장경제 자체를 공격했다. 이들은 이후 마르크스의 이론과 마찬가지로 노동자들이 자신의 노동의 산물을 소유할 수 없다며 신용제도와 기계 사용을 폐지할 것을 주장했고 토마스 스키드모어(Thomas Skidmore)는 모든 재산을 국가가 소유해야 한다고 주장했다. 공장주의 아들이었던 로버트 데일 오웬(Robert Dale Owen)은 프리 인콰이어라는 잡지를 발행하여 이혼법을 개정하고, 모든 노동자에게 교육을 제공하고 부자들의 부를 공평하게 나누어야 한다고 주장했다.

뉴욕의 대표적인 급진주의자는 프란시스 라이트(Francis Wirght)였다. 그녀는 1830년에 뉴욕에서 오웬과 함께 프리 인콰이어의 편집인으로 오기 전 스코틀랜드에서 사회운동에 나섰다. 그녀는 2살에 부모를 잃었지만 큰 부를 상속받아 많은 곳을 여행 다니며 십대에 이미 많은 글을 썼으며 1818년에 처음 미국을 방문했고 1824년에 프랑스의 라파예트와 함께 미국을 다시 방문했는데 이때 제퍼슨과 메디슨에게 노예해방을 적극 요청했다.

이외에도 많은 급진적인 지도자들이 있었지만, 이 당시 급진주의 지도자들은 오늘날과 같이 연대를 하지는 않았다. 일부에서는 임금노동자에 대한 부당한 대우를 비판했지만 일부 급진적인 노동자들이 결혼, 이혼, 종교 및 여성의 권리까지 언급하는 것에는 동의하지 않았다. 이들은 잭슨 민주주의의 타협과 정치공학적인 정책 결정을 혐오했고 과격한 지지자들의 지지를 유지하기 위해 임금, 노동 시간, 노동 환경 등에 대해 과격한 발언을 서슴치 않았다. 미국은 시민들에게 자유를 기반으로 한 기회의 평등을 주었지만 조건의 평등까지 주지는 않았다. 자유민주주의 국가의 영원한 숙제인 자유와 평등의 문제는 사회 갈등의 요인이지만 이 갈등이 자유민주주의의 부패를 막기도 한다.

다. 노예제도의 폐지

19세기 초반 노예제도 문제는 미국뿐만 아니라 전 세계적인 문제였다. 노예제도는 북미뿐만 아니라 남미, 서인도 제도, 유럽 및 아프리카 등 대서양 연안 곳곳에서 유지되었다. 노예들은 아프리카에서 잡혀 유럽이나 신대륙으로 옮겨졌고 이들은 도착한 지역에서도 주인이 이주하거나 매매되어 수시로 다른 곳으로 이주했다. 국경을 초월하는 노예제도로 많은 노예의 삶도 국경을 초월한 삶이었다. 덴마크영의 버진 아일랜드의 노예로 태어난 덴마크 베시는 프랑스영의 세인트 도밍고로 팔려갔다가 다시 사우스캐롤라이나의 찰스턴으로 팔렸으나 이곳에서 자유를 얻었다. 그는 다국어를 구사했고 대서양 경제를 잘 알고 있었으며 다른 노예들에게 성경과 미국 독립선언문을 읽어주며 이들의 계몽에 나섰다. 그는 자신이 가르친 노예들이 다른 노예들에게도 배움을 나누어 줄 것을 요청했다.

베시와 같이 계몽운동을 시도한 흑인도 있었지만, 권력과 폭력으로 유지된 노예 사회에서 노예의 저항은 무력 저항으로 이어지기도 했고 게릴라전을 펼치면서 저항했다. 특히, 노예제도가 대서양 경제의 근간이 되면서 이런 경향은 더욱 두드러졌다. 노예 수가 적었을 때는 노예들이 농장을 탈출하여 깊은 숲속이나 습지에서 작은 사회를 이루어 살았었는데, 이후에는 노예제도 자체를 뒤엎기 위한 저항이 이어졌다. 1760년대에 벌써 자메이카에서는 태키의 반란(Tacky's Revolt)이 있었고 미국 독립전쟁 중에도 많은 노예들이 자유를 얻기 위해 영국군에 투항하기도 했다.

덴마크 베시

19세기에 들어서면서 노예의 저항은 더욱 거세졌다. 1790년대에 과들루프, 세인트 도밍고와 마르티니크(Martinique)에서 노예 반란이 일어났는데, 1804년 세인트 도밍고에서는 노예 반란이 성공하여 흑인들에 의해 아이티 공화국이 세워졌다. 아이티 공화국의 성공 사례는 1795년 프랑스령 루이지애나, 1800년 리치몬드 버지니아, 1816년 바르바도스, 1817년에서 18년 사이의 프롤리다 등 다양한 지역의 노예 반란으로 이어졌다.

서인도 제도의 노예 반란이 이어지고 노예제도에 대한 국민들의 비판이 커지면서 1833년 영국 정부는 영국령 서인도 제도의 노예제도를 폐지시켰다. 약 800,000명의 흑인 노예가 자유인이 된 이 사건으로 미국의 노예제도 폐지자들의 목소리는 더욱 커졌고 노예 반란과 노예제도의 폐지는 서로에게 영향을 미치면서 전 세계적인 자유 운동으로 확산되었다. 그리고 이런 기류로 미국에서 노예제도를 유지하려는 세력은 더욱 위기감을 느끼게 되었다. 서인도제도의 노예 반란으로 이곳에 살던 수많은 백인들이 미국 남부와 중부주로 이주해와 자신들의 끔찍한 경험담을 알렸다. 미국에서 노예 반란을 시도한 흑인들 중에는 세인트 도밍고 출신들이 있었는데 베시도 세인트 도밍고에서 잠시 머물렀었기 때문에 미국의 흑인 노예들에게 그곳의 사정을 알려주었다.

공교롭게도 대서양 연안에서 번졌던 노예 반란은 미국의 남부주가 면 산업의 발달로 본격적으로 노예농장을 확산시켰던 시절과 맞물렸다. 면 재배에 뛰어든 백인들은 더 많은 노예를 필요로 했고 노예가 늘어나고 반란의 소식이 이어지면서 백인들의 불안감은 더욱 커졌으나 미국의 흑인 노예들은 대부분 미국에서 태어난 흑인들이어서 이들은 이미 미국 사회에 상당히 적응되어 있기도 했다. 미국의 지도자들은 노예 반란을 방지하기 위해 자발적 노예 해방과 해방된 노예의 아프리카 식민지 사업을 추진하려 했다.

그러나 노예제도를 유지하려는 남부주의 반격도 만만치 않았다. 이들은 연방정부를 장악하고 있었던 민주당 세력을 통해 노예제도를 유지하기 위한 외교 정책을 이어갔으며 스페인 플로리다의 도피 노예들의 거주지를 공격하여 몰아내기도 했다. 이런 미국 정부의 경향은 1833년 영국의 노예제도 폐지로 더욱 강화되었다.

서인도 제도의 노예들이 자유를 얻으면서 그 영향은 하루아침에 미국의 노예들에게 미칠 수 있었다. 여기에 영국은 노예제도 폐지를 위해 자국의 국력을 동원하기 시작했다. 다급해진 미국의 남부주는 연방정부의 힘을 이용하여 적극적으로 대처해야 했다. 하지만, 노예제도가 점차 폐지되면서 미국도 노예제도를 폐지해야 한다는 목소리가 점점 커져갔고 노예제도 폐지의 동력은 새로운 시민운동과 영적각성으로 깨어난 시민들에 의해 주도되었다.

체재 싸움은 선과 악의 대결이다.

라. 윌리엄 로이드 개리슨

노예제도 폐지의 물결이 거세지면서 자유 흑인이었던 데이비드 워커(David Walker)는 "세계의 유색인종 특히, 미국의 유색 인종에게"라는 팜플렛을 만들어 흑인의 노예 해방을 주장했다. 워커의 팜플렛은 미국 흑인 노예의 비참한 삶을 알렸고 또한, 노예를 거느리는 공화주의자들과 기독교인의 위선을 비판하고 자유흑인식민지사업의 도덕성 부족을 비난하면서 미국이 심판받을 것을 주장했다. 그리고 미국의 흑인 노예들에게 "흑인 노예는 미국뿐만 아니라 전세계 곳곳에서 고통받는 흑인 노예들과 같은 운명"이라고 지적했다. 그는 제퍼슨마저 비판하며 그가 흑인을 열등하다고 생각하고 식민지 사업으로 흑인 문제를 해결하려고 한 것에 대해 "흑인들 스스로의 행동으로 그가 옳았는지 틀렸는지를 증명해 보일 것이다"라며 흑인의 자주적인 투쟁을 주장했다.

윌리엄 로이드 개리슨

워커는 보스턴에서 윌리엄 로이드 개리슨(William Lloyd Garrison)과 일했다. 그는 메사추세츠 주의 뉴배리포트에서 태어났는데, 어부였던 아버지가 어업이 어려워지자 가출하여 홀어머니 아래서 컸다. 그의 어머니는 독실한 기독교인으로 개리슨도 영적각성운동의 영향을 받은 후 신문을 제작했다. 그는 금주와 노예 폐지운동에 나서면서 흑인노예반대 운동의 선구자였던 런디를 만났으며 런디는 개리슨을 자신이 사는 볼티모어로 초청하여 함께 반노예운동에 나설 것을 제안했고 개리슨은 이를 받아들였다.

볼티모어로 온 개리슨은 처음으로 노예로 가득한 사회가 어떤 모습인지 직접 체험할 수 있었다. 그는 노예들의 고통과 이들을 다루는 백인들을 보며 "노예의 저주가 미국 사회를 오염시키지 않은 것이 없다"고 비판했다. 1830년 보스턴으로 돌아온 그는 노예제도의 폐단을 비판하며 전면적이고 즉각적인 노예해방을 주장했다. 이는 과거의 노예제도폐지 운동이 점차적으로 진행되어야 한다는 운동과는 완전히 다른 차원의 본격적인 노예제도폐지 운동이었고 자유 흑인 노예를 아프리카로 돌려보내자는 흑인식민지운동도 비판했다.

개리슨은 본격적으로 노예해방 운동을 전개하기 위해 해방자(Liberator)라는 주간 잡지를 발간했다. 이 잡지는 북부주의 자유 흑인과 루이스와 테판과 같은 미국의 사업가들의 지원을 받았고 영적각성운동의 지도자였던 찰스 피니의 지지도 받았다. 개리슨은 이 당시 다른 언론사와 달리 여성과 흑인에게도 글을 기고토록 했다. 개리슨의 해방자는 미국의 연방수정헌법 제13조가 통과되어 미국의 노예제도가 폐지되기까지 노예해방의 가장 중요한 목소리 역할을 했으며 해방자 출간뿐만 아니라 1832년에 반노예제도 단체(Anti-Slavery

Society)를 세웠는데 1835년에 이르러 회원수가 250,000명으로 늘어났고 이 수는 당시 미국 인구의 2%나 되었다.

개리슨은 과격한 노예해방을 주장했지만 평화투쟁 노선을 유지했다. 오히려 노예 반란의 두려움에 떨었던 사우스캐롤라이나 사람들이 반노예제도 단체를 급진반미 세력으로 생각했다. 이러한 생각은 사우스캐롤라이나 사람들뿐만 아니라 노예제도를 반대했던 많은 백인들도 마찬가지로 여겼다. 노예제도를 반대했던 대부분의 미국인들은 노예제도 자체는 반대했지만 흑인이 백인과 같은 시민권을 행사하거나 사회, 문화적으로 동화하는 것에 대해서는 반대했다. 이런 미국의 정서에서 즉각적인 노예해방과 흑인의 시민권을 주장했던 반노예 단체 세력은 급진 세력으로 매도될 수밖에 없었다.

남부주 출신으로 자신도 노예를 거느렸던 잭슨에게 반노예 운동은 사우스캐롤라이나의 분리주의자들만큼이나 연방을 위협하는 급진 세력이었다. 개리슨은 반노예 운동의 확산을 위해 자신의 출판물을 연방 우체국을 통해 미국 곳곳으로 보냈는데, 우편배달부들은 이런 급진적인 사상을 담은 잡지를 배달해야만 하는가? 라는 질문을 우체국장이며 잭슨의 측근이었던 아모스 캔들에게 물었다.

캔들은 우편배달부들이 이 잡지들을 보내지 않아도 된다는 명령을 내리겠다며 잭슨의 의견을 구했다. 잭슨은 반노예 운동자들을 "괴물"이라고 비난하며 캔들의 결정을 지지했다. 잭슨은 한발 더 나아가 연방정부가 팜플렛을 검열할 수 있는 법을 만들어 달라고 요청했다. 노예해방 팜플렛을 배달하지 못한 잭슨 대통령 정부의 정책은 평화 시에 기본권을 유린한 큰 오명이었다.

체재 싸움은 시민의 양심이 깨어나야 가능하다.

마. 흑인의 저항

네드 터너는 어린 시절 혹독한 노예 감독관을 피해 달아났다. 그는 버지니아의 사우스 햄튼 카운티의 습지에 숨어 살았는데, 30일이 지난 후 자진하여 주인에게로 돌아갔다. 사람들이 터너에게 왜 돌아왔느냐고 물어보니 그는 "어떤 영이 나타나서 내 마음이 세상 것에 끌리고 하나님의 나라에 있지 않다며 다시 주인에게로 돌아가라"고 했다고 전했다. 그러나 그는 다시 노예 노동을 하기 위해 돌아간 것이 아니었고 동료 노예들에게 성경과 자유를 가르치며 이들의 의식을 깨우기 위해서였다. 터너는 70kg이 체 되지 않은 왜소한 체구였지만 그의 불타는 눈은 사람들의 마음을 사로잡았다.

넷 터너는 1800년 10월 2일 버지니아 사우스 햄튼에서 태어났다. 그의 주인은 벤자민 터너였는데, 노예주가 그의 이름을 넷이라고 지었다. 1810년 벤자민 터너가 사망하자 그의 아들이었던 사무엘 터너가 넷 터너의 주인이 되었다. 터너가 태어난 사우스햄턴 지역은 대부분의 사람들이 노예 농장에 살았다. 넷은 영리한 아이로 사람들은 그가 매우 똑똑하고 지혜로웠다고 설명했다. 그는 신앙심도 깊어서 성경을 읽고 자주 기도와 금식의 시간을 가졌다.

프레더릭 더글러스

1822년 그는 아내와 가족으로부터 떨어져 요셉 트라비스라는 새 주인에게 팔렸다. 그는 가혹한 노예주로 노예를 혹사시켰다. 그래도 트라비스는 터너가 주일에 설교를 하도록 허용했고 터너는 이 설교에서 다가오는 종말에 대해 설교했다. 그는 회심의 경험으로 노예 해방이 하나님의 일이라고 생각했으며 하나님께서 그에게 사명을 맡기셨고 그는 자신을 따르는 무리와 가까이 지내며 훈련시켰다.

1831년 8월 11일. 터너와 그를 따르는 무리들이 사우스 햄튼의 숲에 모였다. 덥고 습했던 주일은 백인들이 술에 취해 쉬는 날이었다. 12시 정각. 노예들은 인근의 농장을 습격했고 24시간 동안에 70명의 백인 남녀노소를 죽였다. 터너는 반란의 깃발을 들었지만 연방정부와 주정부의 군인과 민병대에 의해 진압되어 살아남은 자들은 사우스햄턴 카운티의 예루살렘 시의 감옥에 갇혔다. 반란을 진압하던 중 군인들은 200명이 넘는 흑인을 죽였는데, 이들 대부분은 터너가 누구인지조차 몰랐다. 네드 터너는 자리를 피했지만 체포되어 11월 11일에 짧은 재판 후에 교수형으로 죽었다.

네드 터너의 반란을 계기로 남부주의 노예제도는 더욱 억압적으로 변했다. 믿었던 노예들이 반란을 일으키자 다른 노예들도 반란을 일으킬 수 있다며 두려워하기 시작했다. 주정부는 치안 담당자와 민병대를 풀어 노예를 감시하도록 했으며 통행증 없이 다니는 노예는 즉각 체포되었다. 남부주는 흑인의 언론의 자유도 폐지했고 버지니아 주는 흑인 반란을 선동하기 위한 언론을 기소 대상으로 만들었다.

자유를 찾아 북부주로 도주한 노예 중 프레드 베일리가 있었다. 그는 어린 시절 할아버지와 할머니 밑에서 자랐는데, 그는 아버지는 전혀 모르고 어머니에 대해서는 아는 바가 거의 없었다. 그는 볼티모어로 팔려갔는데 그곳에서 마음씨 좋은 여주인을 만나 언어를 배웠지만, 여주인의 남편은 노예에게 말을 가르치는 것을 반대했다. 이런 분위기 속에서 프레드는 농장과 집을 오가며 일을 하게 되없는데 이 과정에서 말을 모두 배우고 다른 흑인들에게도 말을 가르치기 시작했다. 프레드의 주인은 그를 볼티모어의 항구에서 돈을 벌게 했는데, 그가 버는 돈은 주인에게 갔기 때문에 항구에서 일하는 백인들도 그를 가만두었다.

그러나 농장을 떠나 일을 하면서 자유에 대한 그의 갈망은 더욱 커갔다. 그는 배로 볼티모어에 도착한 자유 흑인들에게 주어지는 신분증을 위조하고 선원 옷을 입고 필라델피아로 도망쳤으며 뉴욕으로 도망간 프레드는 어느 반노예주의 운동가의 도움을 받아 뉴베드포드의 선적장에서 일하게 되었다. 그는 프레더릭 더글러스라고 이름을 개명하고 선적장에서 일하려 했지만 흑인 노동을 반대한 백인들의 시위로 결국 허드레 일을 하면서 연명해야 했다. 그는 시온 감리교회에 출석하며 성경을 지참하게 되었다.

1841년 여름에 낸터켓에서 노예제도폐지 운동가들의 모임이 있었고 더글러스도 이 모임에 초청되어 연설을 하게 되었는데 그의 연설을 들은 사람들은 곧바로 그의 매력에 사로잡혔다. 그는 굵고 깊은 목소리로 자신이 어떻게 노예로 살았으며 북부주로 도주했는지를 설명하자 사람들은 열광했다. 매사추세츠 반노예협회는 그 자리에서 더글러스를 다음 모임의 연사로 초청했고 게리슨과 함께 The Liberator를 편집하며 반노예 운동을 했다. 이어 게리슨과 결별한 후에는 노스 스타라는 잡지를 시작했다. 더글러스는 이후 남북전쟁 시기를 거치며 흑인 지도자로 큰 역할을 했다.

바. 백인의 반격

1830년대 반노예 운동이 확산되면서 노예제도 폐지를 위한 풀뿌리 시민운동이 거세게 일어났다. 백인과 흑인 계몽, 각종 출판물 제작과 함께 반노예 운동가들은 인디언 이주법 반대 당시와 마찬가지로 연방의회에 청원서 보내기 운동을 전개했다. 미국반노예제협회(American Anti-Slavery Society)는 연방정부가 관할권을 갖고 있는 워싱턴시에서 노예제도를 폐지할 것을 청원했으며 각 주에 있는 회원들에게 주정부에 노예제도를 폐지해 달라는 청원서를 보내라고 독려했다. 청원서 보내기 운동은 영국에서 노예제도를 폐지하는데 큰 영향을 미치기도 했다. 노예제도 폐지, 흑인 차별 정책 폐지 및 흑인 아동의 교육 지원 관련 청원서는 끊이지 않아 1838년에 이르러 연방의회로만 전달된 청원서가 500,000명이 넘었다.

존 브라운

청원서 운동이 시작되었을 때만 해도 주로 백인 남성들이 많이 참여했지만 점차 여성들의 수가 늘어 남성을 넘어서기도 했다. 여성들은 금주 운동이나 도덕개혁 운동과 같은 운동을 시작으로 점차 흑인의 고통에 관심을 갖게 되었다. 이들은 처음에는 흑인들의 교육이나 선교를 위한 기금 모집이나 활동에 참여하다 게리슨의 즉각적인 노예제도 폐지 운동이 본격화되면서 이들과 함께 연대하여 조직적인 청원서 보내기 운동에 참여했다. 특히, 백인 여성들은 흑인 여성들이 겪어야 하는 문제를 거론하며 성적 착취를 당하는 흑인 여성들의 보호에도 나섰다.

반노예 운동은 미국의 양심을 깨우고 노예해방을 이루기 위해 다양한 노력을 했지만 실제 이들을 지지하는 미국인들은 그렇게 많지 않았다. 노예해방운동이 남부에서 일어나고 있는 인권 유린의 실체를 미국 전역에 알렸지만, 노예해방 문제는 노예제도를 반대하는 사람들에게도 불편한 문제였다. 흑인에 대한 강한 인종차별 의식으로 대부분의 미국 사람들은 노예해방 운동이 열등한 인종에게 너무 많은 권리를 부여하고 자칫 새로운 정치사회 문제로 비하될 수 있다고 우려했다.

이런 백인들의 우려로 반노예해방 운동은 미국인들의 반감을 키웠다. 이들은 노예해방운동가들이 급진적이고 무책임하며 아직 현실을 모르는 젊은 여성들을 선동하고 있다고 공격했다. 또한, 노예해방운동가들은 단순히 노예제도를 폐지하는데 목적을 둔 것이 아니라 백인과 흑인을 강제로 통합하려 한다며 백인의 두려움을 극대화시켰다. 이런 불안감으로 뉴욕, 필라델피아, 보스턴과 신시네티와 같은 대도시에서는 수많은 군중들이 반노예 운동을 반대하는 집회를 가졌고 반노예 운동가들의 집회를 방해하거나 여기에 참석한 흑인을 납치하여 학대하기도 했다.

    1850년대로 넘어오면서 양측 간의 물리적 충돌은 더욱 심해졌다. 로브조이는 뉴잉글랜드 출신의 장로교 목사였는데 그는 세인트루이스로 이주하여 신문을 발행했다. 그는 신문에서 음주, 카톨릭과 노예제도를 반대했으며 게리슨처럼 비폭력 운동을 했는데, 친노예파의 군중들이 자신의 인쇄기를 파손한 후에는 폭력으로 대항했다. 그는 노예주였던 미조리 주에서 강 건너 자유주였던 일리노이 주로 이주했는데 그의 일리노이 이주 소식에 친노예 군중들이 몰려와 그를 죽이고 건물 전체를 불태웠다.

    이 살인 사건으로 노예 문제의 갈등은 극에 이르렀다. 링컨은 이 사건이 "신세계에서 일어난 가장 중요한 사건"이라며 로브조이 살인 사건이 가져올 파장을 우려했다. 이제 반노예운동은 더 이상 비폭력으로 머물 수 없었다. 이때 오하이오 주 출신의 존 브라운이 나선다. 그는 열렬한 반노예운동가로 이제 본격적인 싸움에 나서게 되었는데 아직 미국인들 중 이런 극단적 행동에 나서는 사람들은 거의 없었지만 노예 문제로 인한 국론분열은 점점 더 무력 충돌로 향했다.

제 7 장

문 화

가. 도시

나. 교회

다. 월든 연못

라. 호우손과 멜빌

마. 마가렛 풀러

바. 대중문화

문화

개인에게 자유가 부여된 국가에서는 경제 성장과 함께 문화에 대한 욕구가 높아진다. 부의 축적은 인간을 먹고 사는 문제로부터 벗어나게 해주고 이렇게 주어진 여유는 우리의 창작 욕구를 자극한다. 우리나라의 K-pop도 대한민국의 물적, 정신적 성장의 결과물이다. 미국도 식민지 시절 당시만해도 거의 존재하지 않았던 미국 고유의 문화가 이 시기에 탄생한다. 보스턴 인근의 콩코드 지역에 몰려든 미국의 문인들은 미국의 르네상스 시대를 연다. 에멀슨, 호우손, 멜빌, 소로 등 콩코드의 월든 호수 인근에 모여 산 이들은 초월주의라는 철학과 함께 미국 문화의 새 시대를 연다.

초월주의와 함께 대중문화에 대한 욕구도 거세진다. 마침, 인쇄기의 발달로 대중 신문의 가능성을 발견한 언론인들은 페니페이퍼라는 대중신문을 창간한다. 페니페이퍼는 대중들이 좋아하는 자극적인 뉴스와 일상에 도움이 되는 각종 정보를 제공하며 구독자를 늘려갔고 살인, 강간, 스캔들과 같은 이야기들이 미국 대중문화에 본격적으로 등장한다.

페니페이퍼와 같은 언론뿐만 아니라 공연도 점차 대중들의 취향에 맞게 발전했다. 바넘은 "이상한 것"을 좋아하는 대중의 취향에 맞는 다양한 전시와 공연을 제공하여 수많은 인파가 그의 쇼를 보기 위해 몰려들었고 대중문화는 특히 도시를 중심으로 발전했다. 산업화와 함께 농촌 중심이었던 미국은 점차 도시의 수와 규모가 커졌으며 사람들은 도시에 기회를 찾아 몰려들었고 이민자들도 농촌 대신 도시에 더많이 정착하기 시작했다.

문화와 도시가 발전함에 따라 교회도 놀라운 성장을 이룬다. 미국은 독립전쟁 이전에도 제1차 영적각성운동으로 교회의 부흥이 있었는데, 19세기 전반에도 제2차 영적각성운동이 일어나면서 또 한번 교회의 부흥이 일어났다. 제2차 영적각성운동은 제1차 영적각성운동과는 달리 침례교단과 감리교단 등 서부와 남부를 파고 들어간 교회를 중심으로 일어났다.

가. 도시

19세기 중반에도 미국은 농업 중심의 국가였지만 농업생산성이 높아지면서 도시도 급격하게 성장했다. 1820년과 50년 사이 인구 2,500명 이상의 도시는 미국 전체 인구의 7%에서 18%로 올라갔는데 이 시기는 미국 역사상 가장 빠른 도시화가 진행된 시기였고 대도시의 수도 급증했다. 1820년까지만 해도 인구 25,000명 이상의 도시가 5개밖에 되지 않았는데 1850년에 이르러서는 26개로 늘

1830년대 뉴욕시

었고 이 중 6개 도시의 인구는 100,000명이 넘었다.

미국의 도시가 급격하게 성장한 배경에는 농촌으로부터 이주해 온 미국인들뿐만 아니라 이민자들도 한몫했다. 1820, 30년대에는 미국으로 667,000명의 이민자들이 이주해 왔는데, 이중 3/4은 뉴욕항구로 들어왔다. 이 숫자도 적지 않은데 1840년대와 50년대에는 유럽의 흉작으로 무려 4,242,000명의 이민자들이 미국으로 몰려왔고 이 중 2/3가 뉴욕 항구로 입항했다. 뉴욕에 온 이민자들 대부분은 그곳에 머물렀고 농촌에서 이주해 온 미국인들과 함께 뉴욕시 인구는 리버풀이나 맨체스터와 같은 영국의 주요 도시에 비해 무려 2, 3배의 빠른 속도로 늘어났다.

이 당시 미국의 주요 도시는 오늘날과 같은 산업 중심의 성장보다는 상업을 중심으로 성장했다. 신시네티, 시카고, 버펄러와 같은 도시는 거대한 미 대륙의 시장이 통합되면서 주요 상업 도시로 성장했다. 이곳에는 미국 곳곳으로 운반된 주요 생산품이 몰려들고 가공되어 다시 미국 전역으로 팔려나갔다. 사람들이 몰리면서 각종 뉴스와 정보가 전달되었고 도시를 중심으로 인근 지역으로의 유통망이 형성되었다.

미국 대부분 지역의 도시가 성장한데 반해 남부 지역의 도시 성장은 더뎠다. 흑인 노예들은 자유롭게 농장을 떠날 수 없었고 외국에서 온 이민자들은 노예 노동과 경쟁을 할 수 없었다. 이런 불리함에도 불구하고 1840년대 뉴올리언스에는 188,000명의 이민자들이 이주해 왔고 이민자의 비율은 뉴욕과 마찬가지로 뉴올리언스 인구의 40% 가까이 되었다.

오늘날 제3세계에서도 볼 수 있는데 도시의 급격한 성장은 범죄률의 상승으로 이어진다. 도시 계획, 치안, 소방 시설 등 거의 모든 기반 시설이 제대로 갖추어지지 않은 도시는 범죄와 위험으로 가득했다. 도시로 몰려든 젊은이들과 이민자들은 자신들의 힘을 과시하기 위해 술집에서 싸우기가 일쑤였고 갱단을 만들어 도시를 활개치며 시민을 협박했다. 급작스러운 인구 증가와 무법지대인 도시로 몰려온 여성들은 매춘부로 일하기도 했는데 여자들은 공장이나 가사를 돕는 일을 하는 것보다 훨씬 더많은 돈을 벌 수 있었고 오히려 안전을 지킬 수 있었다.

도시의 수많은 위험 중에서도 가장 큰 위험은 위생과 불이었다. 도시는 여러 사람들이 연료를 태우면서 사람들은 석탄과 증기로부터 나오는 엄청난 먼지에 시달렸고 공기뿐만 아니라 상수도가 갖추어지지 않아 비위생적인 물을 마셔야 했다. 여기에 1830년대부터 말이 끄는 버스가 사용되면서 교통 편의는 좋아졌지만 말들이 남기고 간 오물로 도시는 더욱 더러워졌다. 또한, 주로 나무로 지어진 집과 건물들이 이어진 도시에서는 수시로 불이 났다. 그런데, 제대로 된 소방 시설이나 소방수가 없어 한번 불이 나면 상당한 사람들이 죽거나 삶의 터전을 잃었다.

도시는 이렇게 위험하고 더러운 곳이었지만 도시로 이어지는 사람들의 행렬은 끊이지 않았다. 사람들이 도시로 몰려든 이유는 오늘날과 마찬가지로, 도시에는 볼 것도 많고 기회도 많았다. 농촌에 남아 있으면 매일 같은 생활을 반복해야 하지만 도시에는 새로운 가능성과 선택의 여지가 있었다. 또한, 다양한 공연과 문화 시설이 있어 여가 시간에 더 많은 것을 즐길 수 있었으며 무엇보다 도시에서는 개인이 익명성을 유지하며 자유롭게 살 수 있었다. 특히, 도시의 위생과 화재 문제가 해결되면서 도시는 더욱 살기 좋은 곳으로 바뀌었다.

나. 교회

　　대한민국에서도 산업화 시대에 교회가 급성장했고 마찬가지로 미국도 19세기 초반에서 중반까지 교회가 급성장했다. 미국에서 교회의 성장은 영적각성(Great Awakening)과 함께 일어나는데 이 시기에는 1750년대 미국의 독립 직전에 있었던 제1차 영적각성에 이어 두 번째로 일어난 영적각성이 있었다. 1800년부터 1860년까지 미국의 개신교도는 2배로 늘었고 1920년대까지 다시 2배로 늘었다. 1835년 미국을 방문한 토크빌은 "미국은… 기독교가 인간의 영혼에 가장 큰 영향을 미치는 곳"이라며 "미국에 처음 도착하여 가장 놀란 사실은 종교적 분위기였다"라며 미국인의 종교적 열정에 놀랐다.

　　이 시기의 기독교는 칼빈의 예정론을 기반으로 한 청교도의 무거운 믿음보다는 기도, 성경 통독과 경건한 삶을 통해 천국에 이를 수 있다는 희망의 믿음이었다. 당시 미국의 주요 기독교는 장로

서부의 부흥회

교, 회중교회, 감리교회, 성결회, 침례교 등이 있었지만, 이 시기에는 유럽 이주민의 증가로 카톨릭 교회도 급성장했다. 이런 주요 교단 뿐만 아니라 아미시, 셰이커와 같은 소수 교단도 여럿 생겨났다. 이 시기 교회의 또다른 특징은 만민제사장 교리를 근거로 평신도의 적극적인 교회 참여가 장려되었고 평신도는 장로나 집사와 같은 직분뿐만 아니라 직접 설교까지 담당했다. 이런 풍토로 미국 동부의 기성교회가 목회자가 되기 위해서는 높은 교육을 요구한 반면 감리교와 침례교의 목사들은 정규교육을 반드시 요구하지 않았다.

잭슨 시대의 민주정과 맞물린 만민제사장 교리와 함께 곳곳에서 예언자를 자칭하는 사람도 여럿 등장했다. 이삭 블라드(Isaac Bullard)는 엘리야 라고 불렸고 그를 따르는 기독교인들은 물질적 풍요를 포기하고 초대교회의 공동체 생활을 했다. 로버트 메튜(Robert Matthew)는 뉴욕 거리를 다니며 자신이 하나님이며 성경을 썼다고 설교했으며 존 험프리 노예스(John Humphrey Noyes)는 오네이다 공동체를 만들어 집단혼을 실시했다. 대한민국에도 수많은 기독교 교단이 있어 한국을 방문하는 외국인들이 그 수에 놀라기도 하지만 토크빌도 미국을 방문하며 "미국에는 계속 바뀌는 무한정의 기독교 교단이 있다"며 국교에 익숙한 유럽인들은 미국을 방문하면 수많은 교단에 놀라움을 금치 못했다.

2차 영적각성운동은 1790년대에 시작되어 1840년대 중반까지 이어졌다. 한 흐름은 켄터키와 테네시 주와 같이 당시 서부 개척지에서 시작되었고 다른 한 줄기는 예일과 같은 동부의 엘리트에서 비롯했다. 2차 영적각성운동은 개인과 하나님의 직접적인 교제와 감정을 중시하며 교회와 교리를 중시하는 기존 교회에 비해 감리교와 침례교와 같은 새 교단이 급성장했다. 독립 당시만해도 미국에서 가장 큰 교단은 회중교단과 장로교단이었는데 1850년대에는 미국 기독교인의 20%를 차지했던 회중교회 교인이 4%로 줄었고 감리교단은 1776년에 3%에 불과하던 교인이 1850년에는 무려 34%에 이르렀다.

1740년대에 영국의 존 웨슬리에 의해 시작된 감리교는 1784년 미국의 볼티모어에서 첫 모임을 가졌으며 이 당시만해도 겨우 60명의 감리교 목사들이 참가했으며 이 중 1/3만이 미국 태생이었다. 그런데, 1세기 후에는 미국 태생의 감리교 목사가 25,000명으로 늘었다. 감리교단은 미국 전역에서 성장했는데, 특히 남부주에 영향을 많이 주었다. 2차 영적각성운동은 1차 영적각성운동 때와 마찬가지로 순회 부흥사가 큰 역할을 했으며 1차 영적각성운동 때에는 영국 출신의 조지 휫필드가 미국을 다니며 복음을 전했는데 그의 설교를 들으러 30,000여 명의 사람들이 몰려들기도 했다.

휫필드는 예정설을 근거로 인간은 죄로 완전히 부패되었는데, 하나님이 소수의 예정된 사람들을 구원하신다고 설교했지만, 2차 영적각성운동을 주도한 목사들은 하나님은 대가없이 은혜를 베푸시며 인간은 이 자비를 받아들일 수도 있고 거부할 수도 있다고 설교했다. 인간은 하나님의 은혜를 받아들이며 축복된 삶을 살 수 있다고 설교했다. 애즈베리(Asbury)와 같은 순회 부흥사는 45년동안 매년 10,000km를 다니며 복음을 전했는데 이런 미국의 개척지에서 부흥사들 중심으로 일어난 영적각성운동은 1801년부터 1805년까지 이어지다 잠시 잦아들었고 다시 1814년부터 1839년대 초까지 이어졌다.

미국의 개척지에서 힘든 삶에 필요한 위로와 희망을 얻기 위해 부흥이 일어났다면 북동부에서는 지식인을 중심으로 또다른 영적각성운동이 있었다. 제1차 영적각성운동 시기에 횟필드와 함께 뉴잉글랜드 지역의 부흥을 주도했던 요나단 에드워드 목사의 손자였던 티모시 드와이트(Timoth Dwight)는 1795년 예일 대학교의 총장이 되었다. 드와이트는 감리교나 침례교 목사와는 달리 그리스어와 라틴어에 능통했고 예일대학교에 입학하여 겨우 13살에 대학을 졸업하였고 이후 하바드와 프린스턴 대학에서 명예 학위를 받았다. 예일대학교는 이미 유니테리언이나 이신교도들과 같은 지적인 신앙인들이 주류였는데, 드와이트가 총장이 된 이후 분위기가 완전히 복음적인 대학으로 바뀌었다.

드와이트는 뉴잉글랜드 전통의 칼빈주의를 계승하면서도 인간의 자유의지도 인정하여 지적이면서도 개인의 영적각성을 중시했다. 드와이트의 제자 중 리먼 비처(Lyman Beecher)는 미국에 자유주의적인 칼빈주의를 전파하는데 큰 역할을 했으며 인간이 매일 변화를 통해 도덕적으로 살아가면 구원을 얻을 수 있다고 가르쳤고 이런 도덕주의적인 기독교는 사회 개혁 운동으로 이어졌다. 리먼 비처와 그의 지인들은 미국해외선교이사회(American Board of Foreign Mission), 미국성서협회(American Bible Society), 미국식민지협회(American Colonization Society) 등 수많은 시민단체를 만들어 사회개혁에 나섰다.

그는 1832년 신시네티에 있는 레인신학교의 총장이 되면서 이후 미국 사회복음운동의 주요 지도자들을 배출했다. 리먼 비처의 제자뿐만 아니라 그의 자녀들도 미국 사회 개혁에 혁혁한 공을 올렸고 그의 딸이었던 해리엇 비처 스토위는 유명한 톰 아저씨의 오두막(Uncle Tom's Cabin)을 썼으며 또 다른 딸인 이사벨라 비처 후커는 여성선거권 운동 지도자였다. 그의 아들 중에는 반노예주의 운동을 이끌었던 찰스 비쳐와 에드워드 비쳐 목사가 있다. 비쳐 가문은 19세기 미국 사회운동에 가장 큰 영향을 끼친 가족이었다.

다. 월든 연못

잭슨 대통령 시대에는 직접 민주주의와 함께 미국의 비약적인 경제 성장이 있었다. 오늘날 한국에서도 볼 수 있듯이 산업화와 민주화 시대를 거친 한국의 문화는 한류라는 명칭으로 아시아 뿐만 아니라 전세계를 강타하고 있다. 미국도 이 당시에는 그간 별로 주목을 받지 못했던 문화가 급성장했는데 그 심장에는 미국 독립전쟁과 함께 미국 역사에 영원히 기록된 콩코드가 다시 등장한다. 콩코드는 1837년 독립기념일에 1775년 4월 콩코드에서 발발한 독립전쟁의 첫 전투를 기리기 위한 기념식이 열렸는데, 이 기념식을 위해 랠프 월도 에머슨이 기념시를 증정했다.

60여년 전에는 독립전쟁으로 유명해졌지만, 1830년대 콩코드에는 에머슨, 헨리 데이비드 소로우, 엘리자베스 피바디, 나다니엘 호우손 등 우리에게도 잘 알려진 미국의 문학가들이 함께 살았다. 이 당시 콩코드에 왜 그토록 많은 문인들이 함께 살았을까? 이에 대해서는 많은 설명이 있지만 크게 세 가지를 들 수 있다. 첫째는 상업과 산업을 기반으로 성장한 뉴잉글랜드 지방의 경제적 풍요인데 먹고 살기도 힘든 상황에서는 문화를 찾기 어렵다. 그런데, 뉴잉글랜드는 바다를 중심으로 한 상업과 영국의 영향으로 일찍이 산업화에 뛰어들면서 부가 축척되었고 이런 부를 기반으로 문화의 생산과

월든 연못

소비가 이루어질 수 있었다.

여기에 보스턴과 인근 지역에는 많은 학교가 세워져 일찍이 학문이 발달했으며 보스턴 출신의 윌리엄 엘러니 채닝(William Ellery Channing)은 일위신론을 주장하였고 이후 초월주의를 정립한 에멀슨에게 큰 영향을 주었다. 그는 인간의 원죄를 강조하는 칼빈주의 대신 인간의 선함과 발전 가능성을 주장했다. 인간의 발전 가능성, 실험정신 등은 이후 뉴잉글랜드의 사회복음주의운동과 오늘날까지도 이어지는 이 지역의 리버럴 사상의 뿌리이기도 하다.

채닝의 사례에서 볼 수 있듯이 뉴잉글랜드에는 다양한 종교와 사상이 공존했다. 뉴잉글랜드는 청교도를 중심으로 성장했지만 종교의 자유가 인정되어 일찍이 기독교의 다양한 종파가 공존했다. 이런 자유로운 분위기에서 사람들은 다양한 생각을 할 수 있었고 자신들의 생각을 다른 사람들과 나누고 가르칠 수도 있었는데 이렇게 자유가 풍요로운 곳에서 개인은 자아 실현을 이루기 위해 문화와 사상의 자양분을 기반으로 창의력을 발휘한다.

이 당시 콩코드에 모인 문인들은 오늘날 초월주의 운동으로 이어졌고 초월주의는 종교와 문학이 동시에 어우러진 운동이었다. 1830년대에는 미국 전체에 또 다른 영적 부흥 운동이 전개되었는데, 일찍이 세속화가 진행된 보스턴 인근에서는 복음주의 대신 삼위

일체를 부정하는 유니테리언이 등장하였고 이러한 신학의 세속화는 초월주의라는 신비주의로 이어졌다.

에머슨은 유니테리언 목사였는데, 여기서 한발 더 나아가 초월주의로 발전했다. 개신교와 함께 시작된 인간과 신의 직접적인 소통은 이제 교회마저도 필요없다는 주장으로 발전하였고 에머슨은 자기의지, 경험, 운명과 같은 다양한 주제를 강의했다. 그의 영성은 당시 미국의 자신감에서 비롯한 개인주의가 종교와 접목된 형태였다. 에머슨은 책 출판과 강연을 전업으로 했는데, 인기가 많아 자기 이름만으로도 많은 사람들을 모을 수 있었다. 그의 주장은 많은 사람들의 호응을 얻었지만 교회는 그의 주장을 이단으로 규정했다.

에머슨의 동료였던 마거릿 풀러는 유럽의 새로운 사상을 미국에 소개했다. 마거릿은 보스턴 유지의 딸로 적지 않은 유산을 물려받아 그 돈을 기반으로 초월주의운동의 확산을 위해 노력했다. 그녀는 유럽의 새로운 사조인 낭만주의를 소개하기 위해 괴테 등의 글을 소개하며 주로 청교도와 계몽주의 사상에 머물고 있던 미국의 사상을 더 풍요롭게 했고 또한 미국의 환경운동과 저항운동의 시조라고 불리는 헨리 데이비드 소로우는 콩코드에 작은 오두막을 짓고 그곳에서 혼자 살며 책을 썼다.

그는 수도승처럼 홀로 있으면서도 충족할 수 있는 삶을 보여

주기 위해 이곳에서 지내며 여러 책을 썼다. 그가 콩코드에 머문 것은 혼자만의 삶이 도시나 문명과 떨어진 먼 곳에서만 가능한 것이 아니라 보스턴과 콩코드와 같은 도시에서도 가능하다는 것을 보여주기 위해서였다. 또한 그는 "정부에의 저항"이라는 책을 통해 부도덕한 정부에 대해서는 도덕적 투쟁을 할 수 있다며, 당시 미국의 사회 문제였던 인디언 이주, 도주한 흑인 노예의 송환, 멕시코와의 전쟁 등에 대한 비판적인 글을 썼다. 초월주의는 이런 공적 문제에 대해서 목소리를 내긴 했지만, 보다 중요한 기여는 자유와 부가 주어진 미국인들이 어떤 삶을 살아야 할 것인가에 관한 문제제기를 함으로써 개인의 자유에 보다 근본적인 성찰의 계기를 마련했다.

삶의 질이 높아진 미국인들의 문화 욕구는 점차 커져만 갔고 이러한 문학의 대중화로의 열기 덕분에 롱펠로우와 같은 시인이 등장했다. 그는 높은 수준의 시를 미국인들이 잘 아는 역사적 사건과 접목해서 발표하여 인기를 얻었으며 단테의 신곡을 번역하였고 문학의 대중화에 앞장섰다.

매사추세츠나 펜실베니아와 같은 주는 일찍이 공공 도서관을 지었고 이와 함께 사설도서관도 늘어났으며 커뮤니케이션과 정보 기술의 발달로 대중들의 정보에 대한 흥미도 늘었다. 지적 욕구의 증가로 다양한 책이 발간되었는데, 그 중에서도 대중 소설이 인기를 끌었으나 대중의 욕구에 대한 지식인의 반응은 달랐다. 오늘날 대중문화에 대한 비평에서도 흔히 보는 대중성의 문제는 이 시대의 지식인들에게도 문제가 되어 미국의 지식인들은 통속적이라고 할 수 있는 소설들의 수요가 급격히 느는 것을 우려했다. 정통 교단들 또한 지식의 대중화에 반대했다.

라. 호우손과 멜빌

소설 분야에서는 "큰바위 얼굴"로 잘 알려진 나다나엘 호우손이 수작을 여러 권 남겼지만 그의 소설은 대중적이지 않아 소설로만 생업을 유지할 수 없어, 여러 후원자의 도움을 받거나 다른 일을 병행해야 했다. 호우손은 보스턴이나 콩코드 출신이 아니고 보스턴 인근의 다른 도시인 살렘에서 태어났는데 살렘은 청교도 시절에 마녀 사냥이 일어난 지역으로 유명하다. 호우손은 에멀슨과 마찬가지로 일찍이 아버지를 잃었지만, 에멀슨과 달리 1812년 전쟁으로 경제적 어려움을 겪었던 어두운 도시에서 유년기를 보냈다. 그는 어둡고 외로운 어린 시절을 보내야 했지만, 그에게 살렘은 자신의 작품 세계에 많은 영향을 주었다. 그의 유명한 '주홍글씨'도 바로 살렘을 배경으로 쓰여졌다.

나다나엘 호우손

살렘에서 글을 쓰던 호우손은 보스턴 세관에 직장을 얻어 보스턴으로 이주했고 보스턴 인근의 브루크 농장 공동체에서 공동체 생활을 했다. 호우손은 피바디 자매와 가까웠는데 그는 매리 피바디와 결혼하여 콩코드로 이사했다. 그는 이곳에서 행복한 생활을 보냈지만, 여전히 안식처를 찾지 못한 그의 영혼은 다시 살렘으로 향하게 했다. 그는 이때 '주홍글씨'를 썼고 주홍글씨는 대성공이었지만, 호우손은 또다시 버크샤이어의 레녹스로 이주하여 '일곱 박공의 집'을 쓴다.

호우손은 에멀슨이나 소로와 마찬가지로 개인의 문제를 다루지만, 그는 개인과 사회, 자아실현과 공동체 의식, 개인의 자유와 산업화와 함께 점차 상호의존해야만 하는 사회를 다룬다. 호우손은 버크샤이어에 들어선 공장에 주목했다. 그는 "자연에 이런 놀라운 인공물이 들어서다니"라며 자연을 침범하는 인간에 주목했다.

호우손은 이곳에서 그의 절친이자 '모비딕'으로 유명한 허먼 멜빌을 만난다. 고갱에게 고호가 있었다면 호우손은 허먼 멜빌과 친했다. 멜빌은 유복한 가정에서 태어났지만, 어려서부터 반항아 기질이 강해 어른이 되어서는 배를 타고 태평양 군도에 모험을 떠났다. 그는 이때의 경험을 바탕으로 여러 책을 썼는데, 그 중의 하나가 바로 "모비딕"이다. 멜빌은 인간과 일의 소외, 배 안에서의 인간이 기계의 한 부품으로 전락하는 모습을 그렸으며 기계화되어 가는 사회에서 인간이 부품화되는 것을 우려했다. 그리고 어부의 경험은 산업화와 도시화가 진행되는 사회에서의 인간의 소외를 그리는데 도움이 되었다.

오늘날 고전이 된 이 책은 출판 당시에는 좋은 평을 받지 못했다. 멜빌은 에머슨처럼 강의를 통해 돈을 벌려고 했지만 이 또한 여의치 않았으나 모비딕은 1920년대가 되어서야 재평가를 받으며 고전으로 남게 되었다.

마. 마가렛 풀러

초월주의자들 중에서도 가장 현대적인 사상을 가졌던 인물은 마가렛 풀러였다. 존 퀸시 아담스의 측근이고 메사추세츠 주 연방의원이며 티모시 풀러(Timothy Fuller)의 딸이었던 그녀는 어려서부터 호기심이 많아 그의 아버지는 그녀에게 많은 공부를 시켰다. 그녀는 이런 공부 덕택에 성인이 된 이후, 여성 지식인이 드물었던 시절에 남자 지식인을 뛰어넘는 인물로 많은 여성들의 롤모델이 되었고 그녀의 박학다식함은 언론, 여성운동, 문화비평과 혁명 등 다양한 사상에 영향을 미쳤다.

에멀슨의 친구가 된 마가렛은 초월주의운동에 동참했다. 그

마가렛 풀러

녀는 초월주의를 알리는 다이얼(Dial)이라는 문예지의 편집인이 되어 미국에 유럽의 낭만주의를 소개하고 미국의 부르조아적 문화를 비판했다. 그녀는 미국의 문화가 칼빈주의와 계몽주의를 벗어나지 못하는 것을 비판하며 미국이 지역주의를 넘어 세계적인 문화 조류에 참여해야 한다고 주장했고 초월주의와 여성 운동 뿐만 아니라 당시의 감옥개혁운동, 노예제도 폐지 운동과 같은 여러 사회운동에도 동참했다. 그녀는 이후 여성 운동의 대가가 된 수잔 앤소니(Susan B. Anthony)에게 영감을 주었다.

풀러는 채닝의 인본주의 사상이었던 "자아문화(self-culture)"사상을 여성에게도 적용하여 여성의 자아 발전에 기여했다. 그녀는 1839년부터 1844년 사이의 토론 모임에서 여성이 자신들에 대해 어떻게 생각하고 그 생각을 어떻게 알릴지에 대해 교육했고 여성도 남성과 똑같은 능력을 가지고 있다고 주장하며 남성중심의 미국 사회에 새로운 여성상을 알렸다. 그녀는 여성인권, 여성 교육, 여성 취업 등과 같은 여성 권리를 신장하는데 큰 기여를 했다.

1844년, 풀러는 뉴욕으로 이주하여 호라스 그릴리의 뉴욕 트리뷴지에서 신간 리뷰 담당자로 일했다. 뉴욕에서 일을 하면서 풀러의 사상은 더 많은 사람에게 알려졌다. 그녀의 칼럼은 인기가 높아 뉴욕 트리뷴의 1면에 게재되었고 전국적으로 배포되었던 트리뷴 데일리에도 게재되었다. 그녀는 같은 해에 "19세기의 여성(Woman in the Nineteenth Century)"이라는 책을 썼는데 이 책에서 그녀는 남녀평등을 주장하며 결혼, 이혼 등 다양한 주제에 대한 글을 썼다. 그녀가 보스턴을 떠난 후 다이얼 잡지는 오래 버티지 못했으며 여성들에게 결혼에 의존하지 말며 흔히 여성만의 직업이라고 생각하는 일 이외에 다른 직업에도 도전해 볼 것을 조언했다.

1848년 유럽 혁명이 발발하면서 풀러는 유럽 특파원을 맡았다. 그녀는 이탈리에서 이탈리아의 민주화, 통일과 혁명 과정을 직접 목격했고 이탈리아에서 연하의 귀족을 만나 사랑에 빠지고 아이도 가졌다. 1850년, 남편과 아이와 함께 배를 타고 미국으로 돌아오는 중 그녀가 탄 배가 폭풍을 만나 롱아일랜드를 눈앞에 두고 침몰했다. 풀러의 가족과 풀러가 쓴 이탈리아 혁명 원고 초안은 이때 함께 바다에 묻혔다.

바. 대중문화

잭슨의 민주주의 시대는 정치뿐만 아니라 문화의 대중화도 이루어졌다. 1830년대 이전까지만해도 미국의 소설가들은 미국적인 주제보다는 유럽의 영향을 받은 유럽적인 소설을 썼으나 1830년대 이후에는 미국적 소재와 주제를 더많이 다루기 시작했다. 이런 경향은 오늘날에도 대중문화와 고급문화의 양분화로 이어졌고 새로운 대중문화도 탄생했다. 그 대표적인 사례가 페니 프레스와 잭 휴먼이 주인공으로 나온 영화 "위대한 쇼맨"의 소재가 된 서커스의 아버지 바넘(P.T. Barnum)이 있었다. 이에 반해 고급문화로는 포우의 시와 소설, 콩코드시의 초월주의자들이 있었다.

1830년대 미국에는 평등주의와 개인주의를 근간으로 정보와 정치 참여에 대한 욕구가 커지면서 본격적인 신문의 시대가 열렸다. 특히, 1840년대 뉴욕시 인구는 515,000명까지 늘었고 인근의 브루

뉴욕 헤럴드

클린에도 97,000명이 살았고 인구가 늘면서 광고의 필요성이 커졌다. 여기에 증기를 사용한 인쇄기가 발명되면서 인쇄양과 속도도 급격히 성장했다. 인구와 기술의 발전은 새로운 사업 기회로 이어졌으며 사업가들은 중산층과 저소득층을 상대로 싼 가격에 신문을 공급하는 방안을 생각해냈다. 이 일의 선구자는 벤자민 데이(Benjamin H. Day)였다. 지역 신문사에 일을 하던 데이는 뉴욕으로 이주해 오면서 페니(1센트)짜리 신문인 뉴욕선을 판매하기 시작했다. 그는 기사 작성부터 인쇄까지 직접 자신이 하면서 값싼 신문을 보급했다. 이어 호라시오 데이비드 스미스가 뉴욕모닝포스트를 창간했으며 스미스는 칼럼, 독자 서신, 경제 뉴스 등 기사를 목록별로 구분하고 범죄와 성 문제 등 사람들의 이목을 끄는 기사를 실었다.

이어 미국의 주요 도시에서 페니페이퍼가 우후죽순처럼 생겨났다. 인쇄술의 발전으로 값싼 신문을 대중들에게 공급할 수 있게 된 것이다. 페니페이퍼는 오늘날의 대중지와 마찬가지로 자극적이고 성적인 내용을 다루었다. 페니페이퍼는 살인, 강도와 같은 범죄나 유명 인사의 개인사를 뒤지며 대중들의 취향에 맞는 기사를 썼다. 페니페이퍼가 신문 업계를 강타하면서 뉴욕헤럴드와 같은 전통적인 신문은 미국인들이 "위대한 소설가의 같은 분량의 글보다 처참한 살인이나 이혼 소송의 진술, 미녀의 부적절한 행위에 대한 기사를 더 선호한다"며 대중들의 취향을 비판했다.

페니페이퍼의 등장으로 미국의 신문 수는 급격히 증가했다.

1828년만해도 861개밖에 되지 않았던 미국의 신문수는 1850년대에 이르러 세배나 늘었다. 페니페이퍼는 실제 뉴스가 조용하면 가짜 뉴스도 마다하지 않았다. 1835년 선지는 최신의 망원경으로 달을 관찰한 결과 박쥐와 같은 인간이 살았고 달에는 파란 유니콘, 금으로 만든 신전과 특이한 동물들이 살고 있다는 기사를 썼다. 이렇듯 페니페이퍼의 경쟁은 가짜 뉴스를 쓸만큼 치열했다. 시인과 소설가로 유명한 포우는 소설평도 썼는데, 그는 특유의 날카로운 비판으로 소설보다 자신이 쓴 평가 기사로 더많은 화제를 낳기도 했다.

반면 남부의 에드가드 엘렌 포우는 우리에게도 잘 알려진 유명한 미국 시 여러편을 남겼다. 그는 미국인으로는 처음으로 어떤 목적을 위한 문학이 아닌 문학 자체를 목적으로 하는 작품을 썼다. 그의 유명한 작품인 "까마귀"는 인간의 슬픔을 고차원적인 시로 표현하여 오늘날에도 많은 사람들의 심금을 울리고 있다. 그는 당시 유행했던 장편소설 대신 단편소설을 내며 이 분야를 개척했고 탐정소설 분야도 개척하여 이후 영국의 코난 도일이 거꾸로 이를 완성했다.

포우 뿐만 아니라 에멀슨도 대중문화로부터 완전히 거리를 두지 못했다. 그는 잭슨 대통령에 비판적이어서 민주당을 "하류"라고 폄훼했고 잭슨 대통령을 "지렁이 똥으로 땅에 비료를 주는 곤충과 같다"고 혹평했으나 그는 미국을 휩쓴 민주정 자체를 부인하지 않았다. 그는 오히려 평범한 단어와 표현을 사용하여 글을 썼고 보통 시민들이 모여 있는 지역을 찾아가 이들과 어울리며 이들의 문화를 관찰했다. 이 당시 영어는 더욱 대중화되어 토크빌은 미국인들이 "다양한 스타일을 독특한 방식으로 융합하는데, 이들의 민주정은 끊없는 언어의 변화를 가져왔다"고 기록했다. 에멀슨의 창의력도 이런 보통 사람들의 삶을 자양분으로 삼았다.

미국의 대중들은 특이하고 괴상한 것에 관심이 많았다. 이런 대중의 취향을 읽고 본격적으로 괴기함으로 쇼를 만든 인물이 바넘(P.T. Barnum)이다. 그는 1830년대에 이미 유행하기 시작한 가짜나 기괴한 인물, 동물, 물건들을 전시하며 돈을 벌었던 가짜쇼를 진짜 기괴한 것으로 채우며 대중의 호기심을 샀다. 그는 이 시대에 이미 흔히 쇼의 대상으로 삼은 난쟁이나 반인간 반말과 같은 기괴한 대상뿐만 아니라 다른 문화와 의상도 소개했다. 그는 다양한 지역의 사람들이나 풍습을 소개했고 미국 밖의 세계를 상상하는 미국인들에게 밖의 세상을 보여주었다.

바넘은 이런 기괴한 것뿐만 아니라 멜로드라마와 백인들이 검은 화장을 하고 흑인 흉내를 내는 민스트렐(minstrel)쇼도 보여 주었다. 당시 멜로드라마는 오늘날 일반 드라마와 마찬가지로 곤경에 처한 여성, 귀족, 감옥에 갇힌 애인, 악당 그리고 도움을 주는 노예 등과 같은 주제를 소재와 배경만 바꾸어 새 드라마를 만드는 공식을 따랐다. 이 당시에도 고급 문화를 선호했던 지식인층은 미국의 국민들의 수준이 이런 드라마로 점점 낮아진다고 우려했다. 민스트렐은 미국 고유의 연극이었다. 민스트렐은 흑인을 비하하거나 우스꽝스럽게 묘사하여 당시의 인종차별적인 문화를 반영했으나 민스트렐은 오히려 흑인 연기자들이 직접 나서는 기회의 장이 되기도 했다. 흑인들은 자신의 극단을 만들어 공연을 하며 돈을 벌기도 했다.

제 8 장
태평양

가. 스테판 오스틴

나. 샘 휴스턴

다. 1839 공황

라. 아브라함 링컨

마. 존 타일러

바. 텍사스

사. 텍사스 병합

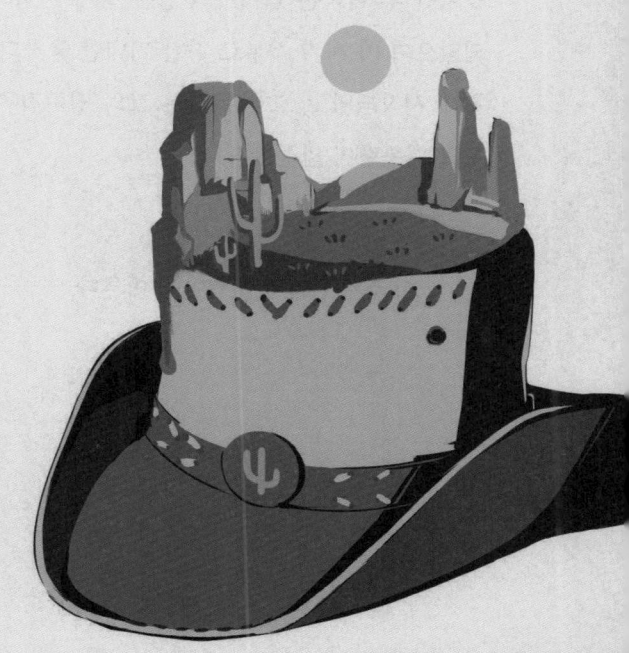

태평양

　　북미 대륙으로 향한 유럽인들의 발걸음은 북미 대륙의 동쪽 해안에서 멈추지 않았고 미국인들은 부와 행복을 찾아 서쪽으로 내달았다. 국민의 열망과 거대한 제국을 건설하겠다는 정치가들의 야심은 멈출 수 없는 전진으로 이어졌다. 서진의 동력은 이미 국부의 시대에도 작동하여 제퍼슨은 자신의 정치적 이념인 작은 정부, 약한 대통령의 권한을 부정하고 독단적으로 루이지애나 지역을 매입하기도 했다.

　　루이지애나 지역에 백인들이 정착하면서 이제 미국인들은 북미의 남은 지역까지 전진을 멈추지 않았다. 텍사스가 멕시코로부터 벗어난 후 미국은 멕시코의 남은 북미 지역의 영토도 노릴 수 있게 되었으며 이 시기 서부로 향한 거대한 국가의 건설은 잭슨 대통령을 통해 시작되었고 그 마무리는 그의 정치적 아들이나 마찬가지였던 포크 대통령이 완성한다.

　　미국은 드디어 태평양에 이른다.

가. 스테판 오스틴

1812년 전쟁 이후 미국의 본격적인 서진은 텍사스로부터 시작되었고 텍사스에는 댈러스, 휴스턴 및 오스틴이라는 3개의 주요 도시가 있다. 이중 오스틴과 휴스턴은 텍사스의 역사와 관련이 깊은 인물의 이름에서 비롯했다. 일명 론스타 스테이트(Lone Star state)라고 불리는 텍사스는 미국에서 캘리포니아에 이어 두 번째로 큰 주이고 특히, 미국의 서부 전진에 있어 결정적인 역할을 했던 텍사스는 스페인, 멕시코, 미국이 힘겨루기 끝에 미국으로 편입된 주로 흥미로운 역사를 갖고 있다.

텍사스 주는 남미 식민지 개척에 먼저 뛰어들었던 스페인이 영토권을 주장했던 곳이었고 스페인은 자국민의 이주를 통한 개척 보다는 현지인을 활용하여 대농장을 운영하는 방식으로 식민지를 개척했다. 이러다보니 아직 개척이 이루어지지 않은 지역에는 수도원을 짓는 방식으로 영토권을 방어했다. 그러나 1821년 멕시코가 스페인으로부터 독립하면서 텍사스 지역은 멕시코 영토가 되었다. 스페인과 마찬가지로 이 지역에 인구가 별로 없었던 멕시코는 이 지역의 개척을 위해 초

스테판 오스틴

기에 미국인들의 이주를 장려했다. 바로 이 정책이 멕시코의 발목을 잡는다.

한편, 대서양 끝까지 미치는 국가를 건설하려 했던 미국에게 텍사스는 중요한 전략적 지역이었다. 미국의 일각에서는 루이지애나 매입에 텍사스 지역도 포함되었다며 이곳에 대한 영토권을 주장했지만, 1812년 전쟁이 끝나면서 미국은 스페인과 체결한 조약에서 미국이 플로리다에 대한 영토권을 보장받는 대신 텍사스 지역을 스페인에게 포기했다.

앞에서 설명한 바와 같이 1812년 전쟁 이후 평화협정을 주도한 사람 중 한 명이 존 퀸시 아담스였는데 잭슨은 이 조약이 잘못되었다며 아담스를 공격하기도 했다. 텍사스 지역으로 이주를 원했던 미국인들도 조약을 무시한 채 여러 차례 텍사스 지역으로 필리버스터를 단행했다. 필러버스터(filibuster)는 의사진행방해를 의미하지만 원래 이 용어는 미국인들이 스페인 영토에 해적선을 보내 약탈한 것을 의미한다. 그런데, 멕시코의 독립과 미국인의 이주 장려 정책으로 새로운 기회가 열렸는데 이 때 스테판 오스틴(Stephen Austin)이 미국인 무리를 이끌고 텍사스로 이주하여 본격적인 정착지를 마련했다. 이렇게 미국의 교두보가 확보되었던 것이다.

오스틴은 버지니아 주 출신으로 켄터키에서 대학을 졸업하고 변호사로 일을 했으며 1819년 공황의 피해자로 전 재산을 날리기도 했다. 이후 그는 알칸소스 영토로 이주하여 클린턴 대통령이 태어난 리틀록 지역으로 불리게 될 곳에 토지를 샀다. 그는 알칸소스의 연방의회에 의원으로 출마하였으나 낙선했다. 대신, 미국 연방 제1지역 재판소의 판사로 임명되었으나 오스틴의 알칸소스 영토에 대한 소유권이 무효가 되면서 그는 루이지애나로 다시 이사한다.

그가 알칸소스에 머무는 동안 그의 아버지는 스페인의 텍사스를 방문하여 200명의 이주민과 함께 텍사스로 이주할 수 있는 권한을 부여받았다. 그런데, 그의 아버지가 미조리로 돌아오면서 폐렴에 걸려 이 사업을 스테판에게 맡겼다. 그는 사업하는 것을 원치 않았지만 1821년 그의 아버지가 돌아가셨다는 소식에 결국 텍사스 이주 사업을 진행하였고 1821년 12월. 그는 300명의 미국인들과 함께 텍사스로 넘어가 개간 사업을 시작했다.

팽창주의 정책을 추진했던 잭슨 대통령은 텍사스의 매입을 위해 노력했다. 그는 이 지역에서 오랜 세월 동안 활동해 온 안토니 버틀러(Anthony Butler)를 멕시코 특사로 보내 멕시코의 매매 여부를 타진했지만 쉽게 진행되지 않았다. 버틀러는 배경이 의심스러운 인물로 멕시코 인사들과의 접촉에서도 거만한 태도로 일관하여 많은 원성을 샀다.

무엇보다 멕시코 국민들은 텍사스를 포기할 의사가 전혀 없었다. 멕시코와 미국의 대립은 오랜 세월 스페인과 프랑스, 스페인과 영국 간의 갈등과 맞물려 식민지 시절부터 서로 감정이 좋지 않았다. 유럽 내에서도 남부 유럽인들과 북부 유럽인들 사이의 갈등이 있었듯이 북미 식민지에서도 유사한 갈등이 이어졌다. 불안정한 멕시코 정부도 문제였다. 멕시코는 1821년 독립 이후 대통령이 무려 50번이나 바뀌었고 수시로 바뀌는 멕시코 정부와의 협상은 제대로 진행될 수 없었다.

하지만 현실은 미국 쪽으로 기울었다. 스테판 오스틴이 이주한 후 수많은 미국인들이 텍사스 지역으로 이주하여 인구가 20,000명으로 늘었고 인구 비율이 10대1이 되었다. 대부분의 미국 이주민들은 텍사스가 미국으로 편입되기를 원했으며 영토권을 주장하지만 수도와 멀리 떨어진 텍사스에 별관심을 보이지 않는 멕시코 정부에 불만이 많았다.

멕시코 정부는 지나치게 늘어난 미국 이주민과 호시탐탐 텍사스를 노리는 미국의 야망을 견제하기 위해 미국 이주민들의 유입을 제한했다. 그러나 이 정책으로 이제 불법 이주민들이 늘어나 텍사스는 점차 무정부 지역으로 바뀌어 갔고 사회가 점점 불안해지면서 멕시코 정부에 대한 반감이 커지자 텍사스 지역의 사람들은 미국이 나서지 않으면 스스로 독립을 쟁취하겠다고 마음먹었다. 이때 잭슨의 멘티이자 아들과도 같은 샘 휴스턴이 등장했다.

나. 샘 휴스턴

잭슨 대통령은 단순히 한 개인으로 대통령을 역임한 것이 아니라 그가 전쟁과 테네시 정치를 통해 가까이 둔 젊은이들을 통해 잭슨 사단을 구성했으며 워싱턴이 독립 전쟁을 통해 해밀턴과 같은 워싱턴 사단을 만든 것과 마찬가지였다. 이 중에 샘 휴스턴이 있었다. 켄델, 블에어, 벤튼 등의 인물이 잭슨의 지척에서 정치적 지원을 했다면 샘 휴스턴은 미국 역사에서 독특한 자리에 오른다. 앤드루 잭슨과 마찬가지로 거칠기로 소문난 스코틀랜드 출신의 조상을 둔 휴스턴의 집안은 버지니아를 지나 테네시 주에 정착했다. 탐사와 모험을 즐겨했던 샘은 인근의 체로키 인디언들과 가까이 지내며 "까마귀(Raven)"라는 별명을 얻었다.

샘 휴스턴은 1812년에 테네시 민병대원으로 지원하여 장교로 친미 체로키 인디언들과 함께 잭슨을 미국의 영웅으로 만든 홀스밴드 전투에 참여했으며 그는 특유의 강인함으로 부상을 입은 후에도 다시 전투에 참가하여 두 발의 총상을 당했다. 의사는 그를 포기했지만 잭슨 못지 않은 의지로 살아났다. 테네시로 돌아온 휴스턴은 잭슨 대통령 만들기

샘 휴스턴

에 앞장섰고 연방하원 의원과 주지사를 지내며 일찍이 잭슨의 후계자로 점쳐졌다.

이렇게 승승장구하던 휴스턴은 정치적 성공에 중요했던 명문가와의 결혼을 위해 엘리자베스 엘렌(Elizabeth Allen)과 결혼했으나 이 결혼은 얼마 후 이혼으로 이어졌고 그 사유는 불분명했다. 결혼에 실패한 휴스턴은 깊은 실의에 빠졌고 날마다 술로 지새웠다. 이런 휴스턴의 소식을 접한 잭슨은 휴스턴의 몰락에 가슴 아파했다.

한동안 실의에 빠졌던 휴스턴은 다시 마음을 다잡고 자신의 멘토가 있는 워싱턴으로 향했다. 그는 모든 면에서 잭슨을 지지했지만 인디언 이주 정책에 대해서는 입장을 달리했다. 휴스턴은 1832년에 워싱턴에 머물면서 인디언 이주 과정에서의 문제들을 제기하려 했는데 거꾸로 반 잭슨 세력의 로버트 스탠베리(Robert Stanbery) 하원의원이 휴스턴이 인디언 이주에 필요한 식량 공급을 하며 돈을 벌고 있다고 공격했다. 스탠베리의 모함에 화가 난 휴스턴은 워싱턴의 길에서 스탠베리를 보자마자 공격하여 심한 부상을 입혔다. 이 일로 스탠베리는 하원에서 재판을 받고 유죄판결을 받지만 잭슨 사단의 도움으로 큰 벌을 받지는 않았으나 워싱턴의 정치에 신물이 난 휴스턴은 1832년 12월에 텍사스로 떠났다.

그가 텍사스에 도착하자마자 텍사스는 독립의 열기로 뜨겁게 달아올랐고 휴스턴은 텍사스의 독립을 주장하는 세력과 손을 잡았다. 멕시코와 미국 사이에서 독립의 기회를 엿보던 텍사스에 1835년 10월 2일 미국 독립 전쟁 발발 당시 렉싱턴-콩코드 사건과 같은 사건이 발생했다. 소수의 텍사스 민병대원들이 인디언과의 싸움을 위해 멕시코 군인으로부터 대여받은 대포를 돌려주지 않았다.

멕시코 군사들은 대포를 회수하기 위해 민병대와 전투를 벌였지만 수적 열서로 곧 물러났다. 멕시코와의 전쟁이 불가피해지자 휴스턴은 텍사스 민병대의 총사령관으로 임명되었으며 그는 "새 아침이 우리에게 다가오고 있다. 자유를 위한 우리의 일이 시작되었다"고 민병대에 선포했다. 1835년 11월 7일 텍사스는 멕시코로부터 독립을 선언했고 멕시코의 최고 지도자였던 산타 아나는 멕시코의 대군을 이끌고 텍사스로 향했다.

1836년 2월. 텍사스의 독립을 평정하기 위해 산타 아나는 6,000여명의 군인을 이끌고 텍사스에 도착했다. 이 중 약 1,500명의 군사들이 겨우 100여명이 지키고 있던 알라모 기지를 둘러쌌으며 알라모 요새에 있었던 사람들은 10대1의 열세를 극복할 수 없는 것을 알고 텍사스 정부에 긴급하게 지원을 요청했다.

이제 막 독립을 선언한 텍사스 정부는 체계적으로 대응할 여유가 없었다. 13일 동안 공성전을 벌이던 멕시코 군대는 3월 6일 드디어 알라모 요새로 쳐들어갔다. 텍사스 사람들은 용감히 싸웠지만 요새는 수적 열세에 금방 무너졌다. 전투가 끝난 후 산타 아나는 요새를 지키고 있던 모든 군인들을 죽였고 약 200명의 텍사스 군인들이 죽었지만 멕시코 군인도 600명이나 사망했다. 알라모의 참사는 텍사스 사람들의 가슴에 불을 당겼다.

4월 18일. 휴스턴이 이끄는 군대가 버플러 바이유(Buffalo Bayou)에 도착했고 휴스턴은 산타 아나가 보낸 밀정을 체포하여 그가 군대를 나누어 텍사스를 공략할 것이라는 정보를 확보했다. 이곳에는 겨우 700명 정도의 군인들이 있었지만 휴스턴은 "필요에 의해 여기서 적군을 맞이하는 것이 가장 좋은 전략이다" 며 산타 아나와의 일전을 준비했다. 이튿날 휴스턴은 자신의 군대를 이끌고 "알라모를 기억하라"며 멕시코 군대와 결전에 나섰다.

휴스턴은 전투에서 자신이 탔던 말 두 마리를 잃고 오른쪽 발목도 총알에 맞아 으스러졌지만 전투장에서 물러나지 않고 군사를 이끌며 싸웠다. 치열한 전투 끝에 멕시코 군인 650여명이 숨지고 600명을 포로로 잡는 대승을 올렸다. 산타 아나는 몸을 피할 수 있었지만, 이후 이 지역을 수색하던 텍사스 군인들에게 발각되어 포로로 잡혔다. 산타 아나를 지원하기 위해 행군 중이었던 필리솔라 장군은 산타 아나가 포로가 되었다는 소식을 듣고 멕시코로 회군했다.

텍사스의 상황이 급박하게 돌아가자 잭슨 정부도 바빠졌다. 텍사스는 미연방에 가입하기를 희망했고 자신의 아들과도 같은 휴스턴이 독립전쟁을 이끌고 있었기 때문에 잭슨은 당장이라도 텍사스를 지원하고 싶었을 것이다. 그러나 미국과 텍사스의 전쟁을 빌미로 북미 대륙에 다시 개입의 명분을 찾고 있었던 유럽 열강들을 의식하여 공식적으로는 1818년 중립법을 근거로 멕시코와 텍사스 간의 전쟁에 중립 정책을 지켰다.

그러나 미국이 완전히 발을 빼고 있었던 것은 아니었다. 잭슨은 미국의 국경을 지키기 위해 에드먼드 펜들턴 게인스(Edward Pendleton Gains)를 텍사스와의 국경에 파견했는데, 게인스 장군은 1836년 6월에 사빈 강(Sabine River)을 넘어 나코도체스(Nocogdoches)를 점령하기도 했다. 잭슨과 휴스턴의 관계를 잘 알고 있었던 멕시코 정부는 미국이 실질적으로 텍사스의 독립을 지원하고 있다며 비난했다.

한편 산타 아나라는 대어를 잡은 텍사스 군인들은 알라모와 다른 지역에서 산타 아나가 자행했던 잔인한 행위를 보복하기 위해 당장 그를 죽이자고 했으나 휴스턴은 산타 아나를 살려서 돌려보내는 것이 열강으로부터 더 많은 것을 얻을 수 있다고 하며 그를 절대 죽이지 못하게 명령했다. 산타 아나가 잡혔다는 소식에 잭슨 대통령은 환호했으며 산타 아나는 멕시코로 돌아가기 전에 잭슨 대통령을 만났다.

그러나 잭슨과 산타 아나의 만남은 텍사스의 숙제를 풀 수 없었는데 산타 아나의 패배로 멕시코 정부의 친 산타 아나파들이 축출되고 다른 정부가 들어섰기 때문이었다. 미국을 방문 중이었던 산타 아나는 "우리 민족이 자유를 제대로 감당할 수 있기 위해서는 100년은 더 필요하다. 이들은 독재만 이해할 뿐이며 독재가 지혜와 덕이 없다고만 할 수도 없다"며 독립은 했지만 안정을 찾지 못하는 멕시코의 현실을 개탄했다. 독립보다 어려운 것이 국가 건설이다. 텍사스는 독립에 성공했지만, 텍사스의 연방 편입 문제는 좀 더 시간이 필요했다.

다. 1839 공황

잭슨이 재임한 기간 동안 미국은 유럽의 평화와 경제의 성장으로 호황을 누렸으며 경제 성장으로 유럽의 돈이 미국으로 몰렸고 멕시코로부터 넘어 온 '은'은 미국의 부를 더욱 키웠다. 경제 호황으로 연방정부의 재정은 흑자로 돌아섰고 연방의원은 쌓인 돈을 쓰고 싶어 했다. 사업 실패의 경험이 있었던 잭슨은 지폐와 투기를 싫어하여 연방의원들의 공공사업 제안을 거절했지만, 남아도는 돈이라면 써야만 직성이 풀리는 연방의원들의 지역이기주의로 결국 연방정부의 돈은 예금배분법(Deposit-Distribution Act)의 통과로 각 주의 은행으로 흘러갔다.

1939 공황

밴 뷰런(Martin Van Buren)은 잭슨이 대통령이 되는데 1등 공신으로 부통령이 되고 나서, 잭슨의 후계자로 대통령이 될 준비를 하고 있었다. 1836년, 그는 전임 대통령의 견고한 지지와 계속된 호황으로 마침내 자신의 꿈을 이루었지만 그의 기쁨은 잠시뿐이었다. 1837년, 미국은 전례 없는 경제 위기에 빠졌고 밴 뷰런의 취임사가 끝나자마자 뉴올리언스의 면 중간 상인들이 파산하기 시작했으며 뉴욕의 거대한 채권자들도 잇달아 파산하기 시작했다. 미국은 패닉에 빠졌다.

1837년의 경제위기에는 여러 원인이 있었는데 먼저, 영국, 인도와 중국 간의 삼각 무역이 문제였다. 미국은 멕시코로부터 수입한 은을 중국에 보내 중국과의 무역 적자를 해소했는데, 중국은 미국으로부터 은 대신 인도로부터 양귀비를 수입하기 위해 보다 간편한 영국의 신용장을 원했고 미국은 영국으로부터 대출을 받을 수 있었기 때문에 중국이 원하는 대로 신용장을 주었다. 그런데 은행에 쌓인 은이 문제였다. 미국의 주 은행은 쌓인 은을 담보로 지폐를 찍어냈고 이렇게 늘어난 유동성은 투기자금으로 흘러들어갔다.

유동성의 증가와 함께 국제 시장이 미국에 불리하게 바뀌었다. 미국은 경제 호황으로 영국으로부터의 수입이 급증했는데 수입에 필요한 비용은 영국의 미국에 대한 투자로 메꾸어졌다. 그런데 영국이 경제적 어려움을 겪게 되자 자금 회수에 나섰고 한동안 넘쳐났던 돈이 갑자기 메마르기 시작했다.

오늘날 공황은 유동성의 확대로 대응할 수 있지만 당시 미국은 처음으로 맞은 대공황에 어떻게 대처해야 할지 몰랐다. 잭슨 대통령 시절 지폐는 위험하다고 교육받은 미국인들은 자금을 확보하기 위해 지폐를 금과 은으로 교환해 달라고 줄서기 시작했고 순식간에 몰려든 예금주들의 요구를 주 은행이 감당할 수 없었다. 여기에 미국중앙은행이 사라져 갑자기 찾아온 유동성 위기를 극복하는데 필요한 자금을 지원할 곳이 없었다.

1839년 대공황은 미국인들의 정부에 대한 생각도 바꾸어 버렸다. 잭슨 대통령 시대에서 살펴보았듯이 몇 년 전만 해도 사람들은 정부가 개인과 주의 자유를 제약하는 것을 견제하기에 바빴다. 그 결과 연방중앙은행이 사라졌고 중앙은행에 있던 정부의 자산은 주 은행으로 넘어갔지만 1839년 대공황이 시작되자 사람들은 경제가 어려운데도 손을 놓고 있는 연방정부를 비판하기 시작했다. 이들은 이제 오히려 개인과 주정부의 자유보다는 연방정부의 강력한 지도력과 통제를 원했다.

밴 뷰런도 처음에는 연방정부가 할 수 있는 일이 없다고 생각했지만 자신의 지역구인 뉴욕의 은행들이 무너지면서 더 이상 가만히 있을 수만은 없었다. 그는 1840년 5월 15일에 연방의회 소집을 요청했다. 밴 뷰런은 주 은행으로 넘어간 연방정부 자산 관리를 위한 독립재무시스템(Independent Treasury System)의 도입을 의회에 요청했다. 이 법안은 주 은행 대신 연방정부의 대리인이 연방 수입을 직접 수령하고 관리토록 했으며 이 법안의 취지는 은행과 주정부를 분리하는 것이 목적이었지만, 한편으로는 연방정부가 주정부에 영향을 미칠 수 있는 중요한 도구를 포기하는 것이기도 했다.

하지만, 연방의회는 쉽게 정부안을 통과시켜주지 않았다. 민주당 내부에서조차 주 은행과의 관계 때문에 밴 뷰런의 정책에 반대하는 세력이 있었으나 밴 뷰런의 반대파는 이 위기를 이용하여 중앙은행의 부활을 꾀했다. 다급해진 밴 뷰런은 12월 의회에 보내는 서신에서 "이는 매우 중요한 일입니다. 그리고 사업가와 다수의 국민들이 이 문제를 이컨 회기에 법으로 규율해 주기를 원합니다"라고 호소했다.

밴 뷰런은 법안 통과를 위해 필사적인 노력을 했지만 이 법안으로 민주당의 분열을 부추기는 꼴이 되었다. 1838년 잠시 경기가 회복되는가 싶었지만 경제가 다시 악화되자 법안 통과에 대한 여론은 비등했다. 어느덧 재선이 내년으로 다가온 밴 뷰런은 선거를 위해서라도 대안을 제시해야 했다. 미국 경제의 악화와 밴 뷰런 정부의 필사적인 노력에도 불구하고 독립재무시스템 법안은 1840년 여름이 되어서야 겨우 통과되었다.

법안의 통과로 밴 뷰런은 재선을 위한 기대감을 가졌지만 민심은 그를 마틴 밴 루인(Martin Van Ruin-망치는 사람)이라고 조롱했다. 밴 뷰런의 반대파들은 잭슨 대통령에 이어 12년 간 이어진 민주당의 아성을 무너뜨릴 수 있는 절호의 기회를 맞이했다. 매디슨에서 먼로 대통령로 이어지는 1819년에 미국은 처음으로 공황을 경험했으나 그 당시만 해도 이 문제가 연방정부의 문제라고 생각하지 않았다. 하지만, 오늘날 보편화된 경제와 선거의 관계는 1837년 대공황으로 드러났다. 국민들은 이제 경제 위기가 발생하면 정부의 적극적인 역할을 기대하게 되었고 반대로 부실한 경제는 정부에 대한 심판으로 이어졌다.

대통령 선거의 가장 큰 변수는 언제든 경제이다.

라. 아브라함 링컨

1839년 대공황으로 민주당 정부가 휘청거리자 잭슨 바람으로 한동안 정치권에서 밀렸던 휘그당은 모처럼 백악관 탈환 기회를 맞이했다. 휘그당은 민주당에게 한수 배웠다. 1840년 9월 10일, 휘그당의 대통령 후보로 당선된 윌리엄 헨리 해리슨을 보기 위해 100,000명의 지지자들이 오하이오 주의 데이턴으로 몰려들었으며 해리슨의 지지자들은 그를 보기 위해 마차와 보트를 타고 왔다. 수많은 인파는 깃발을 들었고 곳곳에는 거대한 현수막이 걸렸으며 휘그당 당원들은 클레이가 발전시킨 아메리카 시스템즈 이념에 따라 높은 관세와 강한 미국을 환호했다.

해리슨은 잭슨 대통령부터 벤 뷰런로 이어진 12년 동안의 민주당 집권 시절을 "왕들의 집권 시기"라며 작은 정부를 말하고 독단적인 정책으로 일관해 온 민주당 정부를 비난했다. 그리고 그 결과가 1839년 대공황이라며 벤 뷰런 정부 책임론을 거론했다. 민주당이 즐겨 썼던 기득권에 대한 비판이 이제는 민주당에게로 향했다. 휘그당은 전통적인 지지기반인 북부 도시뿐만 아니

아브라함 링컨

라 민주당의 지지층이 많은 농촌도 공략했다. 해리슨은 버지니아의 금수저 출신이었지만 그가 주로 서부 개척지에서 전쟁을 하고 이 지역의 정치 지도자였던 과거를 활용하여 서부의 보통 사람으로 둔갑했다. 서부 사람들은 티페카누 전투를 승리로 이끈 해리슨에게 환호했고 그를 고향 사람으로 대접했다.

1840년 대통령 선거에서는 당시 31살이었던 링컨이 휘그당과 해리슨 후보를 위해 자신이 살던 일리노이 주에서 본격적인 선거운동을 했다. 링컨은 1812년 2월 12일에 노예주였던 캔터키 주에서 토마스와 낸시 링컨 사이에서 태어났고 1816년 링컨의 아버지는 캔터키를 떠나 인근의 인디애나 주로 이사했다. 토마스 링컨은 토지 분쟁이 많아 안전한 부동산 소유가 힘들었고 노예제도에 대한 반감으로 켄터키를 떠났다.

인디애나에 정착한 링컨의 가정에는 많은 일이 있었다. 1818년 10월 낸시 링컨이 병사했고 이어 토마스 링컨은 1819년 겨울에 사라 링컨과 재혼했다. 다행히 사라 링컨은 좋은 어머니로 링컨의 성장에 많은 도움을 주었다. 아들이었던 링컨은 당연히 아버지를 도와 개척과 농사를 지어야 했지만, 링컨은 이 일을 무척 싫어했다. 대신 그는 몇 권 되지 않는 책을 반복해서 읽으며 암기하였고, 사람들에게 재미있는 이야기를 들려주며 인기를 얻었다.

인디애나에서 어느 정도 자리를 잡은 듯 했지만, 토마스는 1830년 다시 일리노이 주로 이주했다. 이곳에서도 토마스와 아브라함의 관계는 점차 악화되어 성인이 된 링컨은 아버지의 일을 잇는 대신 홀로 일리노이의 뉴살렘시로 이주했다. 링컨은 그곳에서 동업으로 상점을 열었고 정계에 진출했으며 일리노이주 의회에 도전했지만 낙선했다.

하지만 그는 뉴살렘의 300표 중 277표를 얻으며 정치인으로서의 가능성을 보였다. 이 선거 중에 일리노이 주에서 인디언과의 블랙호크 전쟁이 벌어져 링컨은 자원하여 입대했다. 링컨은 선거에서 낙선했지만 우체국 국장과 측량사 일을 하며 뉴살렘에서 자리를 잡았다. 이 두 직업으로 링컨은 많은 사람들을 만날 수 있었고 그를 만난 사람들은 그의 유머와 이야기에 금방 매혹이 되었다. 1834년 다시 주의회 선거에 도전한 링컨은 드디어 당선되었다.

주의회를 경험하면서 정치를 배우기 시작한 링컨은 변호사가 되기로 결심했고 1836년에 변호사가 되었다. 변호사가 된 링컨은 뉴살렘을 떠나 스프링필드로 이주했으며 거기서 당시 최고의 변호사였던 존 토드(John T. Todd) 밑에서 변호사 수업을 쌓아 갔다. 동시에 주의회에 4번 연속 당선되면서 정치 경력도 착실히 쌓았다. 휘그당원이었던 링컨은 헨리 클레이를 자신의 정치적 우상으로 여겼고 그의 아메리칸 시스템을 따라 주의회에서 일리노이 주의 개발을 위한 일리노이 시스템을 주장했다.

그는 일찍이 정치력을 인정받아 주의회의 휘그당 지도자가 되었고 이곳에서 이후 자신의 정치적 라이벌이 될 민주당의 지도자 스테판 더글래스를 만났다. 링컨은 민주당의 전통적인 자연인과 달리 자수성가한 미국인을 대표했다. 북부의 산업화가 진행되면서 자수성가의 기회가 늘어나 이 당시 북부의 미국인들 사이에는 노력하여 자신을 개발하면 얼마든지 성공할 수 있다는 자신감이 사회 전체에 넘쳐났다.

1836년에 최초의 공화당 대통령 후보였던 프리몬트(Fremont)를 지지한 링컨은 북부주의 분열로 패배한 경험을 바탕으로 1840년에는 일찍이 헨리 클레이보다 당선 가능성이 높았던 해리슨을 지지했으며 일리노이 구석구석을 누비며 선거운동을 하였다. 당시 선거운동에서는 청중들을 모아 놓고 연설을 할 기회가 많았는데, 그는 특유의 친화력과 농담으로 많은 호감을 얻었으나 주로 인근의 노예주 출신들이 자리 잡으면서 시작했던 일리노이 주에서는 민주당의 인기가 훨씬 높았다.

링컨의 노력에도 불구하고 일리노이 주는 민주당 후보였던 밴 뷰런에게 넘어갔다. 링컨은 휘그당원으로 일리노이 주의 소수 세력에 속했지만 덕분에 존 토드의 사촌이며 열렬한 휘그당 지자였던 매리 토드를 만나 결혼했다. 링컨은 일리노이 주에서 소수 세력에 속했지만, 서서히 전국적인 인물로 성장했다. 그에 대한 이야기는 미국의 대통령 이야기 1권에 자세히 쓰여 있다.

마. 존 타일러

모처럼 백악관을 되찾은 휘그당은 그간 추진하지 못한 정책을 실현시키겠다는 기대감에 차있었다. 휘그당은 민주당을 반대하는 다양한 정치 세력의 연대였지만 민주당과는 달리 미국의 산업 발전을 위해 연방정부의 역할을 확대하고 본격적으로 관세를 올리려 했지만, 윌리엄 해리슨의 갑작스러운 죽음으로 중심을 잃었다. 해리슨의 죽음으로 대통령직을 승계한 존 타일러(John Tyler) 부통령은 당의 위기를 수습하기에 가장 부적합한 인물이었다.

그는 휘그당이긴 했지만 민주공화당이 연방정부의 권한을 확대하는데 반대하였고, 칼훈이 이끄는 주정부 중심의 전통적인 민주공화당의 작은 정부와 헌법에 대한 문자적 해석을 중시했다. 타일러는 민주공화당 내부의 갈등으로 탈당한 후 휘그당에 입당했다. 그가 해리슨의 부통령으로 지명된 것은 휘그당의 중진이었던 헨리 클레이와의 친분 때문이었다. 클레이는 그의 정치적 이념이 휘그당과 거리가 있었지만 서부와 남부주의 표를 얻기 위해 그를 부통령으로 추천했다.

존 타일러

타일러는 휘그당과 이념적으로 상반될 뿐만 아니라 성격도 그의 콧대만큼이나 강했다. 그는 원칙주의자에 타협을 싫어했으며 미국에서 처음으로 부통령에서 대통령직을 승계한 타일러는 부통령으로 '대통령 대행' 대신 '대통령'이라는 표현을 고집했다. 타일러가 정식 대통령으로 불리면서 이후 부통령이 대통령을 승계하면 정식으로 새 대통령이 취임으로 하는 것으로 되었다.

그는 휘그당과 대립되는 이념과 비타협적인 성격으로 해리슨이 죽기 전에 소집한 임시 의회에서 휘그당의 연방의원들과 직접적으로 충돌했다. 5월31일 연방의회에 입성한 휘그당 의원들은 해리슨의 승리가 변화를 원하는 국민의 명령이기 때문에 당연히 휘그당의 정책을 입안하는데 힘을 모았다. 휘그당 의원들은 밴 뷰런의 독립재무법(Independent Treasury Act)을 무효화하고 세 번째 연방은행을 설립하기 위한 법안을 만들었다.

그런데 타일러는 독립재무법 무효화 법안에는 이의를 제기하지 않았지만 연방은행의 재설립에 대해서는 거부권을 행사했다. 고전적 공화주의자였던 테일러는 잭슨 대통령의 이념적 전통의 영향으로 연방은행은 헌법에 반한다고 생각했다. 타일러의 거부권을 넘어설 수 있는 2/3 의석을 확보하지 못한 휘그당은 대신 연방은행의 역할을 제한하는 타협안을 냈으나 타일러는 이것에 대해서도 거부권을 행사했다.

타일러의 고집으로 연방은행의 재설립에 실패했지만, 휘그당은 다른 새로운 경제 정책을 실행했다. 1841년에 만들어진 토지법에서는 그간 보통법 상으로만 인정되었던 토지에 대하여 그 가치를 올렸다면 이 토지에 대한 선매수권을 인정해주는 권한이었다. 이 법에는 선매권뿐만 아니라 여기서 발생하는 수입을 주정부에 돌려주도록 하는 조항도 있었는데 이를 통해 휘그당은 연방정부의 수입을 주정부가 경제 개발을 위해 사용할 수 있도록 했다.

연방은행 재설립, 토지법에 이어 휘그당은 1841년 파산법을 만들었다. 이전에는 법인의 파산을 허용하는 파산법은 있었지만 개인의 파산을 허용하는 파산법은 없었다. 개인파산법을 허용하면 개인들이 무분별하게 대출을 받을 우려가 있었기 때문이었다. 그러나 계속된 경제 공황으로 수많은 개인들이 파산에 이르자 개인에게도 파산 및 회생의 기회가 필요하다는 여론이 높아지면서 개인에게 파산을 허용하는 법이 마련되었다.

공황은 개인뿐만 아니라 연방정부의 주머니에도 큰 영향을 끼쳤다. 잭슨 대통령 때는 전후 호황과 면 값의 상승으로 미국이 줄곧 재정 흑자를 기록했지만, 1837년 공황으로 연방정부의 수입은 급감했고 이를 채우기 위해 관세를 올려야 했다. 타일러는 관세에 여러 차례 반대했지만 계속 줄어드는 연방 재정을 감당할 수 없어 결국 1842년에 관세를 올리는데 동의했다.

타일러는 휘그당과 계속 충돌했지만, 자신이 휘그당의 지도자가 되겠다는 꿈을 포기하지 않았다. 그가 연방은행법을 반대한 이유에는 이 법의 통과로 가장 큰 혜택을 받을 헨리 클레이를 견제하기 위해서이기도 했다. 그러나 그의 아집에 화가 난 클레이와 휘그당은 1841년 가을에 미국 역사상 처음으로 자기 당에 속한 대통령을 당에서 쫓아냈다. 타일러는 비록 당에서 축출되었지만, 여전히 대권의 꿈을 포기하지 않았고 그 결과는 다음 대선에 큰 영향을 미친다.

바. 텍사스

1836년 3월 2일, 텍사스는 독립을 선언했다. 이제 미국인들의 이주는 본격화되었고 1837년 공황이 오자 이주 인구가 급격히 늘었고 1845년에 텍사스 인구는 125,000명이 되었지만 이중 27,000명은 노예들이었다. 미국 정부는 노예 수입을 금지했으나, 텍사스 국경 지역으로의 노예 수입은 통제를 할 수 없었고, 이들 중에는 서인도제도와 아프리카에서 온 노예들도 있었다. 텍사스는 미국연방 가입을 위해 꾸준히 노력했으나 미국의 미지근한 반응에 영국으로부터의 지원도 추진했다. 텍사스가 미국 서부로 영토를 확장하여 미국에 대항할 수 있는 국가가 된다면 유럽, 특히 영국의 지원을 기대할 수 있었고 이러한 텍사스의 이중적인 외교는 미국을 긴장시켰다.

타일러 정부의 국무장관이었던 웹스터는 영국과의 관계 개선

텍사스

을 위해 노력했으며 미국의 공황을 극복하기 위해서는 영국의 투자가 필요했다. 웹스터는 영국의 은행가와도 가까워 영국으로부터의 지원을 기대했지만, 양국 간에는 아직도 해결해야 할 문제들이 너무 많았고 특히 해상에서의 분쟁이 많았다. 해상의 제국이었던 영국은 노예무역 폐지를 명분으로 미국 선박을 수색할 수 있는 권한을 원했다.

하지만, 이러한 영국의 요구는 1812년 전쟁의 원인 중 하나였던 영국의 불법 나포의 악몽을 기억나게 하여 미국 정부는 이를 받아들일 수 없었다. 해상뿐만 아니라 캐나다와의 국경 문제도 있었다. 미국 독립전쟁 이후 맺은 영국과의 조약을 놓고 미국과 영국은 잦은 분쟁이 있었는데, 특히 메인 주와 뉴 브룬스윅(New Brunswick) 사이의 분쟁이 컸다. 이 지역에서는 미국과 캐나다 사이에 분쟁이 잦았는데 웹스터는 영국과의 문제를 해결하기 위해 1842년에 웹스터-애스버튼(Webster-Ashburton)를 체결했다.

1844년 4월 12일, 타일러 정부의 새 국무장관으로 임명된 칼훈은 텍사스와의 합병조약을 체결했다. 텍사스 지역은 미국의 주로 병합되고 미국 연방정부가 텍사스의 채무 천만 달러를 인수하기로 했으며 텍사스 국경은 아직 멕시코와 분쟁중이어서 이 문제는 이후에 다루기로 했다. 칼훈은 이 조약을 상원의 승인을 위해 보냈고 영국에는 미국이 노예제도를 보호하기 위해 텍사스를 병합할 수밖에 없다는 문서를 보냈다. 언론은 텍사스 병합에 대해서 알고 있었지만, 조약의 내용이 비밀이어서 이 문건이 공개되고 나서야 텍사스 병합의 목적이 드러났다. 텍사스 병합을 통해 재선을 노린 테일러는 오히려 큰 위기에 처하게 되었다.

1844년 대선 운동이 본격화되면서 타일러는 텍사스 병합문제를 서둘렀다. 4월초 텍사스와의 병합 협정이 서명되었지만, 상원이 동의를 하지 않아 협정은 발효되지 못했다. 텍사스와의 조기 병합은 타일러와 갈라선 휘그당뿐만 아니라 민주당 내에서도 복병을 만났다. 멕시코와의 전쟁을 피하고 칼훈의 부상을 꺼렸던 잭슨의 측근인 벤튼이 상원에서 반대의 선봉에 나섰으며 포크가 당선된 후에도 타일러는 멕시코 병합을 계속 밀어붙였다.

급기야 하원에서는 텍사스가 단일 노예주로 연방에 가입하고 미국이 멕시코와의 국경 협의를 책임지는 안을 제시했다. 또한 이 안은 텍사스 주의 채무를 주가 계속 가져가는 대신 공공지에 대한 소유권을 갖도록 했다. 그런데 여기에 더해 텍사스에 4개의 주까지 만들수 있도록 하여 연방정부에는 사실상 4개의 노예주가 추가되도록 했다. 노예주에 유리하도록 된 이 안은 노예제도를 반대하는 정치세력을 의식하여 텍사스에서도 미조리 타협에 근거하여 위도 36도30 이상의 위치에는 노예를 둘 수 없게 했으나 텍사스는 대부분의 지역이 이 위도 밑에 위치했기 때문에 이 조항은 별 의미가 없었다.

이 안은 당연히 상원의 반대에 부딪쳤다. 벤턴은 "노예제도가 존재하지 않은 지역까지 노예제도를 확산할 수는 없다"고 하며 하원안을 반대했고 대신 상원안을 만들었다. 이 안에 따르면 텍사스의 일부 지역을 주로 하고 남은 지역은 주가 아닌 영토 상태로 연방에 편입되도록 했다. 그리고 채무나 노예와 같은 구체적인 문제들은 대통령이 지명하는 5인 위원회에서 논의하도록 했다. 그 동안 텍사스의 조기 병합에 반대해 왔던 벤턴의 입장에서는 상당한 양보였지만, 텍사스를 노예주로 편입시키고자 했던 칼훈에게는 너무나 미흡한 안이었다.

하원과 상원은 서로 양보할 생각이 전혀 없었다. 하원과 상원은 3월 1일 대통령이 두 안 중 하나를 채택하여 멕시코에 전달할 수 있도록 한 위임안을 결의했다. 포크의 취임이 며칠 안 남았지만 텍사스 문제를 자신의 임기 내에 마무리하기 위해서 이틀 전에 텍사스에 파견된 도널슨을 통해 텍사스에 하원안을 전달하기 위한 배달원을 보냈다. 포크는 이틀 후 대통령에 취임했고 그의 책상에는 텍사스로 향하는 하원안이 놓여 있었다. 임기를 시작하자마자 포크 대통령은 빠른 결단을 내려야 했다.

텍사스 문제가 본격적으로 수면 위로 떠오르기 전까지만 해도 민주당과 휘그당은 미국 내륙 개발을 위한 연방정부의 역할, 관세율, 연방 은행의 부활 등 주로 경제적 이슈로 싸웠다. 그러나 텍사스는 미국인들의 영토확장 욕구에 불을 지폈다. 뉴욕의 언론이었던 존 오설리번(John O'Sullivan)은 이러한 미국의 희망을 오늘날도 널리 쓰이는 "Manifest Destiny(명백한 운명)"이라고 표현했다.

이제 대서양에서 태평양에 이르는 거대한 국가를 세우겠다는 꿈이 눈 앞에 도달했다. 이런 팽창주의는 앤드루 잭슨으로부터 시작되어 포크의 당선까지 약 20년 동안 잠시 해리슨과 타일러가 집권한 경우만 제외하고 민주당이 꾸준히 추진해 온 정책이기도 했다.

이 문제는 미국 건국 때부터 계속되어 온 노예문제와도 밀접하게 연결되었다.

칼훈이 텍사스를 노예주로 병합하려는 노골적인 시도에 북부의 휘그당의 거부감은 더욱 커졌다. 유럽의 대부분의 국가들이 노예제도를 폐지해 가는 상황에서 자유국가를 자칭하는 미국에 여전히 노예제도가 남아 있다는 것은 북부주 미국인들에게 수치였다. 남부주의 노골적인 노예주 확장 시도에 북부주의 노예제도 반대 운동은 점차 미국 전역에서 노예제 자체를 폐지하자는 운동(Abolitionist)으로 발전했다. 북부주가 점차 더 과격한 주장을 하자 남부주는 오히려 노예주 확장을 막으려는 연방정부의 시도에 더 격렬하게 대응했다.

텍사스 문제로 인한 국론분열이 심해지면서 미국의 정당은 혼란에 빠진다. 1844년 민주당의 유력한 대통령 후보는 1839년 대공황으로 물러났던 벤 뷰런이었다. 여전히 민주당 내에 큰 영향력을 행사했던 벤 뷰런은 명예를 되찾기 위해 선거에 뛰어들었으나 민주당 전당대회에서는 잭슨의 직계로 다크호스였던 제임스 포크가 민주당 대통령 후보로 당선되었다. 모처럼 백악관을 되찾은 휘그당은 갈피를 잡지 못했다.

이어지는 타일러 대통령의 휘그당 훼손 행위로 그는 당에서 제명되었다. 한때, 재선을 포기했던 타일러는 대선이 자신이 추진했던 텍사스 병합 문제로 뜨거워지자 다시 대선 도전을 고민했지만, 결국 포크를 지지하고 대선 출마를 포기했다. 휘그당의 대통령 후보였던 클레이는 텍사스 병합을 지지하지 않았다. 텍사스 문제에 대한 그의 미지근한 태도로 제임스 포크가 대통령으로 당선되었고 제임스 포크에 대한 자세한 내용은 미국의 대통령 이야기 1권에서 찾아볼 수 있다.

사. 텍사스 병합

잭슨의 직계이자 그의 팽창주의 정책을 계승한 포크는 이러한 복잡한 문제에 아랑곳하지 않고 타일러가 시작한 텍사스 병합문제를 이어갔다. 포크는 먼저 텍사스에 있는 도널슨에게 하원안을 전달하기 위해 떠난 연락병에게 잠시 대기할 것을 요청했으나 3일만에 뷰캐넌을 통해 다시 타일러의 원 지시대로 하원안을 텍사스에 전달할 것을 명했다. 포크는 도널슨에게 보내는 지시문에 "텍사스가 이 안에 동의하지 않거나 새로운 조건을 제시한다면 우리는 다시 망망대해로 돌아갈 것이며 병합의 성공 여부는 불투명해질 것이다" 라고 텍사스 정부에 전하라고 했다. 즉, 하원안을 그대로 받아들이든지 아니면 합병 문제는 다시 처음부터 검토해야 한다는 것이었다.

절대 다수가 미국 출신인 텍사스 사람들은 병합을 선호했지만, 그 동안 텍사스의 요청에 미지근했던 미국의 반응은 잭슨의 측근이자 텍사스의 국부인 샘 휴스턴의 심기를 불편하게 했다. 또한 휴스턴에 이어 텍사스의 대통령으로 선출된 앤슨 존스(Anson Jones)는 텍사스의 미연방 가입 시 좀 더 좋은 조건을 얻어내기 위해 영국과의 교섭을 통해 영국과 프랑스가 멕시코 정부의 텍사스 독립을 인정하도록 한다면 미연방 가입을 하지 않겠다는 교섭을 버렸다. 영국은 존스의 제안을 받아들여 프랑스와 함께 멕시코 정부에 압력을 가했고 텍사스가 독립 국가로 남겠다고 선언하는 한 멕시코가 독립을 인정하도록 조치했다. 이제 텍사스 정부 앞에는 포크의 최종안과 존스의 영국안이 놓였다.

제임스 포크

포크의 지시를 받은 도널슨은 텍사스 병합 문제를 완결짓기 위해 바쁘게 움직였다. 특히 존스가 영국안도 받아 놓은 상태여서 미국으로의 병합이 복잡해질 수도 있었다. 도널슨은 존스를 움직이기 위해서는 휴스턴의 지지가 필요하다는 것을 알았다. 그는 옛 동지인 휴스턴에게 만나줄 것을 요청했지만, 휴스턴은 "나는 병합에 찬성하지만 조건은 양국 모두에게 이득이 되는 조건이어야 한다"며 초청을 거절했다. 특히 하원안은 텍사스 정부가 이를 수용한다고 해도 상원에서 부결될 수 있으며 이후 미국에 텍사스 병합을 반대하는 정부가 들어서면 이를 빌미로 텍사스의 내정, 특히 노예문제를 간섭할 수 있다고 우려를 표명했다.

도널슨은 휴스턴을 움직일 수 있는 사람은 잭슨밖에 없다는 것을 알고, 아내에게 휴스턴이 텍사스 병합 문제에 부정적이라는 것을 잭슨에게 전해달라는 편지를 아내에게 부탁했다. 잭슨 대통령은 자신의 재임 기간에는 해결하지 못했지만, 지금이 병합 문제를 해결하기 위한 중요한 시기임을 인식하여 일찍이 휴스턴을 설득했다. 그는 타일러가 텍사스 병합을 결심하자 바로 휴스턴에게 편지를 써 그의 지지를 요구했으나 휴스턴이 아직 마음을 정하지 못한 것을 듣고선 잭슨은 휴스턴에게 텍사스 병합의 중요성을 다시 상기시키는 편지를 보냈다. 잭슨의 거듭되는 설득에 휴스턴도 결국 병합 쪽으로 마음을 굳혔고 막후에서 역할을 하기 시작했다.

한편 영국안까지 확보한 존스는 6월 16일 텍사스 의회를 소집하여 미국의 하원안과 영국안 중 하나를 택하도록 했고 이어 의회가 택한 안에 대한 민회를 7월4일에 실시하기로 했다. 존스의 전략은 의회가 멕시코와의 조약을 보류하고 이를 지렛대로 미국으로부터 더 많은 양보를 얻어내는 것이었으나 여론은 이미 병합으로 기울어졌고 언론은 연일 존스에게 즉시 합병을 추진하라고 압박을 가했다. 6월 16일 의회가 열리자 존스는 두 안을 심사숙고해 줄 것을 요청했지만, 여론을 의식한 의원들은 즉시 미연방과의 합병을 채택하고 멕시코와의 협정을 부결시켰다. 이어 7월 4일에 열린 민회에서 의회가 채택한 합병안을 추인했으며 민회에서는 미연방에 제출할 텍사스 주 헌법을 만들었다. 이렇게 텍사스는 미국의 주로 병합했다.

한편, 휴스턴은 잭슨의 편지를 받은 후 건강이 더욱 악화된 잭슨을 방문하기 위해 텍사스로 향했다. 그는 원래 6월 6일에 도착할 예정이었지만, 증기선 출발의 연기로 6월 8일에 도착했다. 그러나 휴스턴이 도착했을 때는 잭슨이 서거한지 이미 3시간 후였다. 잭슨이 며칠만 더 살았다면 텍사스 병합의 결과를 보았을 것이다. 그러나 자신의 후계자들인 휴스턴과 포크가 있는 한 이 일은 이미 다 된 것이기에 그는 삶의 끈을 놓았을지도 모른다.

제 9 장

멕시코 전쟁

가. 멕시코 전쟁

나. 재커리 테일러

다. 헨리 소로

라. 윈프리드 스콧

마. 오리건

바. 캘리포니아

사. 니콜라스 트리스트

멕시코 전쟁

가. 멕시코 전쟁

멕시코는 1821년 스페인으로부터 독립을 쟁취했지만 그 열매의 달콤함은 권력 쟁취를 위해 일시적으로 멕시코의 자유진영과 손을 잡았던 군 출신의 아구스틴 데 이투르비데(Augustin de Iturbide)가 정권을 잡으면서 결국 독재로 이어져 사라졌다. 다음에 등장한 산타 아나는 이투르비데에 대항하여 정권을 잡았고, 1824년에 미연방 헌법과 유사한 헌법을 만들었으며 이제 북쪽의 미국과 마찬가지로 민주공화국으로 발전할 기회가 생겼다.

그러나 산타 아나는 자신이 정권창출의 일등 공신이었음에도

멕시코 전쟁

별다른 이득을 못보았다며 빅토리아 대통령에게 반기를 들어 몇 차례 실패했으나 결국 국방장관에 올랐다. 이어 1825년에 스페인이 다시 멕시코 재정복에 나섰을 때, 이를 물리쳐 일약 국민영웅이 되었다. 그는 이후에 부스타만테(Bustamante) 대통령에게 반기를 든 후, 1836년에는 텍사스 반란을 제압하러 갔다가 붙잡히기도 했다. 그는 1843년 다시 정권을 잡았지만 이듬해 다시 밀려나 쿠바로 유배를 떠났으며 이토록 멕시코 정부는 한치 앞을 내다볼 수 없었다. 토크빌이 지적한 바와 같이 멕시코는 헌법이 있었지만, 혼란에 빠진 국가였다.

    미국은 멕시코의 독립 당시 처음으로 국가로 인정했고 멕시코와 영토 및 상호협력을 위한 조약을 체결했다. 그러나 미국은 멕시코 배상문제로 점차 갈등이 커졌으며 멕시코 정부의 불안정으로 미국 선박들이 멕시코 선박에 납치되었고 멕시코를 방문 중인 미국인들이 피해를 보는 일이 종종 일어났다. 잭슨 대통령은 멕시코 정부에 대해 여러 차례 항의를 했지만, 계속된 정쟁에 멕시코는 미국의 요구를 무시했다. 하지만, 멕시코가 계속 무시하자 미국 내의 여론은 점점 나빠졌고 미의회는 멕시코에 대한 "즉각적인 전쟁이나 보복조치"를 요구했다. 멕시코도 더 이상 미국의 요구를 무시할 수 없어 문제의 사안을 정리하여 중재에 회부하기로 했지만, 멕시코는 계속 늑장을 부리며 중재일자를 늦추었다.

    포크가 대통령이 되었을 때, 멕시코는 그동안 중재위원회에서 판결한 배상금액의 지불을 계속 미루고 있었다. 텍사스 병합이 확정되면서 미국과 멕시코의 관계는 더욱 악화되었다. 텍사스의 독립 자체를 부인했던 멕시코에게 미국의 병합은 선전포고였다. 멕시코가 텍사스 병합을 인정한다고 해도 멕시코와 텍사스 경계 문제가 남았으며 과거 텍사스는 국경을 리오그란데(Rio Grande)강까지라고 주장한 반면 멕시코는 누에시스(Nueces)강까지를 주장했다. 이 두 강의 거리는 320km 정도였지만, 두 강의 북쪽 지역에는 큰 영토가 있었다.

미국은 1803년 루이지애나 매입 당시 미국이 구입한 땅이 리오그란데 강까지라고 주장했으며 독립했던 텍사스 또한 이를 근거로 같은 주장을 했다. 특히, 산타 아나가 텍사스와의 전쟁에서 패배했을 때 맺은 1836년 조약에서 이를 다시 명기하였으나 멕시코는 텍사스가 멕시코 영토였을 당시 이 지역이 누에시스강 동쪽까지였으며 산타 아나가 서명한 조약은 멕시코 정부의 공식 승인 없이 체결한 것이기 때문에 무효라고 했다. 국경 문제는 멕시코 병합이 다가오면서 더 중요해졌다. 미국은 멕시코 병합과 함께 이 지역에 대한 군사적 보호를 약속했기 때문에 국경이 어디까지냐의 문제는 텍사스 방위와도 직결된 문제였다.

텍사스 영토의 방어를 위해 포크는 본격적으로 군대를 준비했고 제커리 테일러(Zachary Taylor)에게 지휘를 맡겼다. 테일러는 버지니아와 켄터키 주에서 부를 쌓은 집안의 아들로 1812년 전쟁 이후 미국이 참전한 전쟁 모두에서 군인으로 활약했다. 미국 전쟁부 장관

윌리엄 메리(William Mary)는 테일러에게 편지를 보내 그의 군대를 텍사스 방어를 위해 보낼 예정이라 했다.

며칠 후 편지에서는 2,000명으로 구성된 군대를 리오그란데 강 유역까지 이동하도록 명령했다. 미정부는 테일러 군대를 이곳으로 보냈지만, 테일러에게 "전쟁이 발생하지 않는 한" 멕시코 부대를 공격하지 말라고 명령했다. 한편 해군 장관이었던 조지 뱅크로프는 같은 지시를 데이비드 코너(David Conner) 제독에게 보냈으며 만일 멕시코가 공격해 온다면 즉각적으로 대응하라고 했다. 미국과 멕시코의 긴장이 점점 고조되었다.

멕시코와의 긴장이 고조되었지만, 포크 대통령이 멕시코와의 협상을 포기했던 것은 아니었다. 그러나 정치적으로 불안했던 멕시코와의 협상은 제대로 진행되지 못했다. 멕시코와의 협상이 틀어지면서 포크는 군사 조치에 나섰으며 포크 대통령은 멕시코 국경에 집결한 테일러에게 코퍼스 크리스티(Corpus Christi)로 이동한 후 3월에 리오그란데로 이동할 것을 명령했다. 미군이 리오그란데로 이동해오자 멕시코는 4월 12일 페드로 드 앰퓨디아 장군(General Pedro de Ampudia)를 리오그란데로 파견했고 테일러에게 즉각 누에시스강 동쪽으로 이동할 것을 요구했다. 테일러는 이동은커녕 미 해군에게 리오그란데 어귀를 막아 앰퓨디아의 군대를 고립시킬 것을 요청했다. 이 둘 사이의 긴장은 점차 높아갔다.

이때 마리아노 아리스타 장군이 멕시코 군대를 지휘하기 위해 왔다. 그는 화려한 성격의 소유자이며 멕시코 정부의 혼란으로 사실상 북부 지역의 군벌이었다. 그는 테일러에게 이미 전쟁이 시작되었고 자신은 적극적으로 전투에 임할 것이라며 엄포를 놓았다. 4월 25일 테일러는 정찰 부대를 강화하기 위해 세스 소턴(Seth Thornton) 소령을 리오그란데 북쪽으로 보냈다. 이들은 어느 한 농장을 수색 중이었는데, 이들의 움직임을 포착한 멕시코 부대는 곧바로 농장을 에워싸고 미군을 공격했는데 11명의 미군이 사망하고 26명이 포로가 되었다. 테일러는 즉각 "교전이 시작되었다"라는 서신을 미국으로 보냈다.

당시 서신이 워싱턴에 도착하려면 수 개월이 지나야만 했다. 이미 국경에서는 전투가 벌어졌지만, 포크 대통령은 이를 알지 못했고 멕시코와의 협상이 결렬되면서 포크도 이제 전쟁 준비에 나섰다. 그는 뷰캐넌에게 "의회에 전달하기 위한 서신의 내용에 그간 멕시코가 미국을 해친 모든 일들을 정리하시오"라며 의회에 전달할 자료 준비를 시켰고 5월 5일 국무회의에서 멕시코와의 전쟁 의제를 다루었다. 그 다음 날 테일러로부터 서신이 도착했는데 이는 아직 교전이 일어나기 전의 서신으로 "곧 교전이 벌어질 것 같다"라는 내용이었다. 아직 교전 소식은 듣지 못했지만, 이 서신으로만으로 포크는 이제 전쟁이 불가피하다고 결단했다.

5월 9일, 그는 국무회의에서 자신의 결단을 전달했다. 장관들 모두가 그의 의견에 동의했지만, 뱅크로프만이 멕시코가 먼저 공격을 해오기 전에는 전쟁을 시작해서는 안 된다고 반대했다. 이제 포크 정부는 미의회에 전쟁을 허락해 달라는 준비 작업에 들어갔다. 그는 그 간의 멕시코 분쟁을 정리하여 이 내용들을 중심으로 의회에 전쟁 승인을 받으려 했다. 그런데 이날 저녁 6시쯤 드디어 테일러 장군으로부터 멕시코와의 교전이 발생했다는 편지를 받았다. 이제 포크 대통령은 더 이상 지체할 이유가 없었으며 멕시코의 선제공격으로 이제 전쟁의 명분도 확실해졌다. 그는 멕시코의 "계속된 공세 이후 미국의 국경을 넘어 미국의 땅에서 미국인의 피를 흘렸다. 멕시코는 이미 미국에 대해 전쟁을 선포했고 두 나라는 전쟁 중이다"고 의회에 보낼 서신을 준비했다.

5월 11일, 포크 대통령의 메시지를 받은 하원은 즉각 표결을 하여 174 대 14로 전쟁을 승인했으나 상원은 그렇게 호락호락하지 않았다. 포크는 벤턴을 백악관으로 초대하여 상황을 설명하며 협력을 구했고 들끓는 여론으로 상원도 이튿날 40 대 2로 전쟁선포를 승인했다. 이제 멕시코와의 본격적인 전쟁이 시작되었고 포크가 멕시코와의 전쟁을 위해 취한 조치는 전례 없는 일이었다. 미국 헌법은 전쟁 여부를 의회가 결정하도록 되어 있다. 그래서 포크 대통령 이전에는 외국이 미국을 침공한 것이 확실했을 때, 대통령은 의회에 전쟁허가를 받고 전쟁 준비에 나섰다. 그러나 포트 대통령은 적극적으로 군사 조치를 취했고, 멕시코와의 긴장이 고조되어 교전이 발생하자 이를 명분으로 의회를 압박하고 멕시코와의 전쟁 승인을 얻어냈으며 포크는 자신의 목적을 위해서는 모든 수단과 방법을 동원했다.

나. 재커리 테일러

포크 대통령이 워싱턴에서 멕시코와의 전쟁선포를 준비하던 중, 리오그란데에서 멕시코 군대와 대치중이었던 테일러 장군은 멕시코의 도발을 응징하기 위해 전투 준비에 나섰다. 소턴의 정찰부대가 괴멸되었다는 소식을 들은 테일러는 포트 텍사스에 머물고 있는 자신의 군대를 보다 안전한 장소도 이동시켜야 했고 동시에 요새에 필요한 물자를 공급했다. 이미 리오그란데를 넘어온 멕시코 군대에 더하여 마타모로스 이남으로 또 다른 멕시코 군대가 이동 중이었다. 테일러의 군대가 빨리 이동하지 않으면 양 군대의 협공을 받을 수 있었다. 5월 1일, 테일러는 포트 텍사스에 500명의 군사를 남겨두고 본부대를 포트 이사벨로 이동시켰다.

재커리 테일러

그러나 멕시코의 토레혼(Torrejon) 장군과 아리스타 장군이 포트 텍사스 북쪽에서 테일러 부대를 애워싸려 했던 작전은 아리스타 군대의 이동이 늦어지면서 실패했다. 테일러는 하루 빨리 적군의 추격으로부터 벗어나기 위해 이틀만에 포트 이사벨에 이르렀다. 테일러를 따라 부대를 지휘했던 장교 중에는 후일 남북전쟁에서 활약한 수많은 장교들이 있었다. 이 중에는 북군의 사령관이었던 율리시즈 그랜트(Ulysses S. Grant)와 남부의 장군이었던 브랙스턴 브래그(Braxton Bragg)가 중위로 참전했다. 이 당시만 해도 갓 장교가 된 그랜트는 편지에서 "지금까지 적의 총소리를 한번도 들어보지 못한 애송이 중위인 내가 이번 전쟁에 자원한 것은 바보 같은 짓이었다"라고 썼다.

포트 이사벨까지 무사히 피신해 온 테일러 부대는 물자공급을 위해 다시 포트 텍사스로 향해야 했다. 이런 테일러의 작전을 간파하고 있었던 멕시코 군대는 테일러 부대의 이동로에서 기다렸다. 포트 텍사스로 이동 중이었던 테일러 부대는 팔로 알토 근처 마사모로스 도로에 도열한 아리스타 부대와 맞붙었다. 이미 적군이 코앞에 있어 우회할 길도 없었던 테일러는 전투를 지시했다.

멕시코 군대는 테일러 부대를 교란시키기 위해 대포로 선제공격을 했지만, 포탄들은 터지지 않았으나 멕시코의 포격에 응사한 미군의 포격은 굉음을 울리며 터졌다. 숫적 우위였던 아리스타는 부대에 진격을 명령하였으나 테일러 부대 앞에 있는 숲 때문에 돌격이 여의치 않았고 아리스타는 이어 기마부대에 테일러 우편과 좌편 부대를 공격하게 했지만 이 또한 실패했다. 이 전투로 멕시코 군인 92명이 사망했고 116명이 부상을 입었고, 미국 군인은 9명만 사망하고 44명이 부상을 입었다.

첫 전투는 딱히 누가 이겼다고 할 수 없었지만, 미군보다 더 많은 전력의 손해를 본 멕시코는 좀 더 남쪽인 레카사 드 라 팔마 (Resaca de la Palma) 지역으로 이동하여 진을 쳤다. 첫 전투에서 자신감을 얻은 테일러는 곧바로 아리스타 군대의 추격에 나섰다. 테일러 장군은 새로 진을 친 적군을 발견한 후 이번에는 측면 공격 대신 곧바로 중앙 부대를 공격했다. 테일러는 포병부대에 멕시코 중앙부대에 포격을 가하도록 명령했고 이어 기마부대가 나섰으나 멕시코도 포로 반격을 가하자 미국의 기마부대는 뒤로 물러설 수밖에 없었다.

테일러는 공격의 고삐를 놓치않기 위해 곧바로 보병들에게 돌격 앞으로를 명했고 상대방의 포를 장악할 것을 명령했다. 보병의 돌격이 성공하여 멕시코의 포병 장군이 잡혔다. 이 전투에서 멕시코 군인은 154명이 사망했고 205명이 부상당했으나, 미국 군대는 49명 사망에 83명이 부상을 당했다. 두 전투에서 큰 타격을 입은 멕시코 부대는 결국 리오그란데 강을 넘어 후퇴했다. 테일러 부대의 초반 승리로 멕시코와의 전쟁은 조기에 끝날 것으로 보였지만 한번 시작한 전쟁은 쉽게 끝나지 않는다.

다. 헨리 소로

포크 대통령은 연방의회의 전폭적인 지지로 멕시코 전쟁을 시작했지만 이 전쟁은 베트남 전쟁 때와 같이 여론과 정치권의 강한 반발에 부딪쳤다. 미국의 영토를 태평양까지 넓히자는 "명백한 운명(Manifest Destiny)"는 미국인들이 열망한 바였지만 그것을 전쟁을 통해 달성해야 하는지에 대해서는 의견이 분분했다.

베트남 전쟁 때와 마찬가지로 이 전쟁도 국론분열로 이어졌다. 휘그당은 미국 군인을 지원하기 위해 필요한 법안에는 찬성했지만 전쟁 자체에 대해서는 처음부터 이 전쟁이 왜 일어났는지 의혹을 제기했다. 다니엘 웹스터는 "의회만이 전쟁을 선포할 수 있는데 대통령이 자신의 권한으로 군사적 조치를 취한 후 전쟁을 할 수밖에 없는 상황을 만든다면 헌법이 무슨 의미가 있겠는가?"라며 포크 대통령을 강하게 비판했다.

포크 정부에 대한 비판적인 여론은 산타 아나의 음모가 드러나면서 더욱 악화되었다. 포크 대통령은 쿠바에 유배되었던 산타 아나를 복귀시켜 멕시코와의 관계를 개선하려고

헨리 소로

했는데 산타 아나는 대통령직에 복귀한 후 미국을 배신하고 오히려 자신의 지지 기반을 확고히 하기 위해 미국과의 결사항전에 나섰다. 포크의 동지였던 벤턴 상원마저도 "전시 정부 지도자 중에서 포크만큼 군사적 항전보다 음모에 더 관심을 가졌던 사람은 없었다"며 그를 비난했다.

정치적 비판뿐만 아니라 지식층과 여론의 비판도 거셌다. 헨리 데이비드 소로는 전쟁을 위한 세금은 낼 수 없다며 하룻밤을 감옥에서 보내기도 했다. 에멀슨의 수제자였던 소로는 반항자로 유명했고 콩코드에서 연필을 만들었던 연필 제조공의 아들이었다. 그는 하버드를 졸업하고 아이들을 가르치며 지내다가 가업을 이어받기 위해 연필 제조에 뛰어들기도 했으나 얼마 후 "사업을 해보았지만 그 결과는 10년이 지나야만 볼 수 있고 그때쯤이면 나는 아마 악마에게로 달려가고 있을 것이다"라며 그의 반물질적인 성향을 드러냈다.

소로는 사업에서 손을 떼고 1845년 7월 4일부터 2년 이상 콩코드의 워든 호수에 오두막을 짓고 혼자서 지내면서 이 당시의 경험을 소재로 유명한 "워든(Walden)"이라는 책을 썼다. 그는 오늘날에도 가끔 유행하는 "적은 것이 많은 것이다(Less is More)"운동의 선구자였다. 그는 당시 미국을 휩쓸고 있었던 물질만능주의를 거부하고 1인 시위에 나섰다. 1840년대는 스트워트가 마블 팔래스(Marble Palace)라는 미국 최초의 백화점을 짓고 이어 지금도 유명한 메이시, 로드 앤

테일러 등의 백화점이 문을 열었다.

소로는 점점 물질만능주의에 물들어가는 미국을 비판하며 미국인들에게 자연으로 돌아가 단순한 삶을 살 것을 호소했다. 그는 워든 인근에서 키운 채소를 먹으며 간단한 식사만을 했다. 그는 "나는 차나 커피, 버터나 우유, 육류 등을 먹지 않았기 때문에 이를 얻기 위해 수고할 필요가 없었다"며 자신의 단순한 삶을 미국인들에게 알렸다.

소로는 이런 메시지를 더많은 미국인들에게 알리기 위해 에멀슨과 마찬가지로 이들이 쉽게 이해하고 받아들일 수 있는 언어와 표현으로 글을 썼다. 그는 대중들이 자극적이고 강렬한 것을 좋아한다는 사실을 인정하고 1847년 월든의 개정판을 냈을 때는 훨씬 더 강한 표현과 기괴한 이미지를 사용했다. 그는 고문을 당하고 불에 타는 사람들이나 평생 나무에 묶인 사람들을 언급했고 또한, 개미의 전쟁, 부엉이의 으스스한 울음소리도 묘사했으나 이런 기괴함뿐만 아니라 대중과의 소통에서 반드시 필요한 유머도 잊지 않았다. 그는 원숭이를 빗대어 "파리의 우두머리 원숭이는 여행자의 모자를 쓰고 미국은 모든 원숭이들이 모자를 쓴다"며 유럽의 계급사회와 미국의 시민사회를 비교했다.

소로는 비폭력 저항으로도 유명하다. 그는 "시민저항(Civil

Disobedience)"이라는 책에서 소로는 "최고의 정부는 통치를 하지 않는 정부"라며 정부가 개인의 삶을 제약하는 것을 비판했다. 그의 저항 이론은 도덕적인 개인이 부패한 정부보다 낫다는 이론에 기초한다. 그는 "국가가 개인을 국가보다 더 높고 독립적인 권력이라는 사실을 인정하기 전에는 진정 자유롭고 계몽된 국가는 없다"라며 국가보다 개인이 우선이라고 주장했고 나아가, 개인의 양심이 법보다 우선한 다고 주장했다.

소로는 이후 간디나 마틴 루터 킹 주니어의 비폭력 저항운동 에 큰 영향을 미쳤다. 하지만, 소로는 1850년대에 이르러 무폭력 저 항만으로는 변화가 가능하지 않다고 생각을 바꾸었다. 그는 다른 초 월주의자들과 함께 노예제도 폐지를 위해 폭력도 불사하는 존 브라 운을 지지하기 시작했다. 존 브라운이 남북전쟁 당시 영향력 있는 인물이 될 수 있었던 것은 초월주의자들의 지지가 큰 역할을 했다. 소로가 멕시코 전쟁에 쓰일 세금을 낼 수 없다며 감옥에 간 것도 바 로 이런 저항정신의 실천이었다.

멕시코 전쟁은 노예 문제로 인한 남북 간의 대립을 더욱 악화 시켰고 뉴잉글랜드를 중심으로 시작된 급진적인 노예해방 운동에 불을 당겼다. 이제 이 지역에서는 노예제도 자체를 반대하는 급진적 인 휘그당원들이 온건한 휘그당원들에게 도전하여 의석을 확보하기 시작했다. 소위 "양심적" 휘그라고 스스로를 부른 이들은 이제 노예 제도의 확산에 제동을 걸 뿐만 아니라 이미 노예제도가 실시되고 있는 남부주에서도 노예제도를 없애야 한다고 주장했다.

이들의 등장은 휘그당 내의 갈등을 키웠지만 1846-47년 사이에 있었던 중간선거에서 휘그당은 하원에서 두배 가까이 차이가 났던 민주당과의 의석수를 115대 108로 좁혔다. 하지만, 상원에서는 남부주의 결집으로 민주당 의석수가 오히려 약간 늘었다. 그러나 이러한 결과는 민주당 대 휘그당의 대결이 급속하게 북부주와 남부주의 지역대립으로 재편되고 있음을 보여주었고 미국은 영토의 크기에 비례하여 갈등이 커갔다.

라. 윈프리드 스콧

1846년 12월, 산타 아나의 배신을 확인한 포크 대통령은 의회에 보내는 두 번째 연두 교서에서 "우리가 전쟁을 하는 이유는 영토의 확장을 위한 것이 아니며 이 전쟁은 멕시코로 인해 시작되었고 멕시코 영토로 진입한 이상 명예로운 평화를 얻기 위해 전쟁에 힘을 쏟을 것이다"라며 멕시코 전쟁을 적당히 끝낼 생각이 없음을 명백히 했다. 포크 대통령은 이제 멕시코 정부를 협상 테이블로 불러내고 미국이 원하는 내용의 조약을 얻어내기 위해 멕시코 시티를 점령해야 한다고 결정했다. 멕시코 시티를 점령하기 위해서는 골프 만의 베라쿠즈를 확보하여 내륙을 장악하기 위한 교두보를 확보해야 했

윈프리드 스콧

다. 이 일을 위해서는 윈필드 스콧(Winfield Scott) 장군이 필요했다.

　　1786년 버지니아에서 태어난 스콧 장군은 1807년 아론 버가 반역죄로 재판을 받았을 때, 법정에서 재판을 보며 군인이 되기로 결심했다. 1812년 전쟁이 끝난 후, 스콧은 29살의 나이로 소장 대우로 진급했고 이후 27년 동안 장군으로 일한 그는 존 타일러 정부에서 육군참모총장으로 임명되었다. 그는 전형적인 군인으로써 여러 대통령을 모셨지만 잭슨 이외의 대통령에 대해서는 별다른 존경심을 갖지 않았다.

　　더군다나 그는 1840년 대통령 선거에서 휘그당 후보로 거론되었을 정도로 열렬한 휘그당원이었으므로 포크 대통령과 사이가 좋을 리가 없었다. 하지만, 포크 대통령은 의회가 멕시코에 선전포고를 한 이튿날 스콧을 멕시코 전쟁의 총사령관으로 임명했는데, 임명을 받은 스콧은 바로 전쟁터에 나가는 대신 워싱턴에 머물며 작전을 세웠다. 머뭇거리는 듯한 스콧에게 화가 난 포크는 테일러에게 현장 지휘를 맡기고 스콧은 행정적인 업무만 맡도록 했으며 스콧은 워싱턴에 머물면서 여름 내내 멕시코 시티 정복 작전을 세운다.

드디어 작전을 개시한 스콧 장군은 그의 부대를 이끌고 베라쿠르즈 인근의 콜라다(Collada) 해변에 교두보를 확보하는데 성공했다. 이때 스콧은 부관들과 함께 해변 사찰에 나섰는데, 군함이 잘못 이동하여 여러 포탄이 폭발했다. 다행히 이 포탄은 스콧이 있는 자리를 피해 터지는 바람에 스콧 및 부관들 모두가 무사했다. 그리고 이 부관들 중에는 이후 남북전쟁에서 활약을 했던 조지 미드, 로버트 리, 조셉 존슨 등이 있었는데, 만일 이들이 죽었다면 남북전쟁의 결과도 바뀌었을지 모른다. 이어 스콧의 군대 12,000명이 상륙에 성공했다. 이어 3월 27일에는 베라쿠르즈를 포위하여 항복을 받아내었고 멕시코 시티 진군을 준비했다.

스콧 장군이 베라쿠르즈에 입성한 날 산타 아나는 뷰에나 비스타에서 패배하여 샌 루이 포토시(San Lui Potosi)로 후퇴했다. 산타 아나는 또다른 미군 부대가 베라쿠르즈를 통해 멕시코 시티로 이동한다는 소식을 듣고 미군의 이동 경로 앞에 진을 쳤다. 스콧은 과거 스페인의 코르테즈가 마야 왕국을 공격하기 위해 이동했던 경로를 따라 멕시코시티로 진군했다. 뷰에나 비스타에서 멕시코시티로 돌아온 산타 아나는 반란을 진압한 후 멕시코 사람들에게 자신이 미국을 물리치겠다며 전투 준비에 나섰고 12,000명의 군사와 43개의 포를 구하여 세로 고르도(Cerro Gordo)에 방어진을 쳤다.

한편, 스콧 장군이 멕시코 내륙으로 이동 중이라는 소식을 접한 포크 대통령은 스콧 장군을 견제하고 자신이 멕시코와의 협상에서 주도권을 잡기 위해 스콧 장군과 함께 움직일 밀사를 구했다. 그러나 민주당 사람으로 다음 대선과 연관되지 않은 비정치적인 인물을 찾기는 쉽지 않았다. 처음에는 뷰캐넌을 생각했지만, 아직 멕시코와의 정식 외교 관계가 회복되지 않은 가운데 미국의 국무장관이 나서는 것은 멕시코로써도 부담이 될 수 있었다. 이런 저런 고민 끝에 포크는 뷰캐넌이 추천한 국무부의 수석 비서였던 니콜로스 트리스트(Nicholas P. Trist)를 임명했다. 변호사 출신인 트리스트는 스페인어에 능통했으며 무엇보다 제퍼슨의 손녀와 결혼했고 앤드루 잭슨 정부에서도 잭슨 대통령의 개인 비서로 일한 경력이 있어 확실한 민주당 인사였다.

고르도에 이른 스콧의 군대는 멕시코시티 진입을 위한 마지막 준비를 했다. 한편, 미군에게 쫓겨 멕시코시티로 돌아온 산타 아나는 자신을 비난하는 멕시코 사람들에게 마지막 항쟁을 하자며 군사를 모았다. 8월 7일, 스콧의 14,000명의 군사들이 멕시코시티까지 약 110km의 행군을 시작했다. 이들은 산맥을 이동했는데 계곡 아래에 위치한 멕시코시티가 한눈에 들어왔다. 산 위에서 내려다 본 호수와 평야로 둘러싸인 멕시코시티의 전경은 무척 아름다웠다. 미군은 200,000명이 거주하는 이 거대한 도시를 정복하기 위해서 산을 내려갔다. 스콧의 군대는 보급선도 끊겨 이제 돌아갈 길도 없었다.

마지막 전투는 치열했다. 이번에도 로버트 리가 멕시코 부대가 집결한 곳에 이를 수 있는 길을 찾아냈다. 8월 19일, 콘트리라스 전투(the battle of Contreras)에서 미군은 초반에 멕시코 부대에 밀린 듯했지만, 산타 아나가 갑자기 후퇴하여 전열을 가다듬을 수 있었고 8월 20일에는 미군이 다시 멕시코 군대를 공격하여 물러나게 했다. 드디어 멕시코 시티로 향하는 길이 열렸고 스콧은 츄러버스코(Churubusco)에서 산타 아나의 군대와 맞닥뜨렸다. 비가 온 뒤라 진흙탕에서 두 군대는 싸웠고 오후가 되어서는 미군이 서서히 기선을 잡았다. 이제 미군은 멕시코시티로부터 불과 5km 밖에 떨어지지 않은 위치까지 다가갔고 산타 아나는 마지막 수비선을 지키고 있었다.

8월 24일, 스콧과 산타 아나는 협상을 위해 잠시 휴전을 했으나 9월 6일에 멕시코 정부는 협상 중단을 선언했고 다시 전투가 재개되었다. 멕시코시티를 점령하기 위해서는 두 석조 건물인 모리노 델 레이(Moliono del Rey)와 차풀테펙 성을 점령해야 했다. 9월 8일 새벽, 워스 장군이 이끄는 부대가 모리노로 향했고 여기서 두 군대는 가장 치열한 전투를 했고 한 대대에서만 14명의 장교 중 11명의 목숨을 잃었다.

그러나 미국의 전투력은 멕시코 군대를 압도하여 결국 모리노는 미군에게 넘어갔으며 이 전투에서 멕시코인 2,000명이 사망했고 미국인 700명이 사망했다. 4일 후, 스콧의 포병부대가 차풀테펙 성에 포를 쏘았고 이 성을 지키던 한 멕시코 군인은 멕시코 국기를 지키기 위해 몸에 국기를 휘두르고 성 아래에 떨어져 죽었다. 그러나 차풀테펙 성은 결국 미국에 넘어왔고 이제 전쟁의 거의 끝났다.

두 성을 접수한 미군은 이어 멕시코시티의 성을 무너뜨리며 드디어 성문에 이르렀고 9월 14일, 미국의 성조기가 멕시코 수도에 걸렸으며 스콧 장군은 당당히 멕시코시티에 입성했다. 전쟁은 거의 끝났지만, 멕시코 정부는 여전히 미국과의 협상을 거부했다. 자칫 미군의 멕시코 주둔이 더 길어질 수 있는 상황이 되었다. 미군은 그 동안 전쟁의 긴장으로 쌓인 스트레스와 고통을 멕시코시티의 시민들에게 풀었기에 미군에 대한 멕시코 사람들의 반감은 점점 거세갔고 속히 협상을 끝내지 않으면 또 다른 전투를 해야하는 상황이 되어갔다.

마. 오리건

　　1845년 4월 29일 미국의 두 신문은 오리건에 대해 완전히 반대의 기사와 사설을 썼다. 민주당을 지지했던 글로브(Globe)지는 미국이 오리건의 병합을 위해 영국과의 전쟁도 불사해야 한다고 했다. 반영국 전통이 강했던 민주당 지지자들은 영국이 북미에 대해 여전히 미련을 못 버리는 이유는 세계의 다른 지역에서와 마찬가지로 제국의 야욕을 버리지 못했기 때문이라고 주장했다.

　　이제 유럽의 어느 국가와도 겨룰 힘이 된 미국은 이제는 영국이 미국을 쫓아오려 한다고 한 반면, 휘그당을 지지했던 인텔리전

오리건 영토

스(Intelligence)지는 민주당의 주장은 미국을 다시 전쟁에 몰아넣으려는 무책임한 주장이라며, 어차피 시간은 미국 편이기 때문에 불필요한 전쟁에 휘말릴 필요가 없다고 했다. 특히 최근 급증한 이민으로 오리건은 결국 미국으로 병합될 수밖에 없다고 했다. 포크 대통령도 자신의 취임사에서 "오리건 영토에 대한 미국의 영토권은 명확하며 이론의 여지가 없다"라며 오리건은 미국 땅임을 분명히 했다.

미국의 자신감은 넘쳤지만, 영국은 미국을 견제하기 위해 미국이 계속 오리건에 대한 독자적인 영토권을 주장한다면 결국 전쟁을 할 수밖에 없다고 엄포를 놓았다. 영국의회는 포크의 주장을 비난했고 타임즈지는 미국이 "이번에 자신의 의도를 확실하게 밝혔으며 만일 이를 실행한다면 영국에 대한 가장 명백한 선전포고가 될 것이다. 영국은 오리건 영토를 지키기 위해 전쟁도 각오하고 있다"고 썼다. 영국 의회의 주장과 보도를 접한 미국의 여론은 더욱 강경해졌고 이제는 민주당 지지자뿐만 아니라 미국 전체에 반영국 정서가 1812년 전쟁 이전처럼 뜨겁게 달아올랐다.

포크는 오리건 문제에 대해 단호했지만, 영국과의 전쟁을 원했던 것은 아니었고 내심 49도를 경계로 영국과의 타협을 원했지만 점차 고조되는 미국 내 여론이 오히려 그의 발목을 잡았다. 무엇보다 죽음을 앞둔 잭슨이 휴스턴에게 편지를 썼듯, 그에게도 오리건 문제의 중요성을 강조하며 "이 문제에 대해 영국과 타협하려 해서는 안 된다. 전쟁이 국가의 타락보다 낫다"며 포크가 오리건 문제에 대해 단호히 대처할 것을 권고했다. 일단 포크는 뷰캐넌에게 영국의 패큰햄(Pakenhams)과 협상을 벌이도록 했고 패큰햄은 미국이 먼저 안을 내어야 한다고 했다. 패큰햄의 의견에도 불구하고 포크는 뷰캐넌을 통해 미국이 오리건 지역 전체에 대한 영토권을 갖고 있으며 스페인과의 1818년 조약에 언급된 내용은 무효라는 강경한 안을 영국에 보냈다.

반면, 영국이 뷰캐넌의 편지에 대해 발끈하자 포크는 오히려 편지가 부적절했다며 영국이 적절한 안을 제시해 주길 바란다고 했다. 포크는 뷰캐넌의 편지와 자신의 여지를 드러내어 영국을 협상 테이블로 끌어드리려고 한 것이었으나 패큰햄은 뷰캐넌의 편지를 런던에 보내지도 않고 바로 거절했다. 그는 다시 미국에 "타협을 위한 안을 제출해 달라"고 주장했다. 포크는 패큰햄이 뷰캐넌의 편지를 런던에 보내지도 않고 스스로 이런 결정을 내린 것을 모른 체 영국의 일방적인 거절에 화를 내고 자신의 타협안 또한 더 이상 유효

하지 않다며 단호하게 대응했다. 포크의 취임과 함께 잠시 영국과의 협상 무드가 다시 급냉했다. 한편, 포크는 또 다른 과제인 멕시코와의 문제에 대처해야 했다.

멕시코와 전쟁이 시작되었지만, 포크 대통령은 영국과의 분쟁도 해결해야 했다. 포크가 대통령에 도전했던 1844년만해도 텍사스 병합이 가장 큰 이슈였는데, 텍사스 병합 문제가 어느 정도 해결되면서 1845년에는 오리건 병합 문제가 여론의 큰 관심사로 떠올랐다. 미국의 여론은 텍사스 병합 때와 마찬가지로 미국이 오리건 영토 전체에 대한 소유권을 갖고 있기 때문에 영국으로부터 위도 54.40까지 주장해야 한다고 했다. 앞의 포크 대통령의 의회 서신에서도 보았듯이 포크는 이 문제를 해결하기 위해 영국에 조약 해지 통지를 보내고 오리건 전체에 대한 미국의 보호를 선언하는 법의 제정을 요구했다.

1845년 12월 포크 장관 시절 늘 포크의 발목을 잡았던 뷰캐넌은 포크에게 영국이 중재에 관심이 있다며 중재에 회부하는 것이 어떻겠느냐고 제안했지만 포크와 다른 장관은 모두 중재를 거부했다. 하지만, 1845년 말에 포크는 자신의 친구이자 테네시 주지사로 선출된 아론 브라운(Aaron Brown)으로부터 영국에 대한 강경노선에서 한발 물러나 영국의 퇴로를 만들어주라는 편지를 받았다. 그리고 포크의 친구이자 영국의 대사로 있는 루이스 맥레인에게 협상권을 부여하는 것이 좋겠다고 조언했다. 포크는 영국에게 먼저 협상안을 제시할 생각은 없었지만, 브라운의 조언을 받아들여 영국이 협상안을 내도록 명분을 주는 작업에 들어갔다. 그는 영국이 협상안을 제시한다면 먼저 상원의 의견을 받고 이후 동의를 얻겠다고 했다. 이 전략은 협상의 공을 상원에 넘기는 것이었다.

1846년 2월 9일, 하원은 영국과의 공동소유 협정안의 폐기를 결의했으나 상원은 더 복잡했다. 위도 54.40이 아니면 안 된다는 측은 이 결의안에 어떠한 조건도 더해서는 안 된다고 했던 반면, 협상파는 영국과의 협상의 여지를 남기고 싶어했다. 상원에서 논란이 계속되던 중 노스캐롤라이나의 윌리엄 헤이우드(William H. Haywood)가 포크 정부는 영국이 타협안을 제시한다면 상원의 조언을 구할 것이라고 밝혔다. 이 발언을 들은 강경파는 당장 포크 대통령에게 타협을 생각하느냐고 다그쳤다. 포크는 자신이 헤이우드에게 이런 말을 전해도 된다는 어떤 승인도 하지 않았다고 부인했다. 하지만, 그는 헤이우드가 한 말의 내용 자체를 부인하지는 않았다. 이렇게 그는 협상의 여지를 남겼다.

한편, 영국은 미국 의회의 논란을 지켜보며 느긋하게 기다렸다. 상원의 논란이 계속되면서 자신들이 협상안을 제시하지 않아도 미국 스스로가 타협안을 제시할 수도 있었기 때문이었다. 논의가 길어지자 포크는 다시 벤턴을 백악관으로 초대하여 미국 정부의 딜레마를 설명했다. 상원에서 이 문제가 계속 논란거리가 되면 영국에 대한 미국의 협상 위치가 점점 악화될 수밖에 없다고 설명했다.

1846년 4월 16일, 상원은 조약 파기에 대한 결의안을 채택했지만, 그 내용 중에는 "오리건 지역에 대한 모든 분쟁을 협상을 통해 마무리 짓겠다" 라는 여지를 남겼다. 이 결의안을 접한 영국은 위도 49도의 타협안을 제출했다.

영국의 타협안을 받자 미국의 사정이 바뀌었다. 멕시코와의 전쟁이 거의 확실시 되면서 이제 미국은 영국과의 전쟁을 막아야만 했다. 포크 대통령은 오리건 문제에 대한 자신의 입장은 이미 지난 의회 서신에서 밝혔다며, 이 안에 대한 상원의 조언을 먼저 구하겠다고 했다. 멕시코와의 전쟁으로 한결음 물러난 상원의 강경파는 영국의 협상안을 받아들이도록 하는 결의안을 통과시켰고 이어 포크는 다시 상원의 정식 동의안을 구하고 상원은 정식으로 동의했다. 포크는 자신의 정치적 입장을 그대로 유지하면서 타협안에 대한 책임은 영국과 상원으로 넘기는 고도의 정치력을 보여주었다.

바. 캘리포니아

텍사스 문제로 미국과 멕시코 간의 갈등이 고조되면서 캘리포니아에 대한 두 국가 간의 신경도 예민해졌다. 1842년 10월 19일 토마스 엡 캡스비 존스(Thomas Ap Catesby Jones) 제독이 이끄는 미국의 군함 4척이 몬테레이만으로 들어섰다. 존스는 16살 때부터 해군 생활은 시작한 백전노장으로 캘리포니아 지역을 항해하는 미국 선박을 보호하기 위해 이곳으로 보내졌다.

그러나 존스는 미국이 멕시코와 전쟁이 시작되었다는 오보를 받고 즉각 캘리포니아로 진입했고 몬테레이 만에 들어선 존스는 몬테레이뿐만 아니라 캘리포니아 전 지역을 미국 영토로 선포했다. 그는 몬테레이에 위치한 멕시코 부대를 굴복시키고 이곳에 멕시코 국기 대신 미국성조기를 게양했지만, 멕시코와의 전쟁이 오보라는 사실을 알게 된 존스는 다시 성조기를 내리고 몬테레이로부터 철수했다. 이제 미국은 언제든 캘리포니아를 접수할 준비가 되어 있었다.

한편, 테일러 정부는 오리건, 텍사스와 캘리포니아 문제를 해결하기 위해 영국, 멕시코와 함께 3자 협정을 맺으려 했다. 이 협정안에 따르면 영국이 푸저 사운드를 포함한 콜럼비아 강 북쪽의 영토권을 확정받는 대신 멕시코의 부채를 탕감해 주고, 멕시코는 텍사스의 독립을 인정하고 위도 36도 이북의 지역을 미국에 양도하는 것이었다.

하지만, 이 조약에 대해 영국이 시큰둥하여 결국 좌절되었다. 만일 이 조약이 체결되었다면, 텍사스 문제는 조기 해결되었고 미국의 태평양 연안 국경도 확정되어 포크 대통령이 등장할 수 없었을지도 모른다. 대신, 미국의 영토는 지금보다 훨씬 작아졌거나, 텍사스

캘리포니아 주기

문제가 해결되었어도 캘리포니아를 놓고 미국과 멕시코는 또 다른 전쟁을 했을지도 모른다.

텍사스가 테일러의 작품이고 오리건 또한 오랜 기간 미국이 관심을 가져온 곳이라면 캘리포니아는 포크의 작품이었다. 그는 캘리포니아 병합을 포크 정부의 최대의 업적으로 남기고 싶어했고 이런 그의 생각은 민주당 신문이었던 유니온지를 통해 알려졌다. 이 신문은 "누가 서부로 넘치는 물결을 막을 것인가? 캘리포니아로 가는 길은 이미 우리에게 열려 있다. 누가 이곳으로 갈 것인가"라며 미국인들의 관심을 텍사스를 넘어 캘리포니아까지 이르게 했다.

더군다나 영국이 호시탐탐 노리는 이 지역을 미국은 빨리 병합하여 영국의 간섭을 막아야 했다. 포크가 영국의 영사로 임명한 로버트 암스트롱(Robert Armstrong)은 멕시코가 영국에 대한 배상 문제를 해결하기 위해 캘리포니아를 담보로 제공하려 한다며 오리건 문제와 함께 캘리포니아 문제도 해결해야 한다고 주장했다. 그는 "영국이 캘리포니아를 가져서는 안 되며 오리건 문제로 시비를 걸어 이것을 막아야 한다"고 포크에게 조언했다.

캘리포니아의 병합은 무엇보다 대서양과 태평양 양안으로 둘러 쌓인 거대한 제국을 완성하는 일이었고 특히 철도와 전신의 발달로 이런 거대한 국가도 얼마든지 통치할 수 있게 되었다. 미국영토국의 찰스 플랫쳐(Charles Fletcher)는 5대호를 둘러보며 동부에서 캘리포니아에 이르는 철도를 만들면 캘리포니아의 병합은 문제될 것이 없다고 주장했다. 동서횡단 철도가 만들어지면 태평양에서 미시간 호수까지 10일이면 올 수 있을 것이라고 장담했다. 또한 전신에 대해서는 "이 발명품은 이미 완성되었고 민간에서 이 기술을 사용하도록 정부가 돕는 일만 남았다"며 정부가 기술 활용에 발벗고 나서야 한다고 주장했다.

캘리포니아에 대한 미국인들의 열망이 점점 거세지던 시점에 캘리포니아의 영사인 토마스 랄킨(Thomas Larkin)으로부터 영국이 멕시코에게 캘리포니아 지역의 영토권을 더 확실히 하기 위해 군대를 파견시키려 한다는 보고를 받았다. 반면, 캘리포니아에 정착한 사람들은 자신들의 자치를 억제하려는 멕시코의 어떠한 시도에 대해서도 저항할 것이라고 했다. 이 보고서를 받은 포크는 먼로 독트린을 들추어내며 미국은 유럽 국가가 미대륙 어느 곳에서든지 식민지를 개척하려는 시도에 단호하게 대처할 것을 분명히 했다. 포크는 캘리포니아 병합을 위해 더 빨리 움직이기 시작했다. 텍사스 국경 보호에 이어 이 지역에 대한 미국의 영향력을 강화하기 위해 포크 대통령은 또 다른 군사 작전을 준비했다.

프리몬트는 1842년 여름에 본격적인 서부 탐사에 나선다. 그는 오리건 길(the Oregon Trail)을 따라 남부 경로(South Pass)를 지나 서부 지역을 탐사했고 그 내용을 책으로 발간하여 일약 유명인사로 떠올랐으며 그의 탐사로 사람들은 오리건 길을 따라 서부로 이동했다. 1843년 3월, 그는 제2차 탐사에 나섰다. 이번에는 보다 더 긴 여정을 위해 군대로부터의 지원을 요청했다. 그가 지나치게 많은 것을 요청하지 장교들은 그의 의도를 의심했지만 벤턴의 사위인 프리몬트를 무시할 수 없었다. 그는 서부로 또 다른 길을 찾아나섰지만 오리건 길 이외의 다른 길은 쉽지가 않았다. 로키 산맥을 간신히 넘어 휘트맨 선교지에 이르는 그는 11월에 다시 남쪽으로 향하여 멕시코 국경을 넘었다.

수 주간을 헤맨 끝에 그는 겨우 수터 요새(Sutter's Fort)에 이르렀다. 체력을 회복한 그는 여기서 다시 캘리포니아의 중앙 계곡을 지나 시에라 네바다 산맥을 우회한 후 다시 세인트 루이스로 돌아왔고 이 여정을 통해 미국 서부의 지도를 그렸으며 이곳의 전문가가 되었다. 이 여정이 끝난 후 프리몬트는 워싱턴에 이르러 장인과 포크 대통령을 만났으며 이후 그는 다시 서부 여정에 나섰는데, 이번에도 다시 수터 요새로 향했다. 여기서 그는 조셉 워커가 이끄는 무리와 합류하며 어느새 60명이 넘는 부대가 되었다. 멕시코는 프리몬트의 움직임을 지켜보며 항의서신을 보냈다.

그는 항의서신에도 불구하고 요새를 강화하는 등 군사적 행동을 서슴치 않았다. 멕시코와의 갈등이 점점 고조되는 듯하다 3월 9일 프리몬트는 다시 고삐를 돌려 오리건으로 향했다. 이때 포크 대통령의 서신을 가지고 온 길레스피(Archibald H. Gillepie)가 캘리포니아에 도착했고 그는 곧바로 프리몬트를 찾으러 나섰다. 벤턴의 사위 프리먼트와 대통령의 서신을 가져온 길레스피가 합류하는 것을 지켜보면서 캘리포니아 사람들은 뭔가 큰 일이 터질 것을 우려했다.

프레몬트가 남하하고 있다는 소식에 미국에서 캘리포니아로 이주해 온 사람들은 사람들을 소집하여 전투 준비에 나섰다. 이중 일부는 소노마를 점령하고 오늘날 캘리포니아의 주기인 곰이 새겨진 깃발을 올렸다. 이들은 프레몬트를 지도자로 세우고 7월 4일 소노마에서 축포를 터뜨렸으며 프레몬트는 이날 제퍼슨의 독립선언문을 낭독했다. 이 작은 반란 이후 3일만에 미 해군이 1842년과 같이 몬토레이를 접수하였다. 그런데 이 해군을 이끈 슬로트 준장은 캘리포니아 전체를 미국의 영토로 병합한다고 선포했다. 이어 존 몽고메리 대위가 요바뷰에나(이후 샌프란시스코)에서 같은 선포를 했다. 물론 이 둘에게는 이런 권한이 없었지만, 이로 인해 소노마에 잠시 휘날렸던 캘리포니아 기는 다시 성조기로 대체되었다.

이어 로버트 스톡턴(Robert Stockton)이 텍사스로부터 캘리포니아로 이동했고 슬로트를 대신하여 태평양 부대에 대한 지휘권을 인계받았다. 이제 두 필러버스터와 스톡턴, 프레몬트가 남은 캘리포니아 지역을 다니며 마을을 점령했다. 8월 13일에 로스앤젤리스가 넘어왔고, 8월 17일이 되어서야 미국과 멕시코 사이의 전쟁을 알리는 소식이 전해졌다. 그러나 이들은 캘리포니아를 점령하면서 억압적인 태도로 일관하여 불만이 쌓인 캘리포니아 사람들은 미국을 상대로 반란을 일으켰다.

로스앤젤리스를 지키고 있던 길렙시는 반군에게 투항했고 다급해진 스톡턴은 다시 해군을 남쪽으로 돌려 반군과의 싸움에 나섰으며 반군은 여새를 몰아 산타 바바라와 샌디애고를 점령했다. 그런데, 이 때 마침 뉴멕시코에서 스테판 왓츠 카니(Stephen Watts Kearny)가 이끄는 추가 병력이 도착했고 여기에 프레몬트까지 가세한 후 미국은 로스앤젤리스에서 반군을 물리치고 다시 캘리포니아를 장악했다.

1월 19일 스톡턴은 프레몬트를 캘리포니아의 주지사로 임명했지만, 스톡턴에게는 그런 권한이 없었고 오히려 권한이 있었던 커니가 맞서 결국 프레몬트 대신 미 해군 장교를 군정의 수반으로 임명하게 되었다. 워싱턴으로 돌아온 커니는 프레몬트를 명령불복으로 군재판에 회부했고 이 소송은 일대 미국인들의 관심을 사로잡았다. 프레몬트는 복무해지를 선고 받았지만, 포크가 나서 면제해 주었다. 군에서 제대한 프레몬트는 젝슨처럼 유명 인사가 되어 1856년에 민주당의 대통령 후보 대항마로 나섰다.

사. 니콜라스 트리스트

멕시코 전쟁은 포크 대통령이 진두지휘를 했지만 그 결과물에 가장 큰 영향을 미친 인물은 니콜라스 트리스트(Nicholas Trist)였다. 멕시코 전쟁은 제커리 테일러, 윈필드 스콧과 같은 영웅을 낳았고 이후 남북전쟁의 주역이 될 그랜트, 리 장군 등이 실전 경험을 쌓은 전쟁이었지만 전쟁의 마지막을 장식한 과달루페-이달고 조약의 협상 및 최종 체결 과정에서는 트리스트가 가장 큰 역할을 했다.

1800년 6월 2일, 버지니아 주의 샬롯빌에서 태어난 트리스트는 버지니아 주의 명망가 출신으로 토마스 제퍼슨의 외손녀인 버지니아 랜돌프와 결혼했다. 그는 비상한 머리를 가졌고 스페인과 프랑스어 등 다양한 언어를 구사한 재원이었으며 제퍼슨은 물론, 윈필드 스콧, 제임스 뷰캐넌, 토크빌 등 당대의 유명 인사들과 가깝게 지내 이들의 신임이 두터웠다.

니콜라스 트리스트

트리스트는 명석한 두뇌와 든든한 배경을 가졌지만 대인관계에서는 빵점이었다. 그는 대중 앞에서 연설을 한 기록이 없고 누군가 자신을 비판하면 장문의 편지로 반박하며 상대방을 깎아 내렸다. 트리스트는 미국의 하바나 영사 시절, 영국의 외교장관이었던 파멀슨 경이 자신이 노예무역을 도왔다고 비난하자 무려 140쪽의 편지로 반박을 했다. 이 편지에는 영국의 노예무역 역사부터 시작하여 영국 제국을 비방하는 내용까지 담고 있었다.

트리스트는 대중 앞에서 말을 하지는 못했지만 친구를 사귀는 데는 뛰어났다. 그의 우수한 능력에 제퍼슨, 매디슨 및 잭슨 등은 호감을 가졌고 그에게 비밀스러운 일을 많이 맡겼다. 이런 배경으로 포크도 멕시코 전쟁이 끝나갈 무렵 트리스트에게 멕시코와의 평화협정 협상을 위한 미국 협상 대표의 임무를 맡겼는데, 막상 일을 맡은 트리스트는 자신의 지인이기도했던 스콧 장군을 배제한 체 멕시코와의 협상을 독단적으로 진행했다. 그는 멕시코와의 협상을 시작하면서 스콧에게 아무 언질도 주지 않고 미국의 협상안을 전달하라고 지시했다. 이런 트리스트의 모습에 화가 난 스콧은 트리스트와 대화를 거부했고 이로 인해 협상 과정은 난항을 겪었다.

한동안 난항을 겪던 협상은 트리스트와 스콧이 화해를 하면서 돌파구를 찾았다. 한편, 멕시코와의 전쟁에서 완승을 하자 포크는 이전과는 달리 욕심을 내기 시작했고 이제 텍사스의 국경으로 리오그란데 강뿐만 아니라 캘리포니아와 뉴멕시코도 양도 받을 것을 명했다. 여기에 바하 캘리포니아와 테우한테펙 지협에 수로를 건설할 수 있는 땅도 양도 받으라고 했다. 반면, 멕시코 정부는 캘리포니아 영토 중 샌프란시스코 지역까지는 양보를 해도 그 이외의 지역에 대해서는 견고했다.

트리스트는 포크 대통령의 요구를 거부했다. 결국, 포크는 그를 소환하는 명령을 보냈는데, 트리스트는 명령 통지서를 무시하고 협상을 이어갔다. 그는 포크의 지나친 요구로 산타 아나 이후 들어선 멕시코의 정부에 부담이 되어 결국 멕시코 정부의 붕괴로 이어질 것을 우려했다.

트리스트는 멕시코 정부에게 상황을 설명하며 하루 속히 자신의 안을 받아들일 것을 권했고 포크에게는 협상을 이어가겠다며 그의 소환을 받아들이지 않았다. 트리스트는 멕시코 정부로부터 지금의 캘리포니아와 뉴멕시코 지역을 2천만불에 양도받았다. 1848년 미국이 스페인에게 쿠바 양도를 위해 5천만불에서 1억불을 제시한 것에 비하면 이 금액은 잔돈이었다. 실제 전쟁 비용이 일억불 정도였던 것에 비교해보면 이 넓은 땅을 이렇게 헐값에 구매한 것은 놀라운 일이었다.

1848년 2월 2일, 트리스트는 평화협정에 서명했다. 포크는 버틀러 장군에게 무력으로라도 협상을 멈추게 하라고 명령했지만 버틀러 장군은 뒤늦게 도착했다. 포크 대통령으로써도 이미 서명된 평화협정을 무효화하고 멕시코와의 갈등을 이어가기에는 역부족이었다. 트리스트는 당시 가장 현실적인 협상안에 서명했지만 그 댓가는 컸다. 포크는 그를 체포하여 미국으로 데려왔다. 그는 기소되지는 않았지만 협상 기간 받기로 한 월급과 협상 비용을 전혀 받지 못했다. 또한, 미국으로 돌아온 후 이전과는 달리 더 이상 공개적인 활동을 못하고 야인으로 지내야 했다.

역사는 언제 어디서 우리에게 무엇을 요구할지 모른다.

제 10 장

위기와 분열

가. 위기

나. 분열

다. 미래

위기와 분열

한 때 중동의 독재자들이 도미노처럼 무너져 내리면서 전세계는 중동에도 드디어 자유민주주의의 시대가 도래했다는 때이른 축제를 벌였다. 하지만, 역사에서 구체제의 몰락이 결코 쉽게 일어나지 않으며 오히려 혼돈의 공간은 권력 욕구를 주체할 수 없는 또 다른 독재자에게 권력을 넘기게 된다는 것을 여러 차례 보여주었다. 성숙한 자유민주주의 국가가 된다는 것은 결코 쉬운 여정이 아니다.

1848년 파리 혁명의 소식이 미국에 전해지면서 미국도 혁명의 열기에 휩싸였다. 미국은 유럽이 이제서야 왕정을 떨쳐버리고 국민이 주인인 주권재민의 시대를 열게 되었다고 환호했다. 뉴욕의 페니페이퍼들은 특유의 흥분된 논조로 "혁명의 손가락이 우리를 예로 삼고 있다"며 미연방국이야말로 유럽 혁명의 이상이라고 미국을 추

1848년 프랑스 혁명

켜세웠다. 뉴욕시에서는 유럽혁명의 지원하는 "대규모 데모"가 열렸고 이 데모에는 미국으로 이민 온 유럽 각 국가 출신 이주자들이 모국의 혁명을 응원하기 위해 몰려들었다.

혁명 열기는 이민자 표를 중요시하고 "국민 주권"을 주장했던 민주당에게 호재였다. 민주당은 1848년 5월 정강으로 "주권재민"을 내세우며 "구체재의 폐허 위에 새로운 공화국이 탄생하는 것"을 지지했다. 특히, 민주당이 전통적으로 지지했던 프랑스의 제2공화국 출범을 축하했다. 휘그당 내의 개혁파들은 유럽의 혁명을 지지했지만 휘그당 내의 보수파들은 유럽 혁명이 미국과는 달리 무질서하게 진행되는 것을 우려하며 유럽이 무정부 상태로 빠지게 될 것을 우려했다.

민주당이라고 무조건 유럽 혁명을 지지한 것은 아니었다. 칼훈과 같은 남부주의 보수파들은 유럽이 공화정을 하기에는 아직 준비가 부족하다고 생각했다. 프랑스 공화국이 프랑스의 서인도 제도의 노예 해방을 단행하자 칼훈은 위기감에 유럽 혁명을 반대했다. 이런 상황에서 독일의 리버럴들은 칼훈의 정치적 배경을 알지도 못한체 새 공화국의 헌법 초안을 만들어 달라고 부탁했고 칼훈은 독일에게 오히려 주정부의 권한을 유지하는 것이 낫다고 조언하기도 했다.

19세기 중반에 이르러 북미 대륙은 유럽 열강이 더 이상 힘을 발휘할 수 없는 곳이 되었지만, 면 산업과 같이 유럽의 생산 기지가 된 미국은 유럽 사태로 직접적인 타격을 받는다. 1848년 초반에 면 가격은 급격히 떨어졌고 유럽은 전쟁으로 미국의 채권을 매입할 수 없었다. 갑자기 자본 조달과 상품 판매 시장이 사라지자 미국의 경제는 급랭했다. 그런데, 1848년의 유럽 혁명의 횃불은 오래 가지 못했다. 그 해 말이 되면서 대부분의 국가에서 개혁은 길을 잃었고 1851년에는 프랑스의 제2공화국마저 나폴리옹 3세의 시대로 바뀌었다.

　　유럽의 혁명 열기는 금방 시들었지만 유럽의 안정은 미국 경제의 회복으로 이어졌다. 채권을 팔지 못했던 미국의 은행은 다시 유럽의 자금을 들여올 수 있었고 한동안 멈추었던 면 생산도 다시 활기를 되찾았다. 유럽이 빠르게 안정되면서 미국은 멕시코 전쟁으로 획득한 광대한 대륙의 개발에 박차를 기할 수 있게 되었다. 백인들은 앞다투어 서쪽으로 이주했고 미국은 이 지역에 이미 살고 있었던 남미와 아시아 사람들도 흡수할 수 있게 되었다. 이어 아일랜드의 흉년으로 수많은 아일랜드 카톨릭 교도들이 미국으로 이주해 왔고 미국은 영토가 넓어진만큼 훨씬 다원화된 사회가 되었다. 미국의 팽창은 오히려 미국인은 누구인가 라는 근본적인 질문을 던지게 되었다.

가. 위기

유럽이 다시 혁명의 열기로 달아오르던 1848년, 미국은 멈추지 않는 성장을 달린다. 1812년 전쟁에서 영국에 힘없이 휘둘렸던 미국은 36년이라는 짧은 세월 동안 북미 전역을 집어 삼킨 무서운 국가로 성장했다. 1776년 하나의 "실험"으로 시작된 미연방 국가는 유럽인들이 곧 허물어 질 것이라는 조롱을 비웃기라도 하듯 역사상 유례를 찾기 힘든 발전을 이루었다. 멕시코와의 전쟁에서 승리한 미국의 영토는 독립 당시 890,000 square miles에서 3배가 넘는 3백만 square miles로 늘었고 13개의 주는 30개로 늘었으며 이 넓은 영토에 인구는 매 10년마다 약 30%씩 성장했다.

영토뿐만 아니라 경제도 숨쉴 틈 없이 성장했다. 1848년 미국의 GNP는 1800년 대비 7배가 올랐고 1인당 국민 소득은 두배로

쇠사슬에 묶인 손

늘었고 면직 산업을 중심으로 미국의 생산품은 1850년에 6배가 늘었다. 생산은 수출의 증가로도 이어져 1790년에는 2천만불 정도 수준의 수출이 1848년에는 1억3천8백만 불에 이르렀다. 이런 급성장의 배경에는 운하와 도로 등 교통망의 발달이 큰 역할을 했다.

미국은 눈부신 성장을 했지만 그 혜택은 백인들에게로 돌아갔다. 원주민이었던 인디언은 영토를 잃고 오랜 세월 이어 온 생활 방식을 누리기가 더욱 어려워졌다. 인디언은 미국이라는 막강한 국가를 상대로 대항할 수 있는 연합체를 형성하는데 실패하면서 자신의 삶의 터전에서 쫓겨나 낯선 지역에 정착하여 힘든 삶을 이어갔고 흑인들은 건국 당시보다 자유를 잃고 더 힘든 삶을 살아야 했다. 흑인은 건국 당시보다 많은 자유를 잃고 흑인 노예들에 대한 남부주의 억압은 더욱 강화되었으며 인디언과 흑인뿐만 아니라 여성들은 인종을 불문하고 정치 참여는 물론, 투표권조차 부여 받지 못했다.

자유를 외치며 탄생한 미국은 모순으로 가득했다. 백인 남성은 남부주를 중심으로 견고한 지배 체재를 갖추었다고 생각했다. 그리고 대외적으로도 유럽은 이렇게 성장한 미국의 모습에 이제 경의를 표했으나 자유와 노예라는 모순은 억압과 타협만으로 해결될 수 없었다. 어떤 국가가 될 것인가의 정체성 문제는 결국 도덕적 문제에 직면하면서 그 답이 결정된다.

1848년, 미국에는 15개의 노예주가 있었고 노예주는 크게 세 지역으로 나뉘어졌다. 노예제도가 가장 왕성했고 노예의 구성 비율이 가장 컸던 디프 사우스(Deep South)에는 사우스캐롤라이나, 조지아, 플로리다, 앨라배마, 미시시피, 루이지애나와 텍사스 주가 있었다. 이어 중간 사우스(Middle South)에는 버지니아, 노스캐롤라이나, 알칸사스, 테네시 주가 있었다. 그리고 경계 사우스(Border South)에는 델라웨어, 메릴랜드, 미조리와 캔터키 주가 있었다. 사우스캐롤라이나와 미시시피 주의 노예는 전체 주 인구의 과반수를 넘었으며 흑인 노예는 독립 당시만해도 500,000명 정도였던 수가 1850년에는 무려 3백만 명으로 늘었다.

남부주의 노예가 늘어난만큼 노예제도에 대한 미국 북부주 사람들의 인식도 바뀌었다. 건국 당시만해도 미연방의 유지를 위해 노예제도를 눈감아 주었던 이 지역 사람들은 오히려 점점 늘어나는 노예 인구에 당황했고 이들을 착취하여 부를 누리는 남부인들을 더 이상 용납할 수 없었다.

1816년, 미국 식민지 협회(ACS)가 창립될 때까지만해도 흑인 식민지 운동을 주로 지원했던 북부 지역에서 도대체 해결되지 않는 노예 문제에 보다 근본적인 노예제도 폐지가 필요하다는 목소리가 커갔다. 윌리엄 로이드 개리슨은 노예제도가 죄이며 노예제도를 용인하는 것은 양심을 외면하는 것이라고 주장했다. 이런 반노예주의 운동은 미연방이 노예제도를 허용하기 때문에 반연방 주장을 하기까지 이르렀지만 북부의 반노예주의 운동은 점차 확산되어 어느새 회원이 십만 명이 넘었다.

이런 백인 사이의 갈등뿐만 아니라 노예들 사이에서도 저항의식이 점차 강해졌으며 노예들은 남녀노소를 불문하고 자유를 갈망했다. 한 흑인 노예는 "내 안의 심장은 자유의 생명을 느끼고 싶어 갈망했다"고 기록했고 또 다른 노예는 "어떤 노예도 자신이 노예로 태어났다고 생각하지 않는다"며 노예들 안에 있는 자유의지를 드러냈다. 노예들은 소극적으로는 태업을 통해, 적극적으로는 반란을 일으키며 노예제도에 반항했다. 1831년 네드 터너는 미국 역사상 가장 유명한 노예 반란을 일으켰고 일부 노예는 자유를 찾아 북부주로 도망쳤으며 북부주 사람들은 지하 도로망을 통해 이들의 도주를 도왔다.

노예제도가 가진 모순이 분명했지만, 남부주 사람들은 이를 받아들이지 않았다. 아니, 오히려 자신들의 삶이 훨씬 더 문명적이며 흑인들이 백인의 노예로 사는 것이 자유인으로 사는 것보다 훨씬 더 낫다고 주장했다. 이들은 자신들이 흑인 노예의 가부장으로 이들의 삶을 책임지고 있다고 정당화했다. 백인이 흑인을 돌보아야 한다는 의식을 강화하기 위해 흑인은 태생적으로 열등한 존재이며 심지어 성경의 함 자손이라고 부르며 노예제도를 정당화했다.

그러나 이런 남부주 백인들의 자신감의 근저에는 오히려 흑인에 대한 두려움이 있었다. 서인도 제도에서 일어난 노예 반란 소식이 전해지면서 흑인에 대한 백인의 두려움은 더 커졌고 특히, 사우스캐롤라이나와 같이 노예가 오히려 다수였던 지역은 자신들의 두려움을 감추기 위해 더욱 호전적으로 노예제도를 옹호했다. 사우스캐롤라이나의 한 저명한 시민은 "흑인이 기술자가 되면 그는 반만 자유롭다. 토지야말로 흑인에게 맞는 지역이다"라며 흑인이 노예로 일하는 것을 당연시했다.

자유와 공존할 수 없는 노예제도의 모순은 미국의 원죄이며 태생적인 한계였다. 이제 미국에 선택의 순간이 다가왔다. 아니, 선택을 할 수밖에 없는 상황이다. 자유를 기반으로 한 자유민주주의와 자유를 가장 극명하게 억압하는 노예제도는 공존할 수 없는 현실이다.

나. 분열

미국이 눈부신 성장을 이룬 바로 그 시기에 노예제도는 미국 독립의 근거였던 자유의 새로운 도전에 직면했다. 수백만 명의 흑인들은 자유의 제국과 노예제도가 공존하는 것을 받아들일 수 없었고 흑인들은 자유를 찾기 위한 투쟁에 나섰다. 이들 중에는 앞에서 살

자유를 찾아 탈출하는 흑인 노예

펴본 네드 터너와 같이 자유를 위해 무장투쟁을 단행한 사례도 있었다. 흑인의 무장봉기 가능성은 남부주 백인들이 노예의 주인이면서 오히려 노예를 두려워 해야하는 모순을 나았다. 그리고 반란의 가능성으로 남부주 백인은 흑인을 더욱 가혹하게 다루었고 흑인뿐만 아니라 노예해방과 노예제도 폐지를 주장하는 북부주에 대한 적대심도 더욱 커갔다.

무장봉기 대신 자유를 찾아 북부주로 탈출하는 흑인도 있었다. 북부주의 노예제도 폐지론자들은 북부주로 피신하려는 노예들은 지하 망을 통해 도주시켰고 북부에 와서도 계속 보호해주었다. 반면 남부주는 도망가는 노예를 다시 잡아오기 위해 연방정부에 더 강한 도주노예법의 입법을 요구했고 이런 남부주의 요구는 북부주의 더 큰 반발을 가져왔다.

북부주와 남부주 간의 노예제도의 차이는 실제 경제에 있어서도 큰 차이를 낳았다. 본격적인 산업화를 추진한 북부주는 1850년대에 이르러 미국 전체 생산량의 무려 90%를 차지하게 되었다. 북부주의 도시화도 가속화되어 미국 북동부 지역에서 도시에 사는 인구는 25%에 이른 반면 남부주의 도시 인구는 10%도 되지 않았다. 역사적으로 노예제도를 채택한 국가가 자발적으로 산업화에 성공한 사례는 단 한번도 없었다. 미국의 남부주도 예외가 아니었다.

노예제도를 채택한 곳에서 산업화가 불가능하는 데는 여러 이유가 있다. 노예의 생산성 자체가 낮은 것은 아니었다. 첫째는 노예의 저항이었는데 노예는 기구를 함부러 사용하여 망가지도록 했다. 남부의 노예주는 노예가 없는 백인들의 지지를 유지해야 했다. 노예를 두지 못하는 남부주 백인은 오히려 흑인 노예들과 일을 위해 경쟁을 해야 했고 이런 현실에서 노예 농장주들을 백인들의 불만을 잠재우기 위한 비용을 지불해야했다.

또 다른 문제는 1차 산업에 종사하는 노예 문제였다. 농업은 계절을 타는 일이다. 흑인 노예들은 씨를 뿌리고 거두어야 하는 기간 동안은 많은 양의 노동을 해야 하지만 그럴 수 없는 계절에는 아무 것도 하지 않았다. 비싼 비용을 지불한 노예 노동이 쉬는 것을 원하지 않았던 노예주들은 농사 계절이 아닌 시기에는 이들을 농장 유지를 위한 다른 일을 시켰다. 이렇게 노예들에게 농장 유지를 위한 다양한 일을 시키면서 노예 농장은 자립 경제를 유지했는데, 이로 인해 분업화와 무역이 일어나지 않았다. 또한, 노예 노동으로 새로운 기술 혁신이나 생산성 향상을 위한 노력이 필요없었다.

노예제도가 이렇게 비효율적이며 오히려 경제 성장의 장애 요인이 됨에도 불구하고 노예주들은 자신들의 사회가 북부에 비해 더 안정되고 이상적이라고 착각했다. 이렇게 자신들의 사회를 이상화 시켜야 하는 이유는 흑인들을 억압하기 위해서 뿐만 아니라 가난한 백인들이 흑인과 연대하여 저항하는 것을 막아야 했다. 게다가 다른 백인들이 북부주의 백인 노동자들과 같이 별도의 정치세력이 되는 것도 막아야 했다. 남부주의 한 지도자는 산업화로 남부주의 백인들이 북부주와 같은 노동자들이 되어 연대를 형성한다면 "이들이 북부주의 백인들처럼 노예해방을 외칠 것이다"라며 산업화와 도시화를 저지해야 한다고 주장했다.

노예제도의 한계가 분명한데도 남부주 노예주들은 노예제도를 합리화하기 위한 거짓말을 만들었는데 흑인들이 오히려 노예의 삶을 선호한다고 했고 북부주의 노예폐지론자들이 흑인을 선동한다고 비난했다. 그래서 이들은 외부 사람들을 경계했으나 이것은 현실과 상상을 구분하지 못한 결과였다. 남부주에 대한 위협은 남부주 안에서 자유를 갈망하는 흑인과 이들을 지지하는 무리들이 있기 때문에 존재하는 것이며 북부주가 영향력을 미칠 수 있는 이유도 그런 실체가 존재했기 때문이었다.

다. 미래

　　멕시코 전쟁은 미국의 완승으로 끝났고 그 결과 미국 영토가 대서양에서 태평양까지 이르는 대국이 되었다. 미국은 양안을 접수함으로써 유럽 대륙과 아시아 대륙을 동시에 왕래할 수 있게 되었고 양 대양은 미국 본토를 지키는 든든한 방어막이 되었다. 그러나 멕시코 전쟁으로 노예 문제를 중심으로 한 미국 내의 분열은 더욱 심화되었다. 잭슨 대통령과 함께 등장한 민주당과 휘그당의 양당 체제가 북부주와 남부주의 지역 갈등으로 바뀌었고, 이런 지역 갈등은 민주당과 휘그당 내의 갈등을 부추겼다. 특히 휘그당 내에서는 노예 문제에 대한 해법의 차이로 급진적인 노예해방주의와 온건한 노예제도 확산 방지라는 두 노선이 출동하여 내분이 더 심화되었다.

　　멕시코 전쟁은 이후 미국에서 벌어지는 남북전쟁의 예비 전쟁이라고 불리기도 한다. 앞에서 살펴 보았듯이 멕시코 전쟁의 전우들이었던 로버트 리, 율리시스 그랜트, 제임스 롱스트리트, 조지 미드 등은 남북전쟁에서 서로 적군이 되어 처절한 전쟁을 치렀다. 미국이 멕시코 전쟁에서 수적 열세에도 불구하고 승리할 수 있었던 이유는 우세한 화력 때문이었는데, 미국의 기술력으로 우수한 포와 총을 만들 수 있어서 멕시코 군인들에 비해 훨씬 더 많은 사람들을 죽일 수 있었다. 오늘날 미국의 군사력은 이미 이 시대부터 주변국가를 압도하기 시작했지만 이러한 무기 기술은 남북전쟁에서 서로를 죽이는 도구가 되어 이 전쟁은 미국 역사상 가장 처참한 전쟁으로 기록되기도 했다.

미국과 멕시코의 전쟁은 군사 전략적으로 이후 남북전쟁과 유사한 점이 많았다. 미국의 연방군대는 극렬하게 저항하는 남부의 넓은 영토를 점령해야 했으며 멕시코 전쟁에서와 마찬가지로 해군의 봉쇄와 지원사격은 남부주의 물자를 차단하고 저항의지를 꺾는 데 중요한 역할을 했다. 이런 해군의 역할은 지금도 미국이 전세계를 누빌 수 있는 원동력이다. 또한, 멕시코 전쟁에서는 여성들의 역할이 늘었다. 이 시대 전쟁에서는 여성들이 군인들의 옷을 빨거나 부상자 치료를 위해 군대와 함께 움직였는데, 멕시코 전쟁에서는 이런 여성들의 역할이 더 늘어나고 체계화되었다. 영화 "바람과 함께 사라지다"에서 나오는 병원에서 일하는 여성들의 모습이 바로 멕시코 전쟁을 통해 체계화된 지원 제도의 모습이다.

아이러니하게도 전쟁은 기술의 비약적인 발전으로 이어졌다. 앞에서 살펴본 바와 같이 멕시코 전쟁에서 통신의 지연은 작전 수립과 실행 사이에 큰 간극을 나았다. 미국은 이 틈을 막기 위해 모르스 코드 기술을 더욱 발전시켰고 주요 지역에 전선을 늘렸다. 1846년 6월이 되어서는 워싱턴, 필라델피아, 뉴욕 및 보스턴 등 중요한 도시 사이의 전선이 모두 깔려 멕시코 전쟁의 전황이 워싱턴에 알려지는 대로 미국의 주요 도시에 바로 전해졌다. 이런 통신의 발달은 미국 전체의 동원을 위해 도움이 되었지만, 반면 멕시코 전쟁의 반대세력도 적극적으로 대응할 수 있게 되어 전쟁에 대한 갈등은 더욱 심화되기도 했다. 남북전쟁의 피해가 그토록 컸던 이유가 미국과 멕시코 전쟁을 통한 미국 군사력의 발전 때문이라는 점은 역사의 아이러니이다.

미국인 이야기 1 개척자들

초판인쇄_ 2020년 1월 28일
초판발행_ 2020년 2월 5일
발행인_ 이장우
저자_ 송근존
펴낸곳_ Freedom&Wisdom
등록일자_2014년 1월 17일
등록번호_ 제 398 - 2014 - 000001호
전화_ 070-8621-0070
이메일_ freedomwisdom.books@gmail.com

ISBN 979-11-86337-40-0 (02940)

Copyright © 2020 송근존

* 본서의 내용을 사전 허가없이 전재하거나 복제할 경우 법적인 제제를 받게 됨을 알려 드립니다.
* 잘못된 책은 구입하신 서점이나 본사에서 교환해 드립니다.
* 정가는 표지에 표시되어 있습니다.